刘景刚 ◎ 主审
鲍向华 ◎ 主编

大学生职业生涯规划与就业创业指导

Career Planning and Employment and Entrepreneurship Guidance for College Students

大连理工大学出版社

图书在版编目(CIP)数据

大学生职业生涯规划与就业创业指导 / 鲍向华主编
. -- 大连 : 大连理工大学出版社, 2023.9(2025.8 重印)
ISBN 978-7-5685-4516-7

Ⅰ. ①大… Ⅱ. ①鲍… Ⅲ. ①大学生一职业选择一高等职业教育一教材 Ⅳ. ①G647.38

中国国家版本馆 CIP 数据核字(2023)第 123292 号

DAXUESHENG ZHIYE SHENGYA GUIHUA YU JIUYE CHUANGYE ZHIDAO

大连理工大学出版社出版
地址:大连市软件园路 80 号　邮政编码:116023
营销中心:0411-84708842　84707410　邮购及零售:0411-84706041
E-mail:dutp@dutp.cn　URL:https://www.dutp.cn
大连图腾彩色印刷有限公司印刷　大连理工大学出版社发行

幅面尺寸:185mm×260mm　印张:13.75　字数:301 千字
2023 年 9 月第 1 版　2025 年 8 月第 4 次印刷

责任编辑:邵　婉　责任校对:千　川
封面设计:张　莹

ISBN 978-7-5685-4516-7　定　价:46.00 元

编委会

主　审　刘景刚

主　编　鲍向华

副主编

陈刘颖鸿　辽宁轻工职业学院
朱子文　大连工业大学
丁　宁　辽宁轻工职业学院
李坚强　辽宁轻工职业学院
陈树东　辽宁轻工职业学院
薛欣迪　辽宁轻工职业学院
李宜书　辽宁轻工职业学院
石俊雅　辽宁轻工职业学院
潘旭闻　辽宁轻工职业学院

编　委

张文明　辽宁轻工职业学院
李芷逸　辽宁轻工职业学院
吴　峥　辽宁轻工职业学院
陈雅楠　辽宁轻工职业学院
刘　鹏　辽宁轻工职业学院
陈　杰　辽宁轻工职业学院
李林祝　辽宁轻工职业学院
金佳琳　辽宁轻工职业学院
张伟明　辽宁轻工职业学院
刘　强　辽宁轻工职业学院
王薪潭　辽宁轻工职业学院

前言

高等职业教育以培养生产、建设、管理、服务第一线的高素质技能型专门人才为根本任务，人才强国是强国战略体系的基础性工程、关键性环节、核心性要素，事关党和国家的前途命运、中华民族复兴伟业。本教材落实立德树人根本任务，以培养德才兼备的高素质职业人才为根本目标。

党的二十大报告指出，“要完善促进创业带动就业的保障制度，支持和规范发展新就业形态”，使其在建设人力资源强国和高等教育强国的伟大进程中发挥不可替代的作用。

应教育部对大学生职业发展和就业指导课程的要求，本书集知识传授、技能培养、观念转变为一体，充分体现高职人才培养模式改革和课程改革的新趋势。本书以行动导向、任务驱动、基于工作过程的“工学结合”为设计理念，遵循“贴近实际，讲究实用，追求实效，有所创新”的基本思路，体现了系统性、全面性和实用性的特点，既是一本引导大学生自我职业生涯规划与就业创业指导方面的教材，又是一本“品德教育，立德树人”的有益读本。本书编者在吸收国内同类教材合理因素的基础上，对大学生职业发展与就业指导教材进行全面的结构创新、体例创新和教法创新，力图体现以下鲜明特色：

1. 采用“基于工作过程”的课程设计理念

本书依据建设国家示范性高职院校倡导的“基于工作过程”的课程设计理念，以职业指导的工作过程为载体，将大学生职业指导的整个工作流程，分为择业、就业、敬业和创业四个环节，具体包括职业生涯规划、就业指导、敬业素质提升和创业教育基本内容。旨在为大学生在大学阶段的职业素质教育提供系统的解惑答疑和行为能力训练。

2. 变大学生“就业”指导为“职业”指导

培养和训练大学生的职业技能和素养是一个过程，本书在内容上不仅针对毕业生政策、就业技巧和创业理念进行指导，还突出了职业发展和职业素质教育思想。打破了传统的“就业”指导思路，从“职业”指导角度出发，在原有就业技能训练的教材框架基础上，进一步突出了职业发展、职业素质和创业理念的学习和训练内容，一定程度上弥补了国内现有教材职业指导和素质教育的不足。

3. 有利于实施行动导向、任务驱动的教学模式

本书以提高学生的职业生涯规划能力、职业发展能力、就业能力、从业能力和创业能力为主线，采用非理论化的教学设计，在就业指导部分以案例分析导入，从知识层面让大学生了解职业发展与就业、创业，并在“实训策略”中探索体验相关技能，从而让学生形成态度和行为的改变，愿意为个人的生涯发展和社会发展主动付出积极的努力。

本书可让教师在课堂上全部实行互动式、实训式教学，突出高等教育以能力为主线进行职业教育的特色，是教师和学生上课时采用素质拓展、职场模拟、角色扮演、游戏和自我体验等实训化教学的范本，体现了行动导向、任务驱动教学模式的互动特征，彰显了高等教育教学改革的趋势和力度。

4. 符合教育部对大学生的要求

本书既强调职业在人生发展中的重要地位，又关注学生的全面发展和终身发展，既激发大学生职业生涯发展的自主意识，帮助其树立正确的就业观念，又促使大学生理性地规划自身未来的发展，努力让大学生在学习过程中自觉地提高就业能力和职业生涯管理能力，在态度、知识和技能三个层面均达到教育部的要求。教师可融合理论课、实务课和实训课，形成集知识传授、技能培养、观念转变为一体的教学模式。

本教材由鲍向华担任主编，陈刘颖鸿、朱子文、丁宁、李坚强、陈树东、薛欣迪、李宜书、石俊雅、潘旭闻担任副主编。编写人员的具体分工如下：第一章、第二章由鲍向华完成并负责统稿；第三章、第十章由陈刘颖鸿完成；第四章由朱子文完成；第五章由丁宁完成；第六章由陈树东完成；第七章由李坚强完成；第八章由薛欣迪、李宜书完成；第九章由石俊雅、潘旭闻完成。编委成员参与了调研、收集资料和案例等工作。

由于编者水平有限，本书难免存在缺陷与不足，希望广大师生和读者在使用过程中提出更多的宝贵意见，以便我们不断改进、与时俱进。我们真诚希望与大家共同努力，为职业院校大学生职业生涯规划发展与就业创业做出贡献。

编　者

2023 年 6 月

目录

第一部分　职业生涯规划与职业理想

第一章　面向未来的职业生涯规划 / 3

第一节　树立职业理想 / 4

一、什么是职业 / 5

二、什么是职业生涯 / 7

三、影响职业生涯发展的因素 / 8

第二节　做好职业准备 / 13

一、什么是职业生涯规划 / 13

二、大学生职业生涯规划的意义 / 15

三、大学生规划职业生涯的原则 / 15

四、大学生职业生涯规划的现状 / 17

第三节　提升职业素质 / 20

一、什么是职业素质 / 20

二、大学生该具备哪些职业素质 / 21

三、正确规划职业生涯 / 23

第二章　职业生涯规划之认识自我 / 28

第一节　清楚地认识自我 / 29

一、职业生涯规划中的自我认知 / 29

二、职业生涯规划中自我认知的维度 / 31

三、明确自身优势劣势 / 32

四、了解“职业锚” / 33

第二节　探索职业兴趣 / 40

一、什么是职业兴趣 / 41

二、兴趣决定你愿意做什么 / 43

第三节　认知职业性格 / 45

一、性格的类型 / 46

二、性格决定你适合做什么 / 47

第四节　开发职业能力 / 50
一、什么是能力 / 50
二、什么是职业能力 / 51
三、如何培养职业能力 / 52

第三章　职业生涯规划的制订 / 66
第一节　职业生涯规划的影响因素、基本步骤及基本能力 / 67
一、职业生涯规划的影响因素 / 67
二、职业生涯规划的基本步骤 / 68
三、职业生涯规划的基本能力 / 71
第二节　个人职业生涯目标的设定 / 71
一、职业生涯目标的分类 / 71
二、职业生涯目标设定的原则 / 74
三、职业生涯目标设定的依据 / 75
四、职业生涯目标设定中的误区 / 75
第三节　个人职业生涯规划的方法与结果的评估 / 77
一、阶段划分 / 77
二、目标分解 / 78
三、规划方法 / 79
四、结果评估 / 80

第二部分　大学生就业指导

第四章　高职高专学生就业现状与前景 / 87
第一节　当前高职高专学生的就业现状 / 87
一、高职高专学生就业现状分析 / 87
二、影响高职高专学生就业的因素 / 89
第二节　高职高专学生就业前景分析 / 91
一、高职高专学生就业面临的困难 / 91
二、高职高专学生就业的主要机遇 / 93

第五章　市场职业发展对毕业生素质和能力的要求 / 95
第一节　毕业生素质 / 96
一、毕业生素质的含义 / 96
二、市场对毕业生素质的要求 / 97

第二节　高职高专学生应重点培养的能力 / 100
一、就业能力 / 100
二、职业能力 / 100
三、生存能力 / 101
第三节　职业发展趋势和未来人才需求 / 101
一、职业发展趋势 / 101
二、未来人才需求 / 103
第四节　毕业生应对“就业难”的策略 / 105
一、高校毕业生要正视面临的就业形势 / 105
二、高校毕业生要正确地认识自我，转变观念 / 106
三、高校毕业生要做好多方面的准备 / 107

第六章　应聘实务指导 / 108
第一节　求职材料准备 / 108
一、自荐信 / 108
二、个人简历 / 111
第二节　面试指导 / 115
一、面试的基本类型 / 115
二、面试的注意事项 / 118
三、面试礼仪 / 122
第三节　求职择业心理指导 / 124
一、常见择业心理问题 / 124
二、择业心理调适方法 / 127
三、培养健康择业心理 / 129

第七章　就业权益的法律保护 / 132
第一节　就业协议及其相关法律问题 / 132
一、就业协议的主要内容 / 132
二、就业协议的签订和解除 / 135
三、就业协议争议解决 / 137
第二节　劳动合同及相关法律问题 / 138
一、《劳动合同法》的内容 / 138
二、违反《劳动合同法》的法律责任 / 143
三、社会保险及其法律问题 / 145
第三节　常见求职侵权行为 / 149
一、招聘阶段的侵权行为 / 149

二、签约阶段的侵权行为 / 150
三、试用期阶段的侵权行为 / 152

第三部分　创业指导

第八章　高职学生创业与创业准备 / 159

第一节　创业与人生 / 159
一、创业精神 / 160
二、创业实现人生价值 / 161
第二节　创业的基本知识 / 164
一、创业的概念 / 164
二、创业的要素 / 164
三、创业的类型 / 166
第三节　创业环境分析 / 168
一、创业宏观环境分析 / 169
二、大学生创业有关优惠政策和简化就业手续 / 170
第四节　创业者素质 / 171
一、创业者的知识与能力储备 / 171
二、创业者应具备的素质 / 173

第九章　高职学生创业实践 / 177

第一节　创业项目的选择 / 177
一、选定创业项目需要考虑的主要因素 / 177
二、选定创业项目的方法与策略 / 178
第二节　创业计划的撰写与实施 / 181
一、创业计划及其作用 / 182
二、创业计划书的内容 / 182
三、撰写创业计划书应注意的问题 / 184
第三节　创业具体实施步骤 / 188
一、创业资金筹集 / 188
二、企业注册与税务登记 / 189
三、开张营业 / 190
第四节　学生创业风险与规避 / 192
一、企业常见风险与防范 / 192
二、学生创业的常见风险及建议 / 195

三、学生创业需过好“四关” / 197

第十章　大学生就业案例及分析 / 199
第一节　大学生创业的成功案例 / 199
第二节　大学生就业失败案例分析 / 203
一、择业期望值过高 / 203
二、自主择业能力差 / 204
三、信心不足，缺乏主动 / 204
四、自负而失败 / 205
五、要求苛刻，令单位无法接受 / 205
六、被动等待，坐失良机 / 206
七、巧妙回答，打开求职之门 / 206
八、不要放弃任何一次机会 / 207

参考文献 / 208

第一部分

职业生涯规划与职业理想

第一章

面向未来的职业生涯规划

学习目标

1. 树立职业生涯规划的观念和意识，意识到确立自身发展目标的重要性。

2. 了解职业的特性、职业生涯规划的意义和影响因素，思考未来的理想职业与所学专业的关系，增强大学学习的目的性和积极性。

3. 进行大学生生涯规划准备，逐步确立长远而稳定的发展目标。

职业是参与社会分工，利用专门的知识和技能，为社会创造物质财富和精神财富，获取合理报酬，作为物质生活来源，并满足精神需求的工作。每个人都与职业有着不解之缘，职业不仅是个人谋生的手段和个人价值的证明，也是一个社会发展与进步的体现。选择了一种职业，就是选择了一种生活方式和人生态度。2021 年辽宁省施行新高考改革，目的是推动高中教育的质量和效益的提高，为学生的终身发展打下基础，在高考方面它可以避免“一考定终身”的局限性，使每个学生都有更加多元化的发展方向。这对考生的就业前景产生了积极的影响，学生可根据自己的兴趣、特长和发展方向选择合适的学校和专业，做好学业和职业规划，增加就业竞争力。

对于刚进入大学院校的新生来说，大家都处在同一起跑线上，而在大学毕业的一年后却出现了多种不同的局面：有的同学仍然“闲置在家”，而有的同学则在职场上“如鱼得水”。为什么当时在同一起跑线上的人，却面临不同的境况呢？

本章引入职业生涯的概念，让大学生进一步了解职业并明确职业生涯规划的价值与意义，进而分析影响职业生涯的因素，旨在帮助大学生唤醒职业生涯规划意识，在大学生活中有意识地做好职业准备。

第一节　树立职业理想

案例分析

案例 1

人们经常为周末度假而规划，为一次旅行而规划，甚至为一顿早餐而规划。但是，却很少思考一下自己的一生该如何度过，为自己生命中较重要的事——职业——做个像样的规划。

大学生面对选择的十字路口时，常常陷入迷茫和困惑，他们不知道自己想要什么，更不知道该如何去做。

哈佛大学曾对一群智力、学历、环境等客观条件都差不多的年轻人，做过一个长达 25 年的跟踪调查，调查内容为规划对人生的影响。一开始是这样的：

第一类人，27％的人，没有规划；

第二类人，60％的人，规划模糊；

第三类人，10％的人，有清晰但比较短期的规划；

第四类人，3％的人，有清晰而长远的规划。

25 年以后，又对这些调查对象跟踪调查，他们的职业和生活状况发生了很大的变化：

第四类人，3％的有清晰且长远规划的人，25 年来几乎都不曾更改过自己的人生目标，并为实现目标做着不懈的努力。他们中的大多数人成了社会各界的成功人士，他们中不乏白手起家的创业者、行业领袖、社会精英。

第三类人：10％的有清晰但比较短期的规划者的共同特征是：那些短期人生规划不断得以实现，生活水平稳步上升，成为各行各业不可或缺的专业人士。

第二类人：60％规划模糊的人，能安稳地工作与生活，但都没有什么特别的成绩。

第一类人：那些没有目标和规划的人，生活状况不如意。

调查者因此得出结论：目标对人生有巨大的导向性作用。成功，在一开始仅仅是一种选择，你选择什么样的人生规划，往往会有什么样的人生。

其实，他们之间的差别仅仅在于 25 年前，他们中的一些人知道自己到底要什么，而另一些人则不清楚或不很清楚。

未来的人生道路需要你去规划。

案例 2

刘森同学大学就读国际贸易专业，英语并不好，大学里也没认真努力学习过，虽然在大学期间他也想过毕业后不找本专业的工作，但就业形势和找工作的现实不得不让他妥协，最终找了一家很小的外贸公司做外贸业务员。

做业务员和销售有关的工作底薪都是很低的，如果没提成，那工资只能维持个人温饱，别说挣大钱了。

在一年多的外贸生涯里，他在业绩上毫无起色，从开始的乐观性格变得消沉，易烦躁，由于做业务压力大，晚上开始失眠。总之，工作是痛苦的，生活中也免不了受工作情绪的影响。

他总想跳槽，或换行业，但不知道自己到底喜欢什么样的工作，于是，选择了辞职。辞职后，他又向很多专业对口的大公司投了履历，都杳无音讯。渐渐地，他开始对自己未来的职场发展充满疑虑与迷茫。

一、什么是职业

(一)职业的基本概念

1. 职业的概念

在职业生涯规划中，职业是指人们从事相对稳定的、有收入的、分门别类的社会劳动，是一个人社会地位的一般性表现，也是一个人的权利、义务、职责。职业由三个基本要素构成：一是相对稳定的劳动；二是获得相应的报酬；三是得到社会的认可。

2. 职业的基本特性

主要表现在以下五个方面：

一是经济性。经济性是指人们通过从事职业活动取得一定的经济收入。职业与人们的生存需要直接相关。从毕业到就业是大学生独立生存的开始，是以“社会人”身份进入社会的开始，而选择职业、从事职业活动将为开始新的生活奠定必要的经济基础。

二是价值性。职业活动既是个人生存的需要也是对他人有利的活动，两者密不可分。对他人、组织、社会有利，就是职业的价值性。利己首先要利他，服务他人、服务组织、服务社会的能力越强，个人的价值就越大。

三是社会性。职业是一种正式、稳定的社会结合方式，也是除家庭之外最重要的社会结合方式。一个人从事职业活动必然要与他人相互联系，包括同事、领导、客户等。因此，必须建立合作意识、团体意识、组织意识，以自我为中心和个人至上的心态要不得。

四是专门性。职业是社会分工的必然结果和具体表现。职业的专门性一方面形成了不同的职业技能，需要人们学习和掌握；另一方面形成了不同的职业道德规范和行为规范，要求人们必须遵守。

五是时代性。随着社会生产力的发展，产业结构不断发生变化，新的职业会不断产生，原有职业或因获得新的时代内容继续存在，或因跟不上时代的发展、不适应社会的需要而消失。有些职业存在的历史久远，如手工制作、农业种植等；有些职业存在的历史比较短暂，如传呼员等；有些职业是新近形成的，如网络编辑、动漫设计等。

(二)职业的分类方法

正式颁布的《中华人民共和国企业分类大典》将中国职业归为8个大类,66个中类,413个小类,共1 838个细类(职业)。每个大类的名称包含中类、小类和细类(职业),数量见表1-1。

表1-1 《中华人民共和国企业分类大典》对职业的分类

大类	中类	小类	细类(职业)
第一大类			
国家机关,党群组织,企业、事业负责人	5	16	25
第二大类			
专业技术人员	14	115	379
第三大类			
办事人员和有关人员	4	12	45
第四大类			
商业、服务人员	8	43	147
第五大类			
农业、林业从业人员	6	30	121
第六大类			
生产、运输设备操作人员及有关人员	27	195	1 119
第七大类			
军人	1	1	1
第八大类			
不便分类的其他从业人员	1	1	1

我国2002年修订的《国民经济行业分类》对行业门类、大类、中类、小类进行了调整。新行业分类标准为20个门类、95个大类、396个中类、913个小类。主要分类如下:

A. 农、林、牧、渔业

B. 采矿业

C. 制造业

D. 电力、燃气及水的生产和供应业

E. 建筑业

F. 交通运输、仓储和邮政业

G. 信息传输、计算机服务和软件业

H. 批发和零售业

I. 住宿和餐饮业

J. 金融业

K. 房地产业

L. 租赁和商务服务业
M. 科学研究、技术服务和地质勘查业
N. 水利、环境和公共设施管理业
O. 居民服务和其他服务业
P. 教育
Q. 卫生、社会保障和社会福利业
R. 文化、体育和娱乐业
S. 公共管理和社会组织
T. 国际组织

随着经济的不断发展，相继诞生了新的职业，仅人力资源和社会保障部等部门近两年公布的新职业数量就达六七十种，如育婴师、花艺环境设计师、手机美容师、营养师、心理健康指导师、康复保健师等。有的专家认为，今后社会更需要的是沟通人与人之间情感，促进社区、邻里、家庭和谐的社会工作者，预计这项工作将成为从业人员达百万人的新兴产业。

二、什么是职业生涯

(一)职业生涯的概念

(1)生涯：有人生经历、职业、专业、事业的含义。生涯作为一个人终其一生所扮演角色的整个过程，由三个层面构成：①时间即个人的年龄或生命的过程；②经历，即一个人一生所扮演的各种不同的角色；③个人所扮演的各种角色的投入程度。

(2)职业生涯：一个人的职业经历，是指一个人一生中所有与职业相联系的行为与活动，以及相关的态度、价值观、愿望等连续性经历的过程，也是一个人一生中职业、职位的变迁及工作、理想的实现过程。一个人一生的职业历程，有着种种不同的可能：有的人从事这种职业，有的人从事那种职业；有的人一生变换多种职业，有的人终身位于一个岗位上；有的人不断追求，事业成功，有的人穷困潦倒、无所作为；有的人以职业为荣，有的人以职业为耻。

(3)如何理解职业生涯？学者们对职业生涯的认识与研究由来已久，从不同角度可以得出不同概念：从起始的角度看，职业生涯始于工作之前的专门职业学习和训练，终于完全结束或退出职业工作；从经济学角度来看，职业生涯就是个人在人生中所经历的一系列职位和角色，它和个人的职业过程相联系，是个人接受培训教育以及职业发展所形成的结果；从社会学、心理学角度来看，职业生涯是以心理开发、生理开发、智力开发、技能开发、伦理开发等人的潜能开发为基础，以工作内容确定工作业绩、工资待遇、职称、职务，以满足需求为目标的工作经历和内心体验的经历。总之，职业生涯是人一生中最重要的历程，对人生价值起着决定性作用。不论职位高低，不论成功与否，每个工作着的人都有自己的职业生涯。

因此，职业生涯是一个有着具体职业内容的动态概念。它是个体行为，而非群体或组织的行为，具有个体差异性，理解职业生涯的含义，要注意以下四个方面：

第一，职业生涯只是表示一个人一生中在各种职业岗位上的整个经历的成功与否，与进步快慢没有关系。

第二，职业生涯涉及一个人的价值观、态度、需要、动机、气质、能力、发展取向等因素。

第三，影响职业生涯的客观因素包括社会因素、家庭因素等。

第四，职业生涯指一个过程，是一个人一生中所有的与工作相关的连续经历，而不仅仅是指一个工作阶段。

大学生学习期间正处于职业生涯的准备阶段，虽然没有多少职业经历，但如果在读书期间认真进行职业规划，对个人将来的生活方式、社会地位、经济效益以及个人价值的实现将产生积极的影响。

(二)职业生涯的分类

(1)内职业生涯(对个人而言)是指从事一种职业时的知识、观念、经验、能力、心理素质、内心感受等因素的组合及其变化的过程。它是别人无法代替和窃取的人生财富。内职业生涯的因素由自己探索、获得，并且不随外职业生涯因素的改变而丧失。

(2)外职业生涯(对组织而言)是指从事职业时的工作单位、工作时间、工作地点、工作内容、工作职务与职称、工作环境、工资待遇等因素的组合，它依赖于内职业生涯的发展而变化。外职业生涯的因素通常由别人决定、给予，也容易被别人否定、剥夺。

(3)内职业生涯与外职业生涯是统一的。一方面，内职业生涯发展是外职业生涯发展的前提，并带动外职业生涯的发展，在人的职业生涯成功乃至人生成功中起着关键性作用。因此，在职业生涯的各个阶段，都应该重视内职业生涯的发展。另一方面，外职业生涯对内职业生涯具有巨大的反作用，只有内职业生涯而没有外职业生涯是难以为继的，因而规划者也必须重视外职业生涯。

三、影响职业生涯发展的因素

选择职业是人生大事，因为职业决定一个人的未来。一个人从职业学习开始到职业劳动最后结束的这一段生命旅程就是职业生涯。职业生涯将贯穿人的一生，个人或处于职业准备阶段，或处于职业选择阶段，或处于职业工作阶段，或处于职业结束阶段。在各个不同阶段，每个人的职业生涯受各种不同因素的影响会产生截然不同的结果。影响大学生个人职业生涯的因素主要包括社会因素、教育背景、家庭影响、终极目标、兴趣与意志、机遇等。这六大因素是互相关联、互相依靠的，任何因素的改变都可能影响职业生涯的发展。

(一)社会因素

社会是人才得以活动及发挥才干的舞台，也是影响人们成长与成功的重要条件和因素。社会的政治经济形势、涉及人们职业权利方面的管理体制、社会文化与习俗、职业的社会体系等因素决定着社会职业岗位的数量与结构，决定着社会职业岗位出现的随机性与波动性,从而决定了人们对不同职业的认定和步入职业生涯、调整职业生涯的决策。用人单位对员工的培养、员工自身的交际网、在职业发展过程中所能获得的帮助、提高素质所需的学习机会和资料、与职业生涯发展方面有关的制度与政策等,也会对社会职业结构的变迁、人的职业生涯变动的规律性产生影响。

(二)教育背景

教育是赋予个人才能、塑造个人人格、促进个人发展的社会活动,它奠定了一个人的基本素质,对人生有着很大的影响。有时候,一个企业会拒绝未达到某一教育水准的人。因此,需要树立终身学习的观念。一个人的专业职业种类,对于其职业生涯有着重大的影响,往往成为其职业生涯的前中部分甚至一生的职业类别,即使转换职业,也往往与其所学专业有一定联系。

(三)家庭影响

家庭是人生活的重要场所,也是形成一个人的素质以至于影响其职业生涯的主要因素之一。父母所从事的职业是子女观察社会工作职业的开始,父母对自己的职业认同与否,对子女将来是否愿意从事这种职业有很大的影响。此外,家庭经济条件好,其子女接受教育和培训的机会可能会多一些,职业选择方面空间会大一些;家庭经济条件差,其子女接受教育和培训的机会可能相对会少一些,而且其子女可能会感到肩上承担沉重的家庭责任,导致个人在是否读书深造、工作单位离家远近及效益好坏方面思虑颇多。

(四)终极目标

终极目标,是一个人终生追求的固定目标。终极目标能激发人们的热情和活力。职业是帮助人们实现终极目标的工具。人们通常会选择与自己生活目标相一致的职业。终极目标定得越高,人们的动力就越大,眼界越高,考虑问题越全面;终极目标定得越低,人们越易于安于现状,产生惰性,对职业选择也是如此。

(五)兴趣与意志

兴趣是职业生涯选择的重要依据,当一个人对某种职业产生兴趣时,他能发挥整个身心的积极性,能积极地感知和关注该职业的知识动态。兴趣可以调动人的全部精力,可以使人以敏锐的观察力、高度的注意力、深刻的思维和丰富的想象力投入工作,进而提高自身的工作效率。在其他条件相似的情况下,从事自己感兴趣的职业不但能让自己感到满意,而且能让工作单位感到满意,有利于工作的长期性和稳定性。此外,多方面的兴趣可以使人善于应付多变的环境,如果变换工作,只要自己感兴趣,就能够在新的岗位上很快地熟悉和适应新的工作。

意志是一个人自觉地确定目标,支配与调节自己的行为,克服各种困难,从而达到预期目标的心理状态。职业生涯规划的自觉性、进行职业抉择的果敢性、为实现长期职业目标而努力的坚韧性、职业规划和决策中的自制性、为完善职业生涯规划做出大量努力的勤奋性等方面都有益于职业生涯规划的科学性和合理性。可以说,意志对于一个人的职业生涯规划来说有着重大的影响作用。

（六）机遇

一个人一生当中会遇到许多偶然的机会，有利的偶然机会就是机遇。如果社会上出现了提供个人发展、向上流动的职业环境，对于职业发展而言，就是出现了机遇，这对于一个人的职业生涯规划来说有积极的推动作用。如果漠视机遇，那只能是“英雄无用武之地”，找不到职业发展的方向。因此，抓住机遇是关键。机遇对于任何人都是平等的，又总是降临于素质高、有准备的人的身上，谁素质高、准备充分，谁就有可能抓住机遇。只有抓住了机遇，才能施展才华、快速成长。

知识链接

大学生应该尽早树立职业生涯规划的意识

大学生职业生涯规划是以职业要求为目标的管理，让每一个同学明确其预期目标，使之自觉地按预期目标的要求开发潜能，提高综合素质。大学生尽早树立职业生涯规划的意识，有利于更好地了解自己，进行自我定位；有利于更好地了解专业，了解社会环境；有利于个人明确未来切实可行的奋斗目标，提升应对竞争的能力；有利于人才在市场上的合理配置。职业生涯规划让每位同学直接参与自己人生目标的设计，也使同学对相关教育资源的利用更加自觉和更加充分，由“要我学”变成“我要学”。

1. 制订职业生涯规划，确定职业发展的目标

选择职业是人生大事，因为职业决定了一个人的未来。只有有了明确的目标，才会激励人们去努力奋斗，并积极创造条件实现目标。人们进行职业生涯规划时，会分析、了解自己的长处与兴趣所在，发现自己的短处与差距，同时观察社会的发展变化状况和各种职业特点，从而确定一个职业发展目标，这种职业发展目标是客观的、可行的，符合个人实际情况的。一个人如果不进行职业生涯规划，是很难明确自己的职业发展目标的，那样，就容易浪费宝贵的时光，很难走好自己的人生道路，进而可能导致事业上的失败。有了职业生涯规划，人们便能正确设定职业发展目标，发挥自己的才能，选择适合自己的职业，化解人生中的危机与陷阱，使事业获得成功。

2. 制订职业生涯规划，鞭策个人努力工作

职业生涯规划制订出来之后，人们对自己的未来就有了一个明确的认识，为了把职业生涯规划变成现实，人们便开始制订行动计划，分析在行动过程中会出现的各种困难，为目标的早日实现而努力。每个人都有理想，对未来充满着憧憬。一般来说，职业发展目标是有吸引力、令人向往的。人们都知道要完成职业生涯规划，不能靠别人，只有靠自己脚踏实地、一步一步、扎扎实实去创造条件。为此，人们会在学习和工作中珍惜时间，不断完善自我，朝着自己的目标迈进。在现实生活中，我们不难发现那些在学习和工作中勤奋的人，都是有远大理想和职业发展目标的人。职业生涯规划像动力机，催着人们奋进。

3. 制订职业生涯规划，有助于个人抓住重点

人们每天要做的事可分为必须做的、可做可不做的，但不是每一个人都能将这些分清。不少人经常做可做可不做的事而忽视了必须做的事。制订职业生涯规划有助于人们依照轻重缓急安排日常学习和工作，集中精力去做必须做的事。有了职业生涯规划，人们会感到每天都很充实，能厘清头绪，抓住重点，一步一步地靠近职业发展目标。没有职业生涯规划，人们会感到空虚，不知道哪些是重要的事，容易陷入日常小事中去，成为琐事的奴隶，空余时间还易于受社会上一些不良风气的诱惑，走向成功之路的反面。通过职业生涯规划，人们可以紧紧抓住生活和学习的重点，提高效率，增加成功的可能性。

4. 制订职业生涯规划，引导个人发挥潜能

每一个正常的人都有自己的潜力和潜能，也都有惰性。对于自身的潜力和潜能来说，大多数时候人们都不知道甚至不相信，而惰性时时表现在生活中的方方面面。有了职业生涯规划，人们可以看到美好的未来，有一种强烈的实现愿望在心中涌动，一股巨大的力量促使着人们去创造条件，吸引力、向心力会转变成压力，使人们的潜力和潜能在信念的激励下激发出来，克服困难，取得令人瞩目的成绩。没有职业生涯规划，人们便一天到晚无所事事、没精打采，久而久之，上进心会荡然无存，原有的潜力和潜能被埋没。

5. 制订职业生涯规划，评估自身的学习和工作成绩

评估自身的学习和工作成绩，必须要有一个参照物。有了职业生涯规划，人们对自己目前学习和工作的状态便有了一个评估标准。如果你的规划是客观的、具体的，步骤是清晰的，实施结果是量化的，你就可以根据规划的进程来评估你目前学习、工作的状态。当你目前的学习、工作状态和规划的时间、要求一致时，你便可以明确规划出下一阶段要完成的任务，明确努力的方向，增加成功的信心。当目前的学习、工作状态和规划的时间、要求有差距时，你便要有紧迫感，尽快找出没有及时达到规划要求的原因，想办法调整状态。失败者面临的共同问题就是他们极少评估自己所取得的进展，其中大多数人要么不明白自我评估的重要性，要么无法度量取得的进步。

总之，大学生职业生涯规划的意义归结于寻找适合自身发展需要的职业，实现个体与职业的匹配，体现价值的最大化。

实训策略

练一练 1：明确个人生涯愿景

思考个人生涯愿景，即自己到底想过一种什么样的生活，包括自我形象、有形财产、家庭生活、个人健康、人际关系、社会贡献、个人休闲、其他方面。填写个人生涯愿景表(表 1-2)。

表 1-2　　个人生涯愿景表

我的生涯愿景	
内容	希望实现的愿景
自我形象	
有形财产	
家庭生活	
个人健康	
人际关系	
社会贡献	
个人休闲	
其他方面	

练一练 2:填写你的“十年远景书”

想象十年后,有个杂志社要写一篇关于你的特别报道,请你选择一种杂志,并写出这篇报道的概要,特别是你希望它突出的内容。

内容可以涉及你的职业、家庭、社会地位、财务状况、物质生活、个人价值、社会关系等方面。

1. 你选择的杂志是什么?＿＿＿＿＿＿＿＿＿＿＿＿＿＿＿＿＿＿＿＿
2. 选择这本杂志的原因是什么?＿＿＿＿＿＿＿＿＿＿＿＿＿＿＿＿＿
3. 这本杂志的读者群是哪些?＿＿＿＿＿＿＿＿＿＿＿＿＿＿＿＿＿＿
4. 这篇文章描述你的哪些方面?＿＿＿＿＿＿＿＿＿＿＿＿＿＿＿＿＿
5. 你希望这篇文章具体如何描述你?＿＿＿＿＿＿＿＿＿＿＿＿＿＿＿

练一练 3:人物访谈

采访你未来希望从事的行业中的工作者,了解该行业具体情况,如:

1. 你每天具体都做哪些工作?
2. 你当初是如何找到这份工作的?
3. 你的工作是如何为实现组织的总体目标或使命服务的?
4. 该职业需要什么样的人?
5. 到本领域工作的前提是什么?
6. 对于初入者来说做什么职位最能学到东西?
7. 本领域初级职位和略高级职位的薪水分别是多少?
8. 本领域的发展机会如何?
9. 什么样的人品或能力对本工作的成功来说最重要?
10. 你认为将来本行业的发展存在最不利的因素是什么?
11. 对于一个即将进入该行业的人,您能不能提出一些意见和建议?

12. 对于本工作需要什么特别的知识和技能吗?

13. 本工作需要什么特别的教育或者培训背景吗?

14. 你能给我再推荐一个访谈对象吗？当我打电话给他们时可以提你的名字吗?

这是通过与一定数量的职业人士(通常是自己感兴趣的行业的从业者)会谈而获取关于一个行业、职业和单位“内部”信息的一种职业探索活动。通过访谈,了解该行业岗位的实际工作情况,获取相关行业领域的信息,进而判断你是否真的对该工作感兴趣。这实际上是一次间接、快速的职业体验。

练一练 4:做一份职业调查报告

对自己感兴趣的职业进行调查,形成报告。

调查内容:行业背景知识、工作环境、职业前景、任职要求、工作内容、薪酬等。

第二节　做好职业准备

案例分析

小卫是某大专院校的学生,今年大二。高考时发挥不佳,没有考进理想的本科院校。新生入学时因分数偏低,虽然被录取了,但是被调剂到了植物学专业。在上完大一的基础课以及大二的专业课后,小卫发现自己对这个专业一点也不感兴趣,了解了就业方向后更是失望。如果毕业以后从事专业工作,那么自己将要一辈子忍受下去;如果不从事专业工作,那么自己到底要去做什么工作呢？在剩余的一年多时间里,他不知道该怎样做。

小安学的是工商管理专业,专业知识多而复杂,咨询已经毕业了的学长和学姐后,知道刚毕业的大学生不可能一工作就进入管理层,必须要慢慢来,从基层做起。但是这个基层范围太广,很多人做了很长时间的基层工作还是升不到管理层。现在已经大三了,一眨眼就毕业了,很多同学都开始找实习单位,自己该怎么选择呢？现在该做些什么呢？她感到很迷茫。

【案例启示】

很多在校大学生认为只有走出校园,开始工作了,才需要职业生涯规划。其实职业生涯规划在新生进入大学时就应开始着手了。这比快要进入职场或是已经成为职业人才要提早很多步,也能把握时间,确保自己少走弯路。

一、什么是职业生涯规划

职业生涯规划是指通过个人和组织相结合,对个人职业生涯的主客观条件进行测定、分析、总结、研究,尤其是对个人兴趣、爱好、个性、能力、价值观、特长、经历以及存在的不足等各方面进行综合分析，确定其最佳的职业奋斗目标，并为实现这一目标做出行之有效的安排。比如，做出个人职业的近期和远期规划、职业定位、阶段目标、路径设计、评估与制订行动方案等一系列计划与行动。可以用下面这个公式来表示：

职业生涯规划＝知己＋知彼＋抉择＋规划

（一）职业生涯规划的特征

一般来说，职业生涯规划具有四大基本特征。

1. 可行性

职业生涯规划必须依据个人及其所处环境的现实来制订，才能成为实现和落实的计划方案，而不是没有依据或不着边际的幻想。大学生进行职业生涯规划，要考虑所学的专业或今后从事的职业需要的知识和能力。如果所学非所用，或者不具备理想职业所要求的能力，职业生涯规划就不可行。

2. 适时性

职业生涯规划是对未来的职业生涯目标和未来职业行动的预测。因此，各个目标的实施及完成，都应该有时间和顺序上的安排，以便作为检查行动的依据。

3. 灵活性

规划未来的职业生涯目标与行动，涉及很多不确定因素，因此，规划必须有弹性。随着外界环境和自身条件的变化，个人应及时调整自己的职业生涯规划方案，以提高其适应性。

4. 持续性

职业生涯目标是人生追求的重要目标，职业生涯规划应贯穿人生发展的每个阶段，通过不断的调整和持续的职业活动安排，最终实现职业生涯目标。

（二）职业生涯规划的分类

职业生涯规划按照实施主体，可以分为个人职业生涯规划和组织职业生涯规划。本书主要介绍个人职业生涯规划。个人职业生涯规划按照时间的长短，可分为短期规划、中期规划、长期规划与人生规划四种类型。

1. 短期规划

短期规划是指两年内的规划，主要是确定近期目标，规划近期完成的任务。如对专业知识的学习，两年以内掌握哪些业务知识等。

2. 中期规划

中期规划一般为 2～5 年的目标与任务。如规划到不同业务部门做经理，或从大公司部门经理到小公司做总经理等。

3. 长期规划

长期规划是指 5～10 年的规划，主要设定较长的目标。如规划 30 岁时成为一家中型公司的部门经理，到 40 岁时成为一家大型公司副总经理等。

4. 人生规划

人生规划是指 10 年以上的规划，主要设定整个人生的发展目标和阶梯。如规划成为一个拥有数亿资产的公司董事长。

个人在进行职业生涯规划时必须合理安排时间。时间跨度太长容易因环境、自身变数等而难以把握，而时间跨度太短又对个人职业生涯指导的意义太小。所以，一般而言，大学生的个人职业生涯规划掌握在 3～7 年较好，这样既便于根据实际情况设定可行目标，又便于随时根据现实的变化而调整规划。

二、大学生职业生涯规划的意义

1. 立志成才——帮助大学生树立正确的世界观、人生观、价值观和就业观

高校毕业生是国家宝贵的人才资源，是实现中华民族伟大复兴的生力军。大学生应该以科学的方法来正确地、全面地认识自我，了解社会对人才的需要，将个人理想和追求同国家的需要紧密结合起来，树立正确的世界观、人生观、价值观和就业观，确定自己的发展方向与目标。

2. 实现理想——促使大学生明确职业发展目标

美国成功学家拿破仑·希尔在《一生致富》一书中说道："所有成功都必须确立一个明确的目标，当对目标的追求成为一种执着时，所有的行动都会朝着这个目标奋进。"一个人追求的目标越高，他的才能发展得越快。职业生涯规划有助于大学生对自己的综合优势与劣势进行分析，了解外部职业环境和社会发展形势，评估个人目标与现状之间的距离，学会运用科学的方法，设定明确的职业发展目标，采取切实可行的计划和步骤，不断提高自己的综合素质，从而实现自己的理想。

3. 建功立业——帮助大学生充分发掘潜能

做好职业生涯规划可以帮助大学生正确认识自我，客观分析自己的专业特长、兴趣爱好、个性特征、已有的优势和潜在的能力，以便对自己的职业发展进行合理定位，知道自己更适合从事什么样的工作，自己将来有可能在哪些方面获得成功。从而把自己确定在一个最能发挥自己长处的位置，最大限度地发挥潜能，到最适合自己发展的地方建功立业。

4. 勇于竞争——提高大学生的就业能力

目前，就业形势日益严峻，劳动力市场的总量矛盾和结构性矛盾日益突出，大学生要想实现充分就业，在竞争激烈的社会中脱颖而出并立于不败之地，就必须提高就业能力。大学生必须分析就业形势，了解就业政策，熟悉就业程序，自觉学习和掌握就业知识和就业技能，这样才能不断提高就业能力，做到主动就业，勇于面对竞争，最终成功就业。

三、大学生规划职业生涯的原则

大学生在思考自己的职业生涯规划时，应该把个体和社会结合起来，把个体发展与组

织发展结合起来，把现在与未来结合起来进行思考。正确的职业生涯规划能使一个人走向成功之路；不正确的职业生涯规划可能使一个人误入歧途。为了正确制订职业生涯规划，大学生必须遵守以下原则：

1. 择世所需

择世所需原则是指大学生在确定职业目标时，要把社会需要作为出发点和归宿点，以社会对自己的要求为准绳去观察和认识问题，进而确定自己的职业岗位。在进行职业生涯规划时，一定要分析社会需求，择世之所需。如果漠视社会需求，强调主观想象，闭门造车，往往会自食其果，不能实现职业发展的目标。当前，国家号召大学生到祖国最需要的地方去建功立业，也是个人需要服从社会需要的一个体现。

2. 择己所长

择己所长原则是指大学生在选择职业岗位的时候，综合自身素质情况，根据自身的特长和优势选择职业岗位，以利于今后在职业岗位上顺利地、出色地完成本职工作。根据自己能力及特长来选择职业岗位，既是胜任工作的需要，也是发挥个人最大潜力和进行创造性劳动的需要。如果不坚持择己所长的原则，往往会事与愿违，功不成、业不就，贻误自己的前程。大学生在发挥自己特长的同时，还要充分认识、主动适应职业岗位的需要，若是身体原因、性别原因受限，则不能勉强。

3. 择己所利

职业对每个人而言，是一种谋生手段，是谋取人生幸福的途径。每个人在规划职业生涯时都会考虑自己的预期收益，这种预期收益要求自己实现幸福最大化，也就是使收益最大化。个人预期收益体现在这些由低到高的需求得到最大的满足，而衡量其满足程度的指标表现在收入、社会地位、职业生涯稳定感与挑战性等方面。不考虑个人利益的职业生涯规划是不合理和不现实的。但是择己所利必须是在履行个人对社会的义务、遵循国家法规的前提下考虑的。

4. 保持独立性

保持独立性原则是指大学生在职业生涯规划时要有自己的主见，能根据自己的志向和判断做出抉择。每个人在进行职业生涯规划时，都会受他人及一些社会现象和信息的影响。保持独立性原则就是要求大学生头脑清醒，在了解社会现状及发展趋势的情况下，多看书，多上网查看相关信息，多向父母、老师、同学、老乡、亲人指教，虚心听取别人的意见，最后做出正确决策，不能人云亦云、随大流。

5. 具有主动性

具有主动性原则是指大学生在职业生涯规划的实施过程中，要主动出击，积极参与。大学生要主动完善自我，提高自己的素质，在就业前掌握一定的职业技能，为今后在职业竞争中打下基础。具体表现在主动理解人才供求信息和规格要求，主动参加各种职业技能培训，主动与用人单位进行联系，主动寻求父母兄长、同学老师的帮助，主动开拓就业岗位，自主创业。凡是有主动性的人，是具有积极生活态度的人，容易赢得更多的机会，从而易于取得一定成就，尽快地实现自己的职业发展目标。

6. 分清主次

面临择业时，摆在大学生面前的职业或用人单位是多样的，其工作性质、工作条件、生活待遇、发展方向不尽相同，且各有优劣之处。不可能有十全十美的职业或者用人单位，只能权衡利弊、分清主次。过于追求完美，只会丧失很多机会而难以就业。大学生在规划职业生涯时，一定要搞明白哪是主、哪是次，不能本末倒置，抓住了本该忽视的、与自己关系不大的方面而忘记本应该重视的、与自己密切相关的方面，错过了真正的好职业，没有达到应该达到的发展目标。

7. 具有长期性

职业生涯规划一定要从长远的角度来考虑，只有这样才能给人生设定一个大方向，集中力量紧紧围绕这个方向做出努力。规划一定要明确，一个个可以实行的行动，各项主要活动何时实施、何时完成，都要有时间和顺序上的妥善安排。同时，人生每个发展阶段的规划应保持连贯性，各具体规划与人生总体规划保持一致，若摇摆不定，前后矛盾则会浪费各发展阶段的资本积累。此外，规划要有弹性，到了一定的时间要视具体情况予以修正，确保规划是可行的、有效的，最终促使你走向成功。

四、大学生职业生涯规划的现状

（一）高校方面

1. 大学生职业生涯规划的理念没有普及

目前，虽然大学生职业生涯规划的问题越来越受到各高校的重视，但真正普及面还不广。多数大学生希望在大学期间获得有关职业生涯规划的服务，可是大多数大学生对学校开展的职业生涯规划教育感到不满意或仅仅是一般满意。有的高校并没有在大学期间经常对大学生进行关于职业生涯规划方面的教育，造成大学生虽然对职业生涯规划方面的知识很渴求，但是并没有机会系统地学习相关知识。

2. 时间安排不够合理

职业生涯规划不是一蹴而就的事情，而目前各高校普遍存在偶尔开展此类教学课程或讲座的现象，而且大多数是针对毕业班学生开展。调查结果显示，当前，从大一开始就经常开展职业生涯规划方面教育的高校还较少，时间安排得不合理，使得职业生涯规划形同虚设，几乎不能对大学生产生积极的影响。

3. 缺乏专业的指导人员

目前，许多高校就业指导中心还没有专门的职业规划师，一般是由学生工作或思想政治辅导员指导，而这些指导者往往缺乏专业知识和技能。

(二)个人方面

大学生自身也存在一定的问题,如对自身了解不够、职业准备不足、职业价值观模糊。具体表现在:

(1)大学生职业理想的形成普遍较晚。职业理想是一个人在其世界观、人生观的指导下,对自己未来的明确的规划。

(2)大学生受“学而优则仕”的官本位观念的影响依然较深,而父母的愿望成为“官本位”观念得以存在和传承的重要的外在影响,导致大学生在择业时往往眼高手低。

(3)大学生对经济待遇的看法出现新变化。当代大学生一方面受传统官本位观念的影响,另一方面又有其对经济待遇全新的看法。大学生在选择职业时,首先注重职业收入,其次注重工作地区。有的大学生甚至觉得只要工作单位待遇好即使不是自己感兴趣的工作也会去做。大学生虽然非常关注经济待遇,但也逐步形成了人生价值并非一定要通过收入来体现的观念,体现了大学生价值取向多元化的特点。

知识链接

大学生职业生涯规划中应注意的问题和误区

大学生在规划职业生涯的过程中,在自我认识、环境评估、职业定位、计划执行和评估反馈等环节中都暴露出一些问题。大学生职业生涯规划存在以下几个误区:

1. 忽视职业生涯规划

在某项问卷调查中,对“你是否对自己的职业生涯有过规划”一问,回答“有规划”的只占被调查者的20%。说明在校大学生缺乏职业生涯规划意识的现象比较普遍。缺乏职业生涯规划意识,导致很多人忽视职业生涯规划,对职业生涯规划的重要性认识不够,甚至错误地认为计划赶不上变化,做职业生涯规划无用或用处不大。

2. 把职业生涯规划等同于职业选择

职业生涯规划是一个周而复始的连续过程,其程序包括确定志向、自我评估、生涯机会评估、职业选择。单纯地讲,就是找一份工作,实际上也是根据自身兴趣、爱好、能力等因素选择适合自己的工作的一个过程。因而职业选择是职业生涯规划中的一个重要环节,但它显然不是职业生涯规划的全部。

3. 急功近利

由于近年来就业压力越来越大,很多大学生一进学校就准备考研或忙着参加各种考证学习,所以大部分时间都在学习,很少考虑工作的事情,社会活动也不想参加,怕影响学习;部分大学生不根据自己的实际情况盲目考证或参加培训;更有见异思迁者,看到这种职业收入高,就想从事这种职业,看到那种职业收入高,又想从事那种职业,而把职业生涯规划抛之脑后。

4. 职业发展期望过高，职业路径设计不合理

不少人只盯住“三大”（大城市、大企业、大机关）和“三高”（高收入、高福利、高地位）单位，很少有人愿意去经济发展相对落后、自然条件相对较差的地区。不少大学生选择以考取学位和证书作为发展主路径，作为职业生涯规划的职业目标。还有些人“为保险起见”，准备了四条以上发展路径，但这些路径的结果差距较大，路径之间也缺乏内在联系，发展方向和路径的模糊不清势必导致在实际选择中的犹豫不决，不利于核心职业目标的实现。

5. 社会实践方向不够明晰

为了增加“工作经验”，不少人选择了在校兼职，如做家教、促销员和业务员等；为了提高就业竞争力，不少人选择考证来增加“筹码”，整天忙着各种考试；还有人花费大量时间参加各种文体活动，只是为了向用人单位证明其兴趣广泛。总之，大学生社会实践缺乏职业方向性，遍地开花，注重量的积累而忽视质的要求，不仅使其疲于奔命，而且增大了盲目性和风险性。

6. 过于追求所谓的“最佳规划”

有些人对经济学讲的“最小成本、最大收益”津津乐道，花费大量时间和精力寻找“最佳规划”，希望“一次规划，终身受益”，在做规划时面面俱到，不愿舍弃，在行动中也不愿从小事做起，碰到困难就不知所措，不会灵活采取调整措施。实际上，由于诸多因素的限制，一个人几乎无法做出十全十美的职业生涯规划，况且，由于外部环境变化和自身认识、能力的提高，职业生涯规划也需要不断调整、与时俱进。

实训策略

练一练：制作“我的职业生涯花瓣”

将班级同学分组，五人一组。请各小组自行设计一种五瓣花朵的形状，成员每人一朵，在每个花瓣空白处填写个人成长背景问题的答案。

第一片花瓣：我是谁？——我的年龄、性别、身份。

第二片花瓣：我来自哪个地理区域，这个区域属于哪种文化区域，它的特点是什么？

第三片花瓣：我来自什么样的家庭？父母对我的性格、能力、行为模式的影响有哪些？

第四片花瓣：我通常的朋友群是哪些？我们的共同特点是什么？

第五片花瓣：我的信仰是什么？它源于什么样的影响和指引？

第三节　提升职业素质

案例分析

动漫主题餐厅，我的第一桶金（节选）

江干职高2004届计算机网络专业蔡超伦同学非常热爱动漫事业，熟悉动漫人物，也喜欢品尝美食，还时常自己动手烹饪。综合两个兴趣爱好，他打算“合二为一”——开一家动漫主题餐厅。

他的“职业生涯”在职高的三年学习生活中已经开始了，他把它称作“积累阶段”。职高的三年他半工半读，去餐厅打工学习餐厅管理，熟悉餐厅工作流程，积累了经验，也进行了市场调研，初步确定目标市场。通过网络调查法、访问调查法、观察调查法，预期目标市场为17～30岁的动漫爱好者，因为他们有一定的消费能力，年轻又追求新鲜时尚，“顾客”的兴趣爱好比较相似，容易产生共鸣，有利于客源稳定。

毕业后的1年是他的“探索阶段”，他进行了资金筹集、餐厅选址、选择合作伙伴、确定风格等几项要务。他的初步想法：餐厅的启动资金15万～20万元；餐厅位置以学生区为第一选择；餐厅以供应西餐为主，加入中式小吃；餐厅布置是主题餐厅的重头，有鲜明的动漫风格，集餐饮、阅览为一体，价格亲民；店内密布各类动漫玩具，如有喜欢的就可以买回去收藏。

“发展阶段”的主要任务是做强营销，培养稳定的顾客群，他的预期是年收益为投资额的30%到50%。在餐厅具有一定的口碑和声誉后，考虑把餐厅转让套现，进行二次创业，转而从事自己向往的动漫传播业。因为他真正的目标是通过开办动漫主题餐厅取得第一桶金，积累工作经验和社会阅历，培养人脉资源，为继续从事喜爱的动漫事业打基础。

【案例启示】

“有梦就有将来”，蔡超伦同学从喜欢美食，酷爱动漫，萌发了在“动漫之都”的杭州开一家有特色的“动漫主题餐厅”的想法，这是一个很有创意的创业梦想。在这个梦想中，他明确了职业方向，知道自己将来要做什么，现在该怎么努力，并坚持不懈地朝着梦想努力。

一、什么是职业素质

1. 职业素质的概念

简单地说，职业素质是劳动者对社会职业了解与适应能力的一种综合体现，其主要表现在职业兴趣、职业能力、职业个性及职业情况等方面。

2. 职业素质的影响因素

影响和制约职业素质的因素有很多，主要包括受教育程度、实践经验、社会环境、工作经历以及自身的一些基本情况（如身体状况等）。一般来说，劳动者能否顺利就业并取得成就，在很大程度上取决于本人的职业素质，职业素质越高的人，获得成功的机会就越多。职业素质是人才选用的第一标准，是职场制胜、事业成功的第一法宝。

3. 职业素质的主要特征

职业素质具有职业性、稳定性、内在性、整体性、发展性。

（1）职业性。不同的职业，对职业素质的要求是不同的。对建筑工人的职业素质要求，不同于对护士的职业素质要求；对商业服务人员的职业素质要求，不同于对教师的职业素质要求。

（2）稳定性。一个人的职业素质是日积月累形成的。它一旦形成，便具有相对的稳定性。比如，一位教师，经过三年五载的教学生涯，就逐渐形成了怎样备课、怎样讲课、怎样热爱自己的学生、怎样为人师表等一系列教师职业素质并保持相对的稳定。当然，随着他继续学习及受工作和环境的影响，这种素质还可以继续提高。

（3）内在性。从业人员在长期的职业活动中，经过学习、认识和亲身体验，会总结出怎样做是对的，怎样做是不对的。这样有意识地内化、积淀和升华的心理品质，就是职业素质的内在性。我们会说："把这件事交给某人去做，有把握，请放心。"人们之所以放心他，就是因为他的内在性好。

（4）整体性。我们说某某同志职业素质好，不仅指他的思想素质、道德素质好，还包括他的科学文化素质、专业技能素质好，甚至还包括身体和心理素质好。一个从业人员，虽然思想素质好，但科学文化素质、专业技能素质差，就不能说这个人职业素质好。相反，一个从业人员科学文化素质、专业技能素质都不错，但思想素质比较差，同样我们也不能说这个人职业素质好。所以，职业素质很重要的特点就是整体性。

（5）发展性。随着社会发展对人们不断提出的要求，人们为了更好地适应、满足、促进社会发展的需要，总是不断地提高自己的素质，所以，素质具有发展性。

二、大学生该具备哪些职业素质

大学生无论从事何种职业，都必须具备一定的职业素质。不同职业对素质的要求是不同的。对职业的适应与不适应，主要取决于人的职业素质是否达到了职业的要求。如果缺乏良好的职业素质，即使职业岗位提供的条件再好也无济于事。大学生应该具备以下几项基本职业素质：

1. 身体素质

身体素质指体质和健康（主要指生理）等方面的素质。身体素质在人发展的每个阶段都是很重要的，所以要时时保持身体健康。有很多学生因为身体健康原因而失去工作机会，也有学生因身体健康状况不佳，不能适应现代社会的工作节奏，影响了工作和个人发展。

2. 心理素质

心理素质指认知、感知、记忆、想象、情感、意志、态度、个性特征(兴趣、能力、气质、性格、习惯)等方面的素质。部分大学生自我心理调节能力比较差，在择业就业过程中易出现精神焦虑、无所适从的状况，这也是不能主动积极地适应社会的表现。因此，大学生在校期间要提高认知能力，保持身心健康，提高就业竞争力。

3. 政治素质

政治素质指政治立场、政治观点、政治信念与信仰等方面的素质。

4. 思想素质

思想素质指思想认识、思想觉悟、思想方法、价值观念等方面的素质。思想素质受客观环境等因素影响，如家庭、社会等。思想素质是基础，是根基。一个人无论从事何种职业，首先要学会做人，学会尊重别人，尊重别人的劳动，有社会公德、职业道德、家庭美德和个人品德。树立正确的世界观、人生观和价值观，养成良好的思想素质。

5. 道德素质

道德素质指道德认识、道德情感、道德意志、道德行为、道德修养、组织纪律观念方面的素质，也就是通常所说的要有职业道德感。

6. 科学文化素质

科学文化素质指科学知识、技术知识、文化知识、文化修养等方面的素质。

7. 审美素质

审美素质指美感、审美意识、审美观、审美情趣、审美能力等方面的素质。当前，很多大学生缺乏审美观，对美的理解比较狭隘，不能通过审美陶冶情操，提升品位。审美素质是一种发现美、体验美的主观感受。

8. 专业技能素质

专业技能素质指专业知识、专业理论、专业技能、必要的组织管理能力等。高职高专院校的人才培养目标就是培养高技能专业人才，大学生在校期间要努力学习专业本领，在就业竞争中才能凸显自己的专业优势。

9. 社会交往和适应素质

社会交往和适应素质主要是语言表达能力、社交活动能力、社会适应能力等，是后天培养的个人素质，可以从侧面反映个人能力。

10. 学习和创新方面的素质

学习和创新方面的素质主要是学习能力、创新意识、创新精神、创新能力、创业意识与创业能力等。学习和创新是个人价值的另一种形式，能体现个人的发展潜力以及对企业的价值。学习是一个终身的任务,创新意识和能力来源于不断的学习过程。当今科技发展日新月异,要想不落后于时代,走在时代的前列,就必须终身学习。因此,大学生只有培养和提高自身的学习能力和创新能力,才能适应社会快速发展的需要。

三、正确规划职业生涯

正确规划职业生涯,需要做到"三定",即定向、定点、定位。

1. 定向

方向定错了,距离目标会越来越远,就要走回头路,会付出较大的代价。在通常情况下,职业方向由本人所学的专业决定。但现实的情况是,很多人毕业后,并不能按照自己所学的专业来选择工作,"学非所用"的情况比比皆是。在这种情况下,就需要认真考虑,选择适合自己的职业岗位。

2. 定点

所谓"定点"就是定职业发展的地点。比如有些人毕业后选择去大城市,有些人选择到中小城市发展,有的人则选择去边疆、大西北,这都无可厚非。但应该综合多方面因素考虑,不可凭一时冲动。比如,有的人毕业想留在大城市,认为那里经济发达,薪资水平较高,但忽略了竞争激烈、观念差异、心理承受能力,甚至于气候、水土等因素,结果时间不久就想换地点。频繁更换地点,今天在这,明天到那,对职业生涯弊多利少。

3. 定位

选择前要对自己的水平、能力、薪资期望、心理承受力等进行全面分析,做出较准确的定位。不可悲观地把自己定位过低,更不要高估自己,导致期望过高;不要过分在意公司名气的大小、薪资的高低,只要这家公司、这项专业岗位适合自己,是自己所向往和追求的,就应该去试一试,争取被录用。要确立从基础做起,逐步积累经验,循序渐进,谋求发展的思想理念,这样对职业生涯是有好处的。

其实"三定"的根本就是"定心"。心神不定,怎能准确地"定向、定点、定位"呢?因此,无论做什么,都需要"定心"。"三定"就是解决职业生涯规划中"做什么""何处做""怎么做"这三个最基本的问题。

知识链接

如何解决大学生职业生涯规划的问题

1. 理念上的更新和统一

首先,高校自身要认识到职业生涯规划对大学生发展、对学校发展、对社会发展的重要性,并把它作为实实在在的工作来开展,而不是流于形式或者为了完成任务而进行。其次,高校就业指导中心要做好宣传和教育工作,让学生主动地、热情地、负责地参与到自己的职业生涯规划中来。再次，做好学校与学校之间、地区与地区之间的沟通和交流工作，互相吸取经验，借鉴方法，更好地促进大学生职业生涯规划在全国各高校中开展起来。

2. 合理安排时间

目前大学生职业生涯规划的时间安排不合理，解决该问题的关键是针对不同年级确立不同的目标，并开展不同的指导。例如，一年级时，使学生认识到职业生涯规划的重要性，初步了解职业内容，了解自我。可以在新生入学教育中强调职业的发展应从大学生入校开始，带领新生参观高年级学生的实习基地，了解未来工作的基本条件；组织新生与高年级学生座谈，听取高年级学生在学习和就业方面的建议和经验；邀请专家，举办大学生职业生涯规划必要性方面的讲座，鼓励学生参加学生社团活动。学年末，建议学生写自我总结，剖析学生对个人能力和未来职业等方面的认识和体会。二三年级时，力争使学生了解社会需求情况，掌握一定的求职技巧，利用多种渠道收集与就业相关的信息，初步确定自己长期发展的目标。可用的途径有：开设职业生涯规划辅导课，邀请社会上不同行业的人士介绍本行业的发展趋势和对人才的要求等。四年级时，通过各种职业生涯规划的教育指导，使大学生顺利就业或继续深造。可以督促学生对前三年的准备进行总结，检验已确立的职业目标是否明确，准备是否充分，组织学生参加招聘辅导班，帮助学生完善求职材料，举办就业政策、就业程序的讲座，组织学生毕业实习等。

3. 开发一套适合大学生的职业生涯规划系统

大学生群体的特殊性决定了他们进行职业生涯规划的特殊性。因此，高校就业指导中心有必要选择专业化的评价工具，或者可以凭借内部专业人员的力量进行开发，或者联合外部的测评机构共同开发。大学生职业生涯规划系统的开发是一项具有重大实际意义的工作，需要开发者从大学生自身的特点出发，注重专业性、实践性和经济性的结合。

4. 建立高素质的专业指导队伍

一方面可以加强对就业指导教师的专业技能培训，使他们掌握职业生涯规划的知识和程序，往专业化的方向发展。另一方面，通过引进专业人士来加强师资队伍建设。如引进心理学专业人员或从事职业研究的相关人员，他们一般都具备职业生涯规划的知识，不仅能够对学生进行指导，而且还能为他们进行实际的规划。

5. 加强教育，树立观念

加强对大学生的思想道德教育、就业形势教育和素质教育，引导大学生转变择业观念，树立科学的就业观念和成才观念。从1999年高校扩招以后，我国高等教育迅速走向大众化，大学生的就业市场由过去的“卖方市场”走向“买方市场”，大学生的就业也由过去的“精英”走向“大众”。这样，一部分学生会走向社会精英岗位，另一部分学生将从事与大众化相适应的“蓝领工作”，成为高级蓝领。因此，教育工作者应教育引导学生深入社会，了解社会，服务社会，自觉地将个人的奋斗目标与祖国和民族的命运紧密相连。根据社会需求、所学专业、个人兴趣与能力特长进行职业生涯规划，合理确定职业目标，克服盲目高攀、急于求成、眼高手低、择业观念淡漠等错误观念，树立大众化的就业观念，引导大学生从认知、能力、心理等方面做好充分的就业准备，尤其要提高自身的能力和素质，增强自己的核心竞争力。

实训策略

练一练 1：制作“我的大学规划书”

根据自己的实际情况填写表 1-3，每个学期填写一次，然后对比自己职业生涯规划的修订状况和实现程度。

表 1-3 我的大学规划书

姓名		性别		年龄	
我的特长					
我的人生偶像					
我的人生理想					
我的理想职业					
就业累计成本	素质完善目标				
	活动或工作				
	个人特殊能力发展				
自我人格完善	养成一个好习惯				
	克服一个毛病				
	本学期自勉的话				
其他目标					

练一练 2：绘制自己的职业生涯彩虹图

想象自己未来的生活角色，找一张空白的纸，首先画出彩虹图的半圆，并标注年龄阶段和可能扮演的角色，然后将在某个年龄所希望扮演角色的区域，按照重要性的程度涂上颜色(一个角色一种颜色)。

练一练3:幻想十年后的自己

设想未来十年在不同的生活角色中,你要完成的事情或目标是什么。你可以发挥想象力,想象未来十年里个人和社会可能发生的变化、你必须要面对的问题,以及你想要达到的目标或梦想。

我十年后典型的一天描述:

1. 我十年后从事的工作是________________________________。
2. 我十年后从事的工作内容是____________________________。
3. 我十年后从事的工作场所在____________________________。
4. 我十年后从事工作的场所周遭环境______________________。
5. 我十年后从事工作的场所周边人群______________________。

我十年后生活状态的描述:

1. 我十年后婚姻状态是 □已婚 □未婚 □其他______________。
2. 我十年后有子女________人。
3. 我十年后居住的场所在________________________________。
4. 我十年后居住的场所周遭环境____________________________。
5. 我十年后居住的场所周遭人群____________________________。

练一练4:填写职业生涯规划简表

1. 如果要用一句话描述我的个性或特质,我是____________________。
2. 我所具备的能力或专长是____________________________________。
3. 我最重视的价值观或最看重的是______________________________。
4. 到目前为止,我生活中最大的成就是__________________________。
5. 到目前为止,我生活中最大的挫折是__________________________。
6. 我最理想的工作是____。
7. 我最理想的生活状态是______________________________________。
8. 我最理想的工作与我最理想的生活状态结合成______________工作。
9. 我的长期目标是____。
10. 我的中期目标是____。
11. 我的短期目标是____。
12. 这些目标从我目前的状况来看,实现的可能性如何?____________。
13. 我目前决定要做的事情是________________________________,理由是______________________________。

练一练5:填写"大学生活拼图"

大学生活拼图有助于你了解大学生活所规划的内容。将要规划的内容逐一填在表1-4中。

表 1-4　　大学生活拼图

课程学习	专业发展	人际关系
个人情感	身心健康	休闲生活
自我成长	社会工作	兼职工作

第二章

职业生涯规划之认识自我

学习目标

1. 树立职业生涯规划自我认知意识。

2. 理解自我人格、兴趣、价值观、个人能力和职业期望，并掌握自我测评的方法与步骤。

3. 技能层面：接受就业指导，进行自我认知。

职业生涯规划，重在认识自我。人们常说性格决定命运。其实，这句话只说对了一半。一个人的命运是由其性格和他所选择的职业共同决定的。两个性格相同的人如果选择了不同的职业，其命运也注定不同。因此，性格是命，职业是运，性格与职业的组合，才真正构成了一个人的命运。性格是支点，职业是杠杆，支点与杠杆同等重要。每个人都希望拥有能满足自己需要、符合自己个性、激发自己潜能的职业。

大学生首先应该正确认识自我，分析自己的志趣，明确自己的优势劣势，进行准确的自我定位，从而确定自己的职业目标。认识自我和自我评估是大学生职业生涯规划的第一步。只有明确了“你是谁”，确定了职业目标才能在职业生涯规划中保持方向感。

本章主要介绍职业生涯规划中认知自我的有关概念，帮助大学生从兴趣、需要、性格、价值观、能力、气质等方面做出清晰的自我认知和正确的自我评价，从而促进大学生认识自我，发现优势，实现人职匹配。

第一节　清楚地认识自我

案例分析

案例 1

一位哲学家搭乘一个船夫的小船过河。行船之际，这位哲学家问船夫："你懂数学吗？"船夫说："不懂。"哲学家说："那你至少失去了一半生命。"哲学家又问："你懂哲学吗？"船夫说："也不懂。"哲学家说："那你就失去了80%的生命。"突然，一个巨浪把船打翻了，哲学家和船夫都掉到了水里。看着哲学家在水中拼命地胡乱挣扎，船夫就问他："你会游泳吗？"哲学家说："不会。"船夫说："那你就失去了整个生命。"

哲学家的学问，很明显远远高于船夫，但是，哲学家的学问再高再深，相对于行船与游泳来说，都毫无用处。社会环境复杂多变，什么情况都会发生，因此，我们需要不断学习，提高自身各方面的能力，这样才能应对各种变化。

案例 2

赵阳，某高职院校电子商务专业的学生，性格开朗，爱好广泛，在校期间曾担任学院文艺部部长，积极组织院系文艺活动。赵阳不但多才多艺，组织能力强，学习成绩也很突出，各门功课都很好，特别是英语。毕业时，许多同学犹豫不决，到底做技术还是做销售？什么样的工作才是好工作？这时，一家烟草物流企业来学校招聘办公室文员，兼做企业外联，因为企业马上举行的产品推介会需要一些组织能力强的人员参与。但这家企业位置在离市区较远的一个郊区小镇。因为位置偏远，许多同学放弃了这次机会，而赵阳认为这个岗位很适合自己，不但能使用所学的商务知识，还能把自己的组织能力发挥出来，这份工作的外向型特点很适合她的性格。入职一年多的时间，她凭借自己高度的工作热情和出色的工作表现，已经成为企业的重点培养对象。当大批同届毕业生还在左顾右盼的时候，她的职业成长路线已经打开了。

一、职业生涯规划中的自我认知

（一）自我认知的概念

自我认知(Self-Cognition)也叫自我意识，是个体对自己存在的觉察，包括对自己的行为和心理状态的认知。自我认知是对自己的洞察和理解，包括自我观察和自我评价。其中，自我观察是指对自己的感知、思维和意向等方面的觉察；自我评价是指对自己的想法、期望、行为及人格特征的判断与评估。

清晰的自我认知对做好职业生涯规划有着重要的影响。恰当地认识自己，实事求是地评价自己，是自我调节和人格完善的重要前提。良好的自我认知是一个人职业生涯规划成功的关键。一个人如果觉得自己是个有价值的人，就会变成有价值的人，做着有价值的事；反之，倘若觉得自己一文不值，在行动上就容易消极懈怠。

（二）自我认知的方法

自我认知的方法主要分为两大类：一类是非正式法，另一类是正式测评法。

1. 职业生涯规划中自我认知的非正式法

（1）自我观察、自我内省。一方面，可以从我与事的关系中认识自我，即从我做事的经验中了解自己。另一方面，从我与己的关系中认识自我，即“自己眼中的我”，也就是个人实际观察到的客观我，包括身体、容貌、性别、年龄、职业、性格、气质、能力等。此外，还可以反省“自己心中的我”，也指自己对自己的期许，即理想我。

（2）他人反馈。即“别人眼中的我”，是与别人交往时，由别人对我的态度、情感反映而感知的我。不同关系的人对自己的反映和评价不同，它是个人从多数人对自己的反映中归纳的感觉。

（3）橱窗分析法。橱窗分析法是一种借助直角坐标系不同象限来表示人的不同部分的分析方法，它以别人不知或知为横坐标，以自己知或不知为纵坐标，如图 2-1 所示。

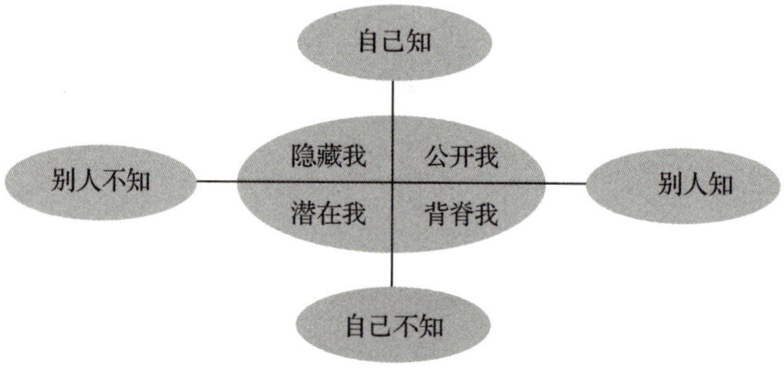

图 2-1　橱窗分析法

橱窗 1：自己知、别人知的部分，称为“公开我”，属于个人展现在外，无所隐藏的部分。比如身高、年龄、学历、婚姻状况等。

橱窗 2：自己知、别人不知的部分，称为“隐藏我”，属于个人内在的私有秘密部分。比如自私、嫉妒等平常自己不愿袒露的缺点，以及心中的愿望、雄心等不想告诉别人的部分。可以通过写自传或者日记的方式来了解自我。

橱窗 3：自己不知、别人不知的部分，称为“潜在我”，是有待开发的部分。

橱窗 4：自己不知、别人知的部分，称为“背脊我”，犹如一个人的背部，自己看不到，别人却看得很清楚。可以采取同家人、朋友交流等方式了解自己，对别人提出的意见有则改之无则加勉。

通过四个橱窗可知，需要加强了解的是橱窗 3 和橱窗 4。其中，认识、了解“潜在我”是自我认识的重点之一，把个人潜能开发出来，也是职场新人的头等大事。

2. 职业生涯规划中自我认识的正式测评法

自我认知的正式测评法，是指运用专门的测评工具进行自我测试，通过回答有关问题来认识自己、了解自己的一种方法，比较简单方便。该测评法的内容包括性格测试、气质测试、记忆力测试、创造力测试、分析能力测试、人际关系测试、团队凝聚力测试、沟通能力测试、管理能力测试、职业兴趣测试、智力测试、情商测试等。测试可以采用问卷调查测试和计算机测试。常用的标准化测评工具有职业能力倾向测验中的一般能力倾向测验(GATB)、瑞文推理测验(SPM)、行政职业能力倾向测验(AAT)等。

二、职业生涯规划中自我认知的维度

(一)价值观与职业

需要是个体对内外环境的客观需求在脑中的反映，分为物质需要和精神需要两个方面。它既是一种主观状态，也是一种客观需求的反映，常以一种“缺乏感”体验着，以意向、愿望的形式表现出来，最终变为推动人进行活动的动力。

马斯洛需求层次理论(Maslow's Hierarchy of Needs)，亦称“基本需求层次理论”，是行为科学的理论之一，由美国心理学家亚伯拉罕·马斯洛于 1943 年在《人类激励理论》中提出。该理论将需求分为五种，像阶梯一样从低到高，按层次逐级递升，分别为生理上的需求、安全上的需求、情感和归属的需求、尊重的需求、自我实现的需求，如图 2-2 所示。另外两种需求——求职需求和审美需求——被列入其他需求层次排列中。马斯洛认为这两者应居于尊重的需求与自我实现的需求之间，并讨论了需求层次理论的价值与应用等。只有当低层次的需求基本满足以后，才有可能关注并致力于下一层次需求的满足。这些需求体现在我们的生活中，就成了我们的价值观。

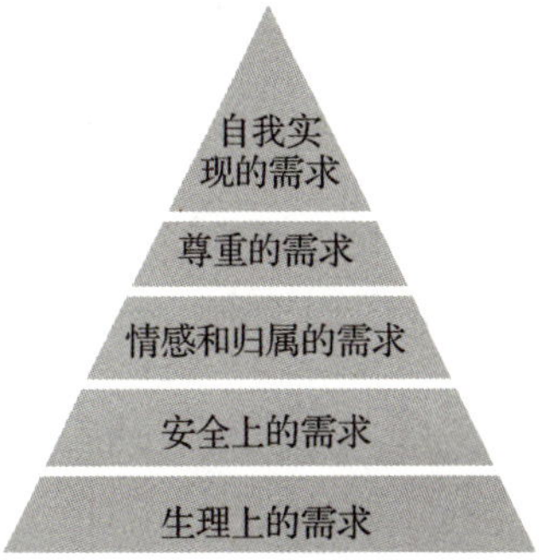

图 2-2　马斯洛需求层次图

价值观是指个人对客观事物(包括人、物、事)及对自己的行为结果的意义、作用、效果和重要性的总体评价，是对什么是好的、是应该的总看法，是推动并指引一个人采取行动的原则、标准，是个性心理结构的核心因素之一。

职业价值观是指人生目标和人生态度在职业选择方面的具体表现，也就是一个人对职业的认识和态度以及他对职业目标的追求和向往。理念、信念、世界观对于职业的影响集中体现在职业价值观上。

由于个人的身心条件、年龄阅历、教育状况、家庭影响、兴趣爱好等方面的不同，人们对各种职业有着不同的主观评价。各类职业在人们心中的声望地位便也有了好坏高低之分，这些评价形成了人的职业价值观，并影响着人们对就业方向和具体职业岗位的选择。职业价值观决定了人们的职业期望，影响着人们对职业方向和职业目标的选择，决定着人们就业后的工作态度和劳动绩效水平，从而决定了人们的职业发展情况。

当代大学生职业价值观具有以下特点：一是职业价值观趋于理想化、模糊化、现实化。二是过分强调自我价值而忽视社会价值。三是职业价值取向的自主性与矛盾性并存。四是职业价值实现手段多元化。

（二）气质与职业

气质是指一个人心理活动特点的总和。古希腊医生希波克拉底提出了气质的概念，将气质概括为四种类型——胆汁质、多血质、黏液质、抑郁质。

后来，苏联生理学家巴甫洛夫为气质分类提供了科学基础。巴甫洛夫解释神经系统有三种特性，即兴奋和抑郁的强度、兴奋和抑郁的平衡性、兴奋和抑郁相互转化的灵活性，这三种神经活动的特性形成四种最典型的结合，即高级神经活动的四种基本类型——兴奋型、活泼型、安静型、抑郁型。这四种基本类型与气质的分类是相对应的，每种气质分属于不同的神经类型并伴随特定的行为特征。

在现实生活中，属于单独气质类型的人是很少的，大多数人都是以某种类型的气质为主，同时兼有其他类型的一些特点，即属于中间类型。虽然人们气质各不相同，但气质本身并无好坏之分。每种气质的类性特点，都既有好的一面，又有不好的一面。一个人的气质不能决定一个人的社会价值，也不能决定一个人的工作成就。但是，现实生活中的每一种职业都有特定的性质和内容，对从事该职业的人的气质也都具有一定的要求。当一个人的气质特点符合要求时，这个人就比较容易适应，工作起来也比较轻松；反之，适应起来就困难些，工作起来比较费劲。

三、明确自身优势劣势

自我审视、自我评估的目的是熟悉自己、了解自己。因为只有熟悉了自己才能对自己的职业做出正确的选择，才能选定适合自己发展的职业生涯路线，才能对自己的职业生涯做出最佳抉择。大学生有必要按照职业生涯规划理论加强对自己的认识与了解，找出自己感兴趣的领域，确定自己能做的工作。

（一）优势分析

优势分析，即对已表现出的能力与潜力进行分析。通过对自己以往经历的分析，找出自己的专业特长与爱好，这是职业设计的第一步。

1. 你曾经做过什么

即已有的人生经历和体验，如在校期间担当的职务，曾经参与或组织的实践活动，获得过的奖励等。经历是个人最宝贵的财富，往往从侧面可以反映出一个人的素质、潜力，因而备受招聘单位的关注，同时这也是自我简历的亮点所在和重要组成部分，绝对忽视不得。在自我分析时，要善于利用过去的经验选择推断未来的工作方向与机会。

2. 你学习了什么

即在校期间从学习的专业中获得了什么，参加过什么样的社会实践活动，提高和升华了哪些方面的知识。专业也许在未来的工作中并不起多大作用，但在一定程度上决定了职业方向，因而尽自己最大努力学好专业课程是职业生涯规划的前提条件之一。大学生要善于从中总结，真正转化为自己的能力。

3. 你最成功的是什么

你可能做过很多事，但最成功的是什么？为何成功？是偶然还是必然？是否在自我能力范围之内？通过分析，可以发现自我性格优越的一面，譬如坚强、果断，以此作为个人深层次挖掘的动力之源和魅力闪光点，这也是职业规划的有力支撑。寻找职业方向，往往要从自己的优势出发，以自己之长立足社会。

（二）劣势分析

1. 性格弱点

卡耐基曾说，人性的弱点并不可怕，要学会认真对待，尽量寻找弥补、克服的办法，使自我趋于完善。因此，要安下心来，多跟别人交流，尤其是多与自己相熟的人如父母、同学、朋友等交谈，看看别人眼中的自己是什么样子，与自己的预想是否一致，找出其中的偏差，这将有助于自我提高。

2. 经验或经历中所欠缺的方面

也许你曾多次失败，就是找不到成功的捷径；或者你需要做某项工作，而之前从未接触过，这都说明经历的欠缺。欠缺并不可怕，可怕的是自己还没有理解却一味地不懂装懂。正确的态度是认真对待，善于发现，并努力克服和提高。

通过对自己的分析，深入了解自身，根据过去的经验选择推断未来可能的工作方向与机会，从而明确“我能干什么”“社会可以提供给我什么机会”“我选择了干什么”“我怎么干”等问题，使理想可操纵化，为进入社会提供明确方向。

四、了解“职业锚”

职业锚，又称职业留点。职业锚，实际就是人们选择和发展自己的职业时所围绕的中心，是指一个人不得不做出选择的时候，他无论如何都不会放弃的职业中的那种至关重要的东西或价值观。职业生涯发展实际上是一个持续不断的探索过程，在这一过程中，每个人都在根据自己的天资、能力、动机、需要、态度和价值观等慢慢地形成较为明晰的与职业相关的自我概念。

职业锚理论是由在职业生涯规划领域具有“教父”级地位的美国麻省理工学院斯隆商学院、美国著名职业指导专家埃德加 · H. 施恩(Edgar · H. Schein)教授提出的。

1. 技术/职能型(Technical Functional Competence)

技术/职能型的人，追求在技术/职能领域的成长和技能的不断提高，以及应用这种技术/职能的机会。他们对自己的认可来自他们的专业水平,他们喜欢面对来自专业领域的挑战。他们不喜欢从事一般的管理工作,因为这意味着他们要放弃在技术/职能领域的成就。

2. 管理型(General Managerial Competence)

管理型的人追求并致力于工作晋升、倾心于全面管理,独自负责一个部分,可以跨部门整合其他人的努力成果,他们想去承担全部责任,并将公司的成功与否看成自己的工作。

3. 自主/独立型(Autonomy Independence)

自主/独立型的人希望随心所欲安排自己的工作方式、工作习惯和生活方式。追求能施展个人能力的工作环境,最大限度地摆脱组织的限制和制约。他们宁愿放弃提升或工作扩展的机会,也不愿放弃自由与独立。

4. 安全/稳定型(Security Stability)

安全/稳定型的人追求工作中的安全与稳定感。他们可以预测将来的成功从而感到放松,他们关心财务安全,如退休金和退休计划。尽管有时他们可以达到一个高的职位,但他们并不关心具体职位和具体工作内容。

5. 创造型(Entrepreneurial Creativity)

创造型的人希望自己有能力去创建属于自己的公司或创建完全属于自己的产品(或服务),而且愿意去冒风险,并克服将要面临的障碍。他们想向世界证明公司是他们靠自己的努力创建的。他们可能正在别人的公司里工作,但同时他们在学习并评估将来的机会,一旦他们感觉时机到了,便会自己走出去创建自己的事业。

6. 服务型(Service Dedication to a Cause)

服务型的人一直追求他们认可的核心价值,如帮助他人、通过新的产品消除疾病。他们一直追寻这种机会,即使变换公司,他们也不会接受不允许他们实现这种价值的工作。

7. 挑战型(Pure Challenge)

挑战型的人喜欢解决看上去无法解决的问题,战胜强硬的对手,克服困难等。对他们而言,参加工作的原因是工作允许他们去战胜各种不可能。如果事情非常容易,就会马上变得非常令人厌烦。

8. 生活型(Lifestyle)

生活型的人喜欢允许他们平衡个人需要、家庭需要和职业需要的工作环境。他们希望将生活的各个主要方面整合为一个整体。正因为如此,他们需要一个能够提供足够弹性让他们实现这一目标的职业环境,甚至可以牺牲他们职业的一些方面,如提升带来的职业转换。他们将成功定义得比职业成功更广泛。

对于大学生来说,职业锚理论在职业生涯规划和就业选择过程中有非常积极的作用:

（1）帮助认识自我。认识自我的方法有很多，如职业测试等。寻找并确定职业锚，实际上也是个人自我真正认知的过程——认识自己具有什么样的能力、才干，自己最需要的是什么，职业价值观是什么。通过不断地反省和整合达到自己职业生涯的最佳状态。

（2）确定职业目标。大学生在进行职业生涯规划时，可以通过分析自己的职业期许，确定自己的职业方向，对自己今后的职业发展道路进行有针对性的设计和准备，并参加相应的培训、学习、实践，为职业生涯的成功奠定基础。

（3）选择就业方向。大学生完成学业临近毕业时，会面临很多种选择，是继续深造还是直接就业？是在外资企业工作还是去国有企业工作？是先求立足再求发展，还是先赚钱还债其余免谈？运用职业锚的理论和观点，逐渐明确自己最希望得到的东西，从而确定自己近一段时期内的奋斗中心。

知识链接

五招让毕业生笑傲职场

从校园生活到现实生活的转变过程可能会非常艰难，但是如果能保持乐观的心态，这段时间也可以是充满乐趣、令人兴奋的。想要提升乐观情绪并取得进步吗？遵循以下这些建议，你将会在从校园到职场的转型期里茁壮成长。

1. 和大学同学保持联系

和大学的好伙伴们同吃同住同行度过了大学时光，毕业后的生活确实让人感觉十分寂寞。是否有些失落呢？找一个能真正理解你内心煎熬的朋友聊聊，也可以向那些和你有同感的朋友倾诉。

2. 建立一个职业网络

找工作无疑会让你压力巨大，建立一个年轻专业人员的强大网络会让你的求职变得容易些。你认识的人越多，就越有可能获得一种有价值的关系，这将有助于你找到工作。刚开始可以在商务化人际关系网或社交网络上寻找联系人，之后可以给可能会帮助你的朋友发电子邮件。每一点努力都会让你获得成就感，也会让你多一份自信。

3. 向专家学习

寻找当地和你的工作领域相关的讲座，出席专题讨论会，加入和工作相关的团体，并且尽可能多地阅读你渴望加入的产业的相关书籍。朝着正确的方向迈进会让你重燃职业激情，并且让你的热情迸发。

4. 向前看

记住要向前看，偶尔怀旧一下还算正常，但不要让自己总是沉湎于过去的光辉岁月，相反你应该筹划一下梦想的生活。想一想未来的 5 年、10 年、15 年你想要成为什么样的人，然后制作一块鼓舞人心的标牌，一直激励你前进。

5. 朝着目标迈进

说出自己想要什么很容易，但真正的幸福来自为这种渴望付出的行动。举办聚会来展现你的才能，开通博客来吸引一群粉丝，多和专家接触来寻找你的良师益友。

从毕业生到职场人的转型并不容易，所以当你穿过这片灰色地带时，克服自身的懒散非常重要。把相册先收起来留着以后用，现在只要记住，保持和周围人的联系，勇敢地迈向职场，专注于摆在你面前的光明未来。

实训策略

练一练 1：价值观探索

美国心理学家 Milton Rokeach（米尔顿·洛克奇）1973 年在《人类价值观的本质》一书中提出十三种价值观：

（1）成就感：提升社会地位，得到社会认同；希望能得到他人的认可，对工作的完成和挑战成功而感到满足。

（2）美感的追求：能有机会多方面地欣赏周围的人、事、物，或任何自己觉得重要且有意义的事物。

（3）挑战：能有机会运用聪明才智来解决困难；舍弃传统的方法，选择创新的方法处理事务。

（4）健康：包括身体和心理健康：工作能够免于焦虑、紧张和恐惧；希望能够心平气和地处理事务。

（5）收入与财富：工作能够明显、有效地改变自己的财务状况；希望能够得到金钱所能买到的东西。

（6）独立性：在工作中能有弹性，可以充分掌握自己的时间和行动，自由度高。

（7）爱、家庭、人际关系：关心他人，常与别人分享，协助别人解决问题；要学会体贴、关爱，对周遭人慷慨。

（8）道德感：与组织的目标、价值观、宗教信仰和工作使命不相冲突，紧密结合。

（9）欢乐：享受生命，结交新朋友，与别人和谐共处，共同享受美好时光。

（10）权利：能够影响或控制他人，使他人照着自己的意思去行动。

（11）安全感：能够满足基本需求，有安全感，远离突如其来的变动。

（12）自我成长：能够追求知性上的刺激，寻求更美好的人生，在智慧、知识与人生的体会上有所提升。

（13）协助他人：认识到自己的付出对团体是有帮助的，别人因为你的行为而收获颇多。

思考：

在上述价值观中选出五个你认为重要的价值观（按重要程度排序），并回答下列问题：

1. 你重视的价值观是什么?

2. 你所选择的五个价值观是你一直都重视的吗? 如果曾经有改变是在什么时候?

3. 哪些价值观是你父母认为重要的,而你却不同意的? 哪些价值观是你和父母共同拥有的?

4. 价值观的改变是否曾经改变你安排生活的方式?

5. 你理想的工作形态与你的价值观之间是否关联?

6. 你是否因为谁说的一句话或某件事,如考试的成绩,而对自己的价值观感到怀疑?

7. 以前你是否曾经崇拜哪些人? 他们目前对你有什么影响?

8. 你的行为反映了你的价值观吗?

练一练 2:分析你的职业价值观

1. 列出你平时最爱做的五件事,写出做这些事情与你所学专业或未来理想职业的相关价值。

(1)事情:______　　价值:______

(2)事情:______　　价值:______

(3)事情:______　　价值:______

(4)事情:______　　价值:______

(5)事情:______　　价值:______

2. 列出在你成长过程中三个重要的人,并描述他们对你选择职业或你的职业素质的影响。

(1)人物:______　　影响:______

(2)人物:______　　影响:______

(3)人物:______　　影响:______

练一练 3:初步为你的职业定向

请根据你所了解的我国现有的职业填写。

最能够反映你价值观的职业	最不能反映你价值观的职业
(1)______	(1)______
(2)______	(2)______
(3)______	(3)______
(4)______	(4)______
(5)______	(5)______

练一练 4:气质测试量表

气质类型测试量表

以下 60 道题,凭你的第一印象选出:

A. 很符合自己的情况　　　　记+2 分

B. 比较符合自己的情况　　　记＋1 分
C. 介于符合与不符合之间　　记 0 分
D. 比较不符合自己的情况　　记－1 分
E. 完全不符合自己的情况　　记－2 分

1. 做事力求稳妥，一般不做无把握的事
2. 遇到可气的事就怒不可遏，想把心里话全说出来才痛快
3. 宁可一个人做事，也不愿意很多人在一起
4. 到一个新环境很快就能适应
5. 厌恶那些强烈的刺激，如尖叫、噪声、危险镜头等
6. 和人争吵时，总是先发制人，喜欢挑衅
7. 喜欢安静的环境
8. 善于和人交往
9. 羡慕那种善于克制自己感情的人
10. 生活有规律，很少违反作息制度
11. 在多数情况下是乐观的
12. 碰到陌生人觉得拘束
13. 遇到令人气愤的事，能很好地自我克制
14. 做事总是有旺盛的精力
15. 遇到问题总是举棋不定，优柔寡断
16. 在人群中从不觉得过分拘束
17. 情绪高昂时，觉得干什么都有趣；反之，觉得干什么都没有意思
18. 当注意力集中于一物时，别的事很难使自己分心
19. 理解问题总比别人快
20. 碰到危险情境，常有一种极度恐惧感
21. 对学习、工作、事业怀有很高的热情
22. 能够长时间做枯燥、单调的工作
23. 符合兴趣的事情，干起来劲头十足，否则就不想干
24. 一点小事就能引起情绪波动
25. 讨厌做那种需要耐心细致的工作
26. 与人交往不卑不亢
27. 喜欢参加热烈的活动
28. 喜爱感情细腻、描写人物内心活动的文学作品
29. 工作、学习时间长了，常感到厌倦
30. 不喜欢长时间谈论一个问题，愿意实际动手干
31. 宁愿侃侃而谈，不愿窃窃私语

32. 别人总是说我闷闷不乐
33. 理解问题常比别人慢些
34. 疲倦时只要短暂的休息就能精神抖擞地重新投入工作
35. 心里话宁愿自己想，不愿说出来
36. 认准一个目标，就希望尽快实现，不达目的誓不罢休
37. 学习、工作同样一段时间后，常比别人更疲倦
38. 做事有些莽撞，常常不考虑后果
39. 老师讲授新知识时，总希望他讲得慢些，多重复几遍
40. 能够很快忘记那些不愉快的事情
41. 做作业或完成一件工作总比别人花的时间多
42. 喜欢运动量大的剧烈的体育运动或参加各种文艺活动
43. 不能很快地把注意力从一件事情上转移到另一件事情上去
44. 接受一个任务后，就希望把它迅速完成
45. 认为墨守成规比冒风险强些
46. 能够同时注意几件事物
47. 烦闷时，别人很难使自己高兴起来
48. 爱看情节跌宕起伏、激动人心的小说
49. 对工作持有认真严谨、始终如一的态度
50. 与周围人的关系总是相处不好
51. 喜欢复习学过的知识，重复做熟练的工作
52. 希望做变化大、花样多的事
53. 对于小时候会背的诗歌，自己似乎比别人记得清楚
54. 别人说我出语伤人，可我并不觉得这样
55. 在体育活动中，常因反应慢而落后
56. 反应敏捷，头脑机智
57. 喜欢有条理而不慎麻烦的工作
58. 兴奋的事常使自己失眠
59. 老师讲新概念，常常听不懂，但是弄懂后很难忘记
60. 假如工作枯燥无味，马上就会情绪低落

确定气质类型的方法：

(1)将每题得分填入表 2-1 中。

(2)计算每种气质类型的总分。

表 2-1

胆汁质	2	6	9	14	17	21	27	31	36	38	42	48	50	54	58	得分
多血质	4	8	11	16	19	23	25	29	34	40	44	46	52	56	60	得分
黏液质	1	7	10	13	18	22	26	30	33	39	43	45	49	55	57	得分
抑郁质	3	5	12	15	20	24	28	32	35	37	41	47	51	53	59	得分

确定气质类型：

(1)如果某类气质类型得分明显高出其他三种气质类型，可以定为该类型气质(超 20 分，为典型型；得分在 10～20 分内，为一般型)。

(2)两种气质类型得分接近，其差异低于 3 分，而且明显高于其他两种 4 分以上，则可定为这两种气质的混合型。

(3)三种气质得分均高于第四种而且接近，则为三种气质的混合型。

胆汁质：又称为不可遏止型或战斗型。直率热情，精力旺盛，情绪兴奋性高，易于冲动，反应迅速，行动敏捷，具有外倾性。

多血质：又称为活泼型。敏捷好动，善于交际，反应灵敏，在新的环境里不感到拘束，注意力容易转移，兴趣和情绪多变，缺乏持久力，具有外倾性。

黏液质：又称为安静型。安静，稳重，沉默寡言，三思而后行，情绪不易外露，注意力稳定而较难转移，善于忍耐，偏内向型。

抑郁质：属于呆板而羞涩类型，又称为抑郁质型或弱型。情绪体验深刻，行动迟缓，具有较强的感受性，善于观察别人不易察觉的细节，富有幻想，胆小孤僻，具有内倾性。

第二节　探索职业兴趣

案例分析

郭晶晶：赢在职业兴趣

兴趣是职业发展走向成功的重要因素。因为对所从事的职业有极大兴趣，才容易在工作中全力投入，并享受过程，即使遇到不如意或挫败，也能调整心态，坚持下去。

郭晶晶曾是跳水“梦之队”的领军人物，曾多次获得世界冠军。然而，辉煌的背后是她一步步走过的荆棘之路。5 岁练跳水，15 岁首次参加奥运会却一无所获，1998 年参加世锦赛，仅获得 3 米跳板亚军，在之后的几年赛事中，她始终与奥运会冠军宝座失之交臂，其中包括获得悉尼奥运会 3 米跳板单人、双人亚军。

巨大的压力，残酷的现实，并没有让她意志消沉、打退堂鼓。相反，基于对跳水运动的喜爱，她以坚韧的毅力和不服输的精神，加之更为艰苦的训练坚持着。2004 年，她终于在雅典奥运会上获得 2 枚金牌。据了解，她每天训练 6～7 小时，至少跳 200 多个动作，从周一到周日，几乎全年无休。

是什么在一路支撑着自己？郭晶晶说：“因为喜欢，才会投入，才会愿意付出。”在北京奥运会上展现的那完美一跳，让她今生从事这个职业无怨无悔。

【案例启示】

兴趣是职业生涯适应的一个基本方面，可以为职业生涯选择提供有效信息。兴趣与工作满足感和工作稳定性有重要关系。兴趣不代表能力，对某一特定职业有爱好并不意味着你能干好这个职业；同样，具有从事某项工作的能力但缺乏兴趣，那么在该职业生涯上成功的可能性也是非常小的。只有对某一种职业感兴趣，并具有该职业所要求的能力，才能做好这项工作。

一、什么是职业兴趣

知之者不如好之者，好之者不如乐之者。——孔子

兴趣是最好的老师。——爱因斯坦

兴趣指兴致，是对事物喜好或关切的情绪。兴趣可以使人善于适应环境，对生活充满热情；兴趣对一个人所从事的活动起支持、推动和促进作用；兴趣对丰富知识，开发智力有重要意义。

职业兴趣是指人们对某种职业活动具有的比较稳定而持久的心理倾向。根据颇具权威的霍兰德职业兴趣分类方法，将职业兴趣分为六种类型——现实型 R、研究型 I、艺术型 A、社会型 S、企业型 E、常规型 C。不同人格类型及其相对应的基本倾向和职业偏好见表 2-2。

表 2-2 人格——职业类型匹配

人格类型	基本倾向	职业偏好
现实型 R	喜欢以机械、动物等为对象，从事有规则的、明确的、有序的、系统的工作	技能性和技术性职业
研究型 I	喜欢抽象、推理、独立定向的工作，会被吸引去从事那些包括较多认知活动的职业	生物学家、化学家以及大学教授

（续表）

人格类型	基本倾向	职业偏好
艺术型 A	具有想象、冲动、直觉、无秩序、情绪化、理想化、有创意等特点，他们喜欢艺术性的职业环境，也具备语言、美术、音乐、演绎等方面的艺术能力，面对事务性的工作则难以胜任	适合文学创作、音乐、美术、演艺等职业
社会型 S	合作、友善、乐于助人、圆滑、善于社交、善解人意等。喜欢社会交往，关心社会问题，具有教育能力和善意与人相处等人际关系方面的能力	适合从事教师、公务员、咨询师、社会工作者等以与人接触为中心的社会服务工作
企业型 E	喜欢冒险，精力充沛，善于社交，自信心强，具备优秀的指导性和语言能力	适合从事领导工作或企业经营管理工作
常规型 C	顺从、谨慎、保守、稳重、有效率，喜欢从事记录和整理档案资料、处理数据资料等有系统、有条理的活动，具备算数能力	典型职业包括事务员、会计师、银行职员等

霍兰德是美国著名的职业指导专家，他提出了职业兴趣探索霍兰德类型论，即职业选择是个人人格的延伸和表现，将人格与职业匹配，从而产生特定的职业氛围、价值观念、态度倾向、行为模式。六种兴趣类型之间的关系如图 2-3 所示。

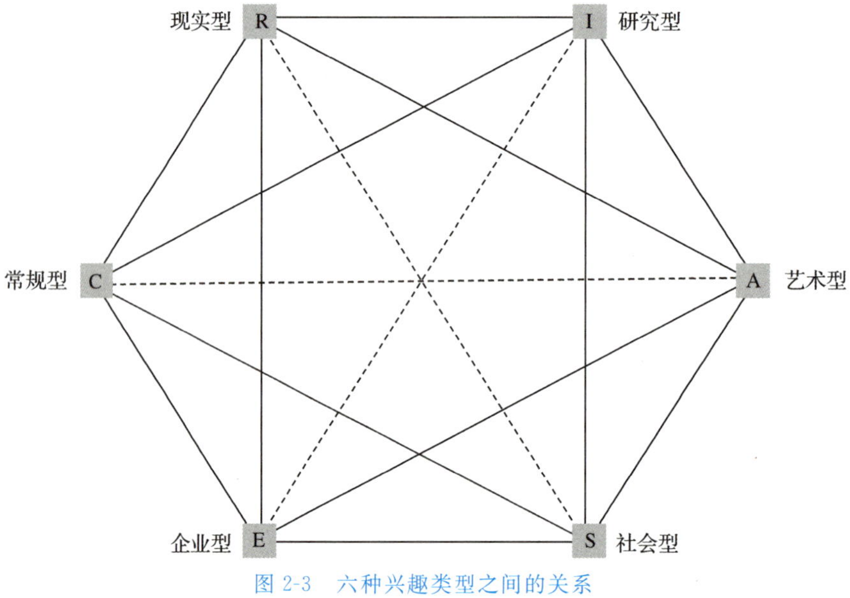

图 2-3　六种兴趣类型之间的关系

1. 相邻关系

如 RI、IR、IA、AI、AS、SA、SE、ES、EC、CE、RC 及 CR。属于这种关系的两种类型的个体之间共同点较多。如现实型 R、研究型 I 的人都不太偏好人际交往，这两种职业环境也都较少有机会与人接触。

2. 相隔关系

如 RA、RE、IC、IS、AR、AE、SI、SC、EA、ER、CI 及 CS。属于这种关系的两种类型个体之间共同点较相邻关系少。

3. 相对关系

在六边形上处于对角位置的类型之间即为相对关系，如 RS、AC、SR、EI、CA、IE。相对关系的人格类型共同点少，但一个人同时对处于相对关系的两种职业环境都感兴趣的情况较为少见。

人们倾向选择与自我兴趣类型匹配的职业。职业兴趣是一个人对待工作的态度，表现为有从事相关事业的愿望和兴趣。拥有职业兴趣将提高个人工作满意度、职业稳定性和职业成就感。由于兴趣爱好不同，人的职业兴趣也有很大差异。职业兴趣对职业选择和职业发展都有一定的影响。兴趣与工作满意度、职业稳定性和职业成就感之间存在着明显的关联。

二、兴趣决定你愿意做什么

兴趣往往决定了你愿意做什么。一个人如果对自己的职业没有兴趣，就会缺乏工作的主动性和创造性，缺乏追求职业成就的热情。因此，兴趣发展的一般经历是有趣、乐趣、志趣三阶段。对于职业活动，往往从有趣的选择，逐渐产生工作乐趣，进而与奋斗目标和工作志向相结合，发展成为志趣，表现出方向性和意志性的特点，使人坚定地选择某种职业，并为之尽心尽力。兴趣对职业生涯规划的影响表现在兴趣是职业生涯选择的重要依据；兴趣能够提高个体的工作效率，充分发挥才能；兴趣是保证个体职业稳定、职场成功的重要因素。

职业兴趣是以一定的素质为前提，在职业生涯实践过程中逐渐发生和发展起来的。职业兴趣影响人们对于职业的选择，能够开发个体潜力，促进个体进步；能够使人更快地熟悉并适应职业环境和职业角色。

职业兴趣的形成与人的个性、自身能力、实践活动、客观环境和所处的历史条件有着密切的关系，因此，职业生涯规划对兴趣的探讨不能孤立进行，应当结合个人、家庭、社会因素来考虑。了解这些因素，有利于深入认识自己，进行职业生涯规划。

实训策略

练一练 1：兴趣岛——自我兴趣探索

在广阔的大海上，我们是一群游客，但由于轮船搁浅，我们必须上岛，而这些岛屿很有可能就是今后一直待的地方，那么你会如何选择？

A 岛——美丽浪漫岛。岛上到处可见美术馆、音乐厅，弥漫着浓厚的艺术文化气息。同时，当地的原住民还保留着传统的舞蹈、音乐与绘画，许多文艺界的朋友都喜欢来这里寻找灵感。

I 岛——深思冥想岛。岛上人迹较少,适合夜观星象。岛上有多处天文馆、博物馆以及科学图书馆等。岛上居民喜好沉思,追求真知,喜欢和来自各地的哲学家、科学家、心理学家等交流心得。

R 岛——自然原始岛。岛上保有热带的原始植物,自然生态保持得很好,也有相当规模的动物园、植物园、水族馆。岛上居民以手工见长,自己种植花果蔬菜,修缮房屋,打造器物,制作工具。

C 岛——现代井然岛。岛上建筑十分现代化,是进步的都市形态,以完善的户政管理、地政管理、金融管理见长。岛民冷静保守,做事有条不紊,善于组织规划。

S 岛——温暖友善岛。岛上居民性格温和、十分友善、乐于助人,社区均自成一个密切互动的服务网络,人们多互助合作,重视教育,弦歌不辍,充满人文气息。

E 岛——显赫富庶岛。岛上的居民热情豪爽,善于企业经营和贸易。岛上的经济高度发展,处处是高级饭店、俱乐部、高尔夫球场,来往者多是企业家、经理人、政治家、律师等。

你总共有 15 秒时间回答以下问题;

(1)如果你必须在六个岛中的一个岛上生活一辈子,成为这里的一员。你第一个会选择哪个岛?

(2)你第二个会选择哪个岛?

(3)你第三个会选择哪个岛?

(4)你打死都不愿意选择哪个岛?

依次记下答案,并与结果进行对比:

六个岛屿代表六种典型的职业生涯兴趣类型,第一个是主要兴趣,第二和第三个是辅助兴趣。

选择 R 岛——现实型(Realistic)

喜欢的活动:愿意从事事务性的工作,喜欢户外活动或操作机器,而不喜欢在办公室工作。

喜欢的职业:制造业、渔业、技术贸易业、机械业、农业、林业、特种工程师和军事工作。

选择 I 岛——研究型(Investigative)

喜欢的活动:处理信息(观点、理论),喜欢探索和理解、研究那些需要分析、思考的抽象问题,喜欢独立工作。

喜欢的职业:实验室工作人员、生物学家、化学家、社会学家、工程技术师、物理学家和程序设计师

选择 A 岛——艺术型(Artistic)

喜欢的活动:创作,喜欢写作、音乐、艺术和戏剧。

喜欢的职业:作家、艺术家、音乐家、诗人、漫画家、演员、戏剧导演、作曲家、乐队指挥和室内装潢人员。

选择 S 岛——社会型(Social)

喜欢的活动：帮助别人，喜欢与人合作，热情，关心他人幸福，愿意帮助他人解决困难。

喜欢的职业：教师、社会工作者、牧师、心理咨询师、服务型行业人员。

选择 E 岛——企业型(Enterprising)

喜欢的活动：喜欢领导和影响别人，或为了达到个人或组织的目的而善于说服别人，希望成就一番事业。

喜欢的职业：商务管理人员、律师、政治运动领袖、营销人员、市场或销售经理、公关人员、采购员、投资商、电视制片人和保险代理人。

选择 C 岛——常规型(Conventional)

喜欢的活动：组织和处理数据，喜欢固定的、有序的工作或活动，希望确切地知道工作的要求和标准，愿意在一个大的机构中处于从属地位。

喜欢的职业：会计师、银行出纳、行政助理、秘书、税务专家和计算机操作人员。

如何正确对待测验结果：

进行测验以后，人们通常倾向选择与自己兴趣类型匹配的职业。其实个人并非一定要选择与自己兴趣完全对应的职业环境。在评价自己的兴趣类型时应以六大类型中前三个类型为标准。此外，要知道，兴趣虽然与能力有密切关系，但是兴趣测试分数的高低并不代表能力的高低。

练一练 2：思考并回答以下几个问题

1. 你的兴趣是什么？你曾经想成为什么样的人？你对哪些知识感兴趣，能够深入研究下去？

2. 你的性格适合做什么？不同的工作，适合不同性格的人去做，认清自己的性格，是非常重要的一步。

3. 你的优势和特长是什么？有哪些拿得出手的能力？对于自己欠缺的能力，应该怎样去弥补？

4. 你性格本身存在哪些弱点需要克服？

第三节　认知职业性格

案例分析

吴泽是某高校法律系一年级的学生，法学是他高考时的第一志愿。经过半个学期的学习，他发现自己对所学专业越来越感兴趣，而且成绩也不错。按说一切都很如意，但他依然有困惑。他觉得自己在性格上是个很感性的人，但法律这个行业要求从业者应具有更多的理性，因此不知道自己是否适合在法律方面发展。

晓琳是个很聪明的学生，从小到大，学习对她来说，都不是难事。上大学后，她仍然成绩优异，每年都拿奖学金。对此，她却开心不起来，因为让她为难的不是成绩，而是自己的性格。她已经读到大三，对考研还是找工作一直犹豫不决：以自己的成绩考研应该不成问题，但是她希望早点踏入社会，体验更丰富的生活；如果找工作，自己的性格很内向，不善言辞，在人群中很难引起别人的注意。这样的性格在工作中是否会产生不利影响？是否应该再读几年书，趁这段时间把性格改变一下？不过，性格能改变吗？

【案例启示】

吴泽和晓琳的困惑在大学生中比较有代表性。一方面，他们不清楚是否应从性格的角度考虑自己适合学什么专业、做什么工作；另一方面，他们常常对自己的性格有这样或那样的不满，担心性格会影响未来发展，却不知道性格能否改变。要解决这些困惑，需要更清晰地了解自己的性格，知道性格和职业之间的关系。

一、性格的类型

性格(Character)是指人对客观事实的稳定态度和在行为方式中经常表现出来的稳定倾向。它是个性中最重要和显著的心理特征。由于性格特征的复杂性，在心理学的研究中至今没有大家公认的性格类型划分的原则与标准。这里简单介绍心理机能优势的分类法，它是英国的培根(A. Bain)和法国的李波特(T. Ribot)提出的分类法。根据理智、情绪、意志三种心理机能在人的性格中所占优势不同，将人的性格分为理智型、情绪型、意志型。理智型的人通常以理智来评价周围发生的一切，并以理智支配和控制自己的行动，处事冷静；情绪型的人通常用情绪来评估一切，言谈举止易受情绪左右，最大特点是不能三思而后行；意志型的人行动目标明确，主动、积极、果敢、坚定，有较强的自制力。除了这三种典型类型外，还有一些混合型，如理智—意志型。在生活中大多数人是混合型。

此外，还有一种分类方法，把性格类型分为变化型、重复型、服从型、独立型、协作型、机智型、自我表现型和严谨型，分别适合的职业见表 2-3。

表 2-3　八种性格类型与其适合的职业

类型	特征	适合的职业
变化型	在新的和意外的活动或工作情境中感到愉快，喜欢有变化的和多样化的工作，善于转移注意力	记者、推销员、演员
重复型	适合连续从事同样的工作，按计划和进度办事，喜欢重复的、有规律的、有标准的工作	纺织工、机床工、印刷工、电影放映员
服从型	愿意配合别人或按别人指示办事，而不愿意自己独立做决策，承担责任	办公室职员、秘书、翻译

（续表）

类型	特征	适合的职业
独立型	喜欢计划自己的活动和指导别人活动或对未来的事情做出决定，在独立负责的工作情境中感到愉快	管理人员、律师、警察、侦察员
协作型	在与人协同工作时感到愉快，善于引导别人，并想受到同事们的喜欢	社会工作者、咨询人员
机智型	在紧张和危险的情况下能自我控制、沉着应对，发生意外和差错时不慌不忙出色地完成任务	驾驶员、飞行员、公安员、消防员、救生员
自我表现型	喜欢表现自己的爱好和个性，根据自己的感情做出选择，能通过自己的工作来表达自己的思想	演员、诗人、音乐家、画家
严谨型	注重工作过程中的每个环节、细节的精确性。愿意按一套规划和步骤尽可能将工作做得完美，倾向于严谨、努力地工作以看到自己出色完成工作的成果	会计、出纳员、统计员、校对员、图书档案管理员、打字员

二、性格决定你适合做什么

美国著名的职业生涯指导专家霍兰德将职业选择看作一个人性格的延伸。他认为，职业选择也是性格的表现。充分挖掘自身的个性，找到性格特点、能力素质与职业需求之间的匹配度，是最大限度地发挥自身潜能并尽快到达成功彼岸的关键，是确保职业可持续发展的决定性因素。

因此，首先要做到了解自己的性格，选择合适的职业。个人应根据自己的性格特征、兴趣爱好等选择合适的职业。其次要完善自己的性格，让性格适应工作。性格不是一成不变的，具有可塑性，受社会生活环境的影响。应该通过后期的实践活动，随着职业需求做适当调整。在适应社会的过程中，遇到性格与职业选择错位的情况是非常普遍和正常的，关键是如何针对自身的弱点进行弥补。

性格与职业的匹配密切相关。如果一个人从事的职业与他的性格相适应，并有能力相支撑时，工作起来就会得心应手，心情舒畅，可以提高自身工作满意度，增强工作绩效，容易取得成功。如果性格与职业不适应，性格就会阻碍工作的顺利进行，使从业者感到被动，缺乏兴趣，力不从心，精神紧张，给个人发展和组织造成不良影响。

实训策略

练一练：自我性格测试

1. 你何时感觉最好？

A. 早晨　　B. 下午及傍晚　　C. 夜里

2. 你走路时__________。

A. 大步快走 B. 小步快走

C. 不快，仰着头 D. 不快，低着头

E. 很慢

3. 和人说话时，你__________。

A. 手臂交叠地站着 B. 双手紧握着

C. 一只手或两只手放在臀部 D. 碰着或推着与你说话的人

E. 玩着你的耳朵，摸着你的下巴，或用手整理你的头发

4. 坐着休息时，你的__________。

A. 两膝盖并拢 B. 两腿交叉

C. 两腿伸直 D. 一腿蜷在下身

5. 碰到你感到好笑的事情时，你的反应是__________。

A. 大笑 B. 笑，但不大声

C. 轻声地笑 D. 羞怯地笑

6. 当你参加一个派对或社交活动时，你__________。

A. 很大声地入场以引起注意 B. 安静地入场，找你认识的人

C. 非常安静地入场，尽量保持不被注意

7. 当你专心工作时，有人打断你，你会__________。

A. 欢迎他 B. 感到非常愤怒

C. 在两种极端之间

8. 下列颜色中，你最喜欢__________颜色。

A. 红或褐色 B. 黑色

C. 黄或浅色 D. 绿色

E. 深蓝或紫色 F. 棕或灰色

9. 临入睡的前几分钟，你在床上的姿势是

A. 仰躺，伸直 B. 俯躺，伸直

C. 侧躺，微蜷 D. 头枕在一侧手臂上

E. 被盖过头

10. 你经常梦到自己在__________。

A. 下落 B. 打架或挣扎

C. 找东西或人 D. 飞或漂浮

E. 平常不做梦 F. 梦都是愉快的

将所有分数相加，再对照分析，就能判断出自己的性格类型。

表 2-4 计算分数的方法

	A	B	C	D	E	F
1	3	6	5			
2	7	6	5	4	3	
3	7	6	5	4	3	2
4	7	6	5	4		
5	7	6	5	4		
6	7	6	5			
7	7	6	5			
8	7	6	5	4	3	2
9	7	6	5	4	3	
10	7	6	5	4	3	

低于 20 分:内向的悲观者。你是一个害羞的、神经质的、优柔寡断的人,需要别人照顾,永远要别人为你做决定,不想与任何人有关系;你也是个杞人忧天的人,一个永远看不到存在问题的人,有些人认为你令人乏味,只有那些深知你的人不这样认为。

21 分到 30 分:缺乏信心的挑剔者。你勤勉刻苦挑剔,是一个谨慎的人,一个缓慢而稳定且辛勤工作的人。如果你做了冲动或无准备的事,会令周围的人大吃一惊。大家认为你即使从各个角度仔细地考虑一切之后,仍然会决定不做。

31 分到 40 分:以牙还牙的自我保护者。你是一个明智、谨慎、注重实效的人,一个伶俐、有天赋、有才干且谦虚的人。你不会很快、很容易地和别人成为朋友,但是你是一个对朋友非常忠诚的人,同时要求朋友对你也有忠诚的回报。那些真正了解你的人,知道要动摇你对朋友的信任是很难的,但同时,一旦这种信任被破坏,会使你很难过。

41 分到 50 分:平衡的中道者。你是一个新鲜的、有活力的、美丽的、好玩的、讲究实际的、永远有趣的人,也是一个足够平衡的人,不至于因一些事而昏了头。你亲切和蔼体贴,能谅解他人,是一个会使人感到高兴并会帮助别人的人。

51 分到 60 分:吸引人的冒险家。你有令人兴奋的、高度活跃的、相当易冲动的个性;你是一个天生的领袖,一个做决定很快的人,虽然你的决定不总是对的。你是大胆的和冒险的人,愿意尝试做任何事。你浑身散发着冒险精神,大家喜欢跟你在一起。

61 分以上:傲慢的孤独者。别人认为与你相处必须处处小心。在别人眼中,你是自负的、以自我为中心的人,一个极端有支配欲和统治欲的人。

第四节　开发职业能力

案例分析

杨昊和吴玲是硕士阶段的同学，杨昊认真、冷静，做事有计划；吴玲灵活、圆滑，办事冲劲。毕业后两人同时到了南方的同一所高校任教，并且还在同一个系。在迎接新教师的座谈会上，院长殷切地希望年轻人树立人生目标并为之奋斗。会后，两人开玩笑，说目标就是当院长，看谁先当上。

15 年后，果然有一个人当上了院长。你猜，谁当上了院长？

3 年后，吴玲当上了系副主任，杨昊仍然是普通教师；15 年后，杨昊当上了院长，吴玲仍然是一名系副主任。

实际情况是：杨昊自立下目标便制订了职业生涯规划，开发自身的职业能力。头 3 年，注重教学；第 4～8 年准备考博士并就读博士；第 9～12 年潜心做研究，成为知名学者；从第 13 年起，不仅教学、科研成绩突出，而且特别注重加强各方面人际关系；第 15 年老院长退休，人们不约而同地让杨昊接班。而吴玲一开始关注仕途，3 年就当上了系副主任，但教学成绩一般，科研无成果，压力很大。后来又跟着下海潮流先合伙开餐厅，后开面粉厂、美容院、服装店，可干一样亏一样，再过 4 年后发现不适合经商。等重新回到教学、科研上来，已经 10 年过去了，与杨昊已拉开差距。

【案例启示】

杨昊与吴玲处在同一起跑线上，有着一致的目标，但最终结果相差甚远，根本原因在于吴玲没有根据自己的兴趣和能力制订合理的职业生涯规划，没有开发自身的职业能力。

一、什么是能力

能力是一个耳熟能详的词语，是为完成任务和达到目标所体现出来的素质，直接影响活动的效率，是活动能否顺利完成的最重要的内在因素。

心理学上，能力是个性心理特征之一，如记忆能力等。只有从一个人所从事的某种活动中，才能看出他具有的某种能力，能力的大小也只有在活动中才能比较。倘若一个人不参加某种活动，没有实践的机会，就难以确定他具有什么能力。

在个性心理特征中，只有那些直接影响活动效率的因素，才能称为能力。能否成功完成某种活动受许多主观因素的影响，如兴趣与爱好、知识和经验、性格特征等，但这些因素都不直接有效地影响活动的效率，不直接决定活动的完成情况，只有能力才有这种作用。

二、什么是职业能力

职业能力是人们从事某种职业的多种能力的综合。如果说职业兴趣或许能决定一个人的择业方向以及在该方面乐于付出努力的程度，那么职业能力则说明一个人在既定的职业岗位上是否能够胜任，也就说明一个人在该职业中取得成功的可能性。职业能力是多种能力的总和，因此，我们可以把它分为一般职业能力、专业能力和综合能力。

1. 一般职业能力

一般职业能力主要是指一般的学习能力、文字和语言运用能力、数学运用能力、空间判断能力、形体直觉能力、颜色分辨能力、手的灵巧度、手眼协调能力等。此外，任何职业岗位都需要与人打交道，因此，人际交往能力、团队协作能力，以及遇到挫折时心理承受能力都是我们在职业活动中不可缺少的能力。

2. 专业能力

专业能力主要是指从事某一职业的专业能力。在求职过程中，招聘方最关注的就是求职者是否具备胜任岗位工作的专业能力。例如，你去应聘教学工作岗位，对方最看重的是你是否具备最基本的教学能力。

3. 综合能力

这里主要介绍国际上普遍注重培养的“关键能力”，主要包括四个方面：

(1)跨职业的专业能力。一是运用数学和测量方法的能力；二是计算机应用能力；三是运用外语解决技术问题和进行交流的能力。

(2)方法能力。一是信息收集和筛选能力；二是制订工作计划，独立决策和实施的能力；三是具备准确的自我评价能力和接受他人评价的承受力，并且能从成败中有效地吸取经验教训的能力。

(3)社会能力。社会能力主要是指一个人的团队协作能力、人际交往和沟通的能力。在工作中能够协同他人共同完成工作，对他人公正宽容，具有准确裁定事务的判断力和自律能力等，这是岗位胜任的重要条件。

(4)品德能力。随着我国经济体制改革的深入，法律体系的不断健全完善，人的社会责任心和诚信将越来越被重视，一个人的职业道德会越来越受到社会的尊重和赞赏，爱岗敬业、工作负责、注重细节的职业人格会得到全社会的肯定和推崇。

如商务经理的职业对个人的领导才能、协作技巧要求比较高；会计的职业强调数学才能；教师的职业强调沟通技巧、表达和创新能力；记者的职业强调沟通技巧、计算机技能；工程师的职业强调数学才能、分析能力；市场营销人员的职业强调推销技巧、研究能力；律师的职业强调行政管理才能、沟通技巧。

能力测量常用的量表主要有以下几种：BEC 职业能力测验(I)、BEC 职业能力测验(II)、一般能力倾向成套测验、一般能力倾向测验、个人职业素质评价系统、行政职业能力倾向测验(AAT)、一般行政能力倾向测验(GAAT)、职业能力倾向测验、职业心理倾向测评系统。

三、如何培养职业能力

1. 知识的学习

知识的学习是职业能力形成和发展的第一个阶段。在这个阶段中,新信息进入短时记忆,与来自长时记忆的原有知识建立一定的联系,并纳入原有的命题网络,从而得到理解。个体通过类属、归纳及其并列结合等内在同化过程获得知识,并且运用记忆规律促进知识的保持,用所学知识解决类似或同类课题,做到了知识的迁移。

2. 技能的学习

技能是指个体在特定目标的指引下,通过练习而逐渐熟练掌握的对已有的知识经验加以运用的操作程序。技能的学习要以程序性知识的掌握为前提,一般通过感性认识(看或听)、模仿(学习)、练习反馈等过程由不会到会再到熟练,从而达到自动化式的定型。

3. 态度的培养

个体对职业的不同态度决定着个体的不同认识和情感,而且还会影响个体在职业中的不同表现。态度不是先天就有的,而是社会性学习的结果。在家庭、社会和学校等不同情境的作用下,通过他人的社会示范、指示或忠告,将社会的要求内化为自己的态度,并在一定条件下迁移和改变。

知识、技能、态度等的习得或应用,并不等于已具备了职业能力。学生职业能力的形成和发展,必须参与特定的职业活动或模拟的职业情境,通过对已有的知识、技能、态度等的类化迁移,得到特殊的发展与整合,从而形成职业能力。

知识链接

职业能力

1. 树立职业理想,明确职业目标

职业理想在职业生涯规划过程中起着调节和指南的作用。一个人选择什么样的职业,以及为什么要选择某种职业,通常都是以其职业理想为出发点的。任何人的职业理想必然要受到社会环境、社会现实的制约。社会发展的需要是职业理想的客观依据,凡是符合社会发展需要和国家利益的职业理想都是高尚的、正确的,并具有现实的可行性。大学生的职业理想应把个人志向与国家利益和社会需要有机地结合起来。

2. 正确地进行自我分析和职业分析

首先,要通过科学认知的方法和手段,对自己的职业兴趣、气质、性格、能力等进行全面认识，清楚自己的优势与特长、劣势与不足，避免设计中的盲目性。其次，现代职业具有自身的区域性、行为性、岗位性等特点。要对该职业所在的行业现状和发展前景有比较深入的了解，如人才供给情况、平均工资状况、行业的非正式团体规范等，还要了解职业所需要的特殊能力。

3. 构建合理的知识结构

知识的积累是成才的基础和必要条件，但单纯的知识量并不足以表明一个人的真正水平。人不仅要有知识，还必须形成合理的知识结构，没有合理的知识结构，就不能发挥其创造功能。

4. 培养职业需要的实践能力

综合能力和知识面是用人单位选择人才的依据。一般来说，大学生应重点培养满足社会需要的决策能力、创造能力、社交能力、实践操作能力、组织管理能力和自我发展的终身学习能力、心理调适能力、随机应变能力等。

5. 参加有益的职业训练

职业训练包括职业技能的培训、对自我职业的适应性考核、职业意向的科学测定等。可以通过"三下乡"活动、大学生"青年志愿者"活动、毕业实习、校园创业及社会兼职、模拟性职业实践、职业意向测评等进行职业训练。

实训策略

练一练 1:霍兰德职业倾向测验量表

本测验量表将帮助你发现和确定自己的职业兴趣和能力特长，从而更好地做出求职择业的决策。如果你尚未确定职业方向，本测验将帮助你根据自己的情况选择一个恰当的职业目标。本测验共有七个部分，每部分测验都没有时间限制，但请你尽快按要求完成。

第一部分 你心目中的理想职业(专业)

对于未来的职业(或升学进修的专业)，你要早有考虑:它可能很抽象，很朦胧，也可能很具体，很清晰。不论是哪种情况，现在都请你把自己最想做的三种工作或最想学的三种专业，按顺序写下来。

____

第二部分 你所感兴趣的活动

下面列举了若干种活动，请就这些活动判断你的好恶。对于喜欢的，请在"是"栏里打√，对于不喜欢的，请在"否"栏里打√。请按顺序回答全部问题。每个"是"得 1 分，"否"得 0 分。

R:现实型活动

1. 装配修理电器或玩具——是[ ] 否[ ]
2. 修理自行车——是[ ] 否[ ]
3. 用木头做东西——是[ ] 否[ ]
4. 开汽车或摩托车——是[ ] 否[ ]
5. 用机器做东西——是[ ] 否[ ]
6. 参加木工学习班——是[ ] 否[ ]
7. 参加制图描图学习班——是[ ] 否[ ]
8. 驾驶卡车或拖拉机——是[ ] 否[ ]
9. 参加机械和电气学习班——是[ ] 否[ ]
10. 装配修理机器——是[ ] 否[ ]

统计“是”一栏得分计__________分

A:艺术型活动

1. 素描/制图或绘画——是[ ] 否[ ]
2. 参加话剧/戏剧——是[ ] 否[ ]
3. 设计家具/布置室内——是[ ] 否[ ]
4. 练习乐器/参加乐队——是[ ] 否[ ]
5. 欣赏音乐或戏剧——是[ ] 否[ ]
6. 看小说/读剧本——是[ ] 否[ ]
7. 从事摄影创作——是[ ] 否[ ]
8. 写诗或吟诗——是[ ] 否[ ]
9. 进行艺术(美术/音乐)培训——是[ ] 否[ ]
10. 练习书法——是[ ] 否[ ]

统计“是”一栏得分计__________分

I:研究型活动

1. 读科技图书和杂志——是[ ] 否[ ]
2. 在实验室工作——是[ ] 否[ ]
3. 改良水果品种,培育新的水果——是[ ] 否[ ]
4. 调查了解土和金属等物质的成分——是[ ] 否[ ]
5. 研究自己选择的特殊问题——是[ ] 否[ ]
6. 玩数字游戏——是[ ] 否[ ]
7. 喜欢物理课——是[ ] 否[ ]
8. 喜欢化学课——是[ ] 否[ ]
9. 喜欢几何课——是[ ] 否[ ]

10. 喜欢生物课——是[ ] 否[ ]

统计“是”一栏得分计________分

S:社会型活动

1. 学校或单位组织的正式活动——是[ ] 否[ ]
2. 参加某个社会团体或俱乐部活动——是[ ] 否[ ]
3. 帮助别人解决困难——是[ ] 否[ ]
4. 照顾儿童——是[ ] 否[ ]
5. 出席晚会、联欢会、茶话会——是[ ] 否[ ]
6. 和大家一起出去郊游——是[ ] 否[ ]
7. 想获得关于心理方面的知识——是[ ] 否[ ]
8. 参加讲座或辩论赛——是[ ] 否[ ]
9. 观看或参加体育比赛和运动会——是[ ] 否[ ]
10. 结交新朋友——是[ ] 否[ ]

统计“是”一栏得分计________分

E:企业型活动

1. 说服鼓动他人——是[ ] 否[ ]
2. 卖东西——是[ ] 否[ ]
3. 谈论政治——是[ ] 否[ ]
4. 制订计划,参加会议——是[ ] 否[ ]
5. 以自己的意志影响别人的行为——是[ ] 否[ ]
6. 在社会团体中担任职务——是[ ] 否[ ]
7. 检查与评价别人的工作——是[ ] 否[ ]
8. 结交名流——是[ ] 否[ ]
9. 指导有某种目标的团体——是[ ] 否[ ]
10. 参与政治活动——是[ ] 否[ ]

统计“是”一栏得分计________分

C:常规型活动

1. 整理好桌面和房间——是[ ] 否[ ]
2. 抄写文件和信件——是[ ] 否[ ]
3. 为领导写报告或公告信函——是[ ] 否[ ]
4. 检查个人收支情况——是[ ] 否[ ]
5. 参加打字培训——是[ ] 否[ ]
6. 参加算盘、文秘等实务培训——是[ ] 否[ ]
7. 参加商务会计培训——是[ ] 否[ ]

8. 整理信件、报告、记录等——是[ ]　　否[ ]
9. 写商务贸易信——是[ ]　　否[ ]
统计“是”一栏得分计________分

第三部分　你所擅长的活动

下面列举了若干种活动，其中你能做成或大概能做的事，请在“是”栏里打√；反之，在“否”栏里打√。请回答全部问题，每个“是”得1分，“否”得0分。

R：现实型能力
1. 能使用电锯、电钻和锉刀等木工工具——是[ ]　　否[ ]
2. 知道万用表的使用方法——是[ ]　　否[ ]
3. 能够修理自行车或其他机械——是[ ]　　否[ ]
4. 能够使用电钻床、磨床或缝纫机——是[ ]　　否[ ]
5. 能给家具和木制品刷漆——是[ ]　　否[ ]
6. 能看懂建筑设计图——是[ ]　　否[ ]
7. 能够修理简单的电器——是[ ]　　否[ ]
8. 能修理家具——是[ ]　　否[ ]
9. 能修理收录机——是[ ]　　否[ ]
10. 能简单地修理水管——是[ ]　　否[ ]
统计“是”一栏得分计________分

A：艺术型能力
1. 能演奏乐器——是[ ]　　否[ ]
2. 能参加两部或四部合唱——是[ ]　　否[ ]
3. 独唱或独奏——是[ ]　　否[ ]
4. 能扮演剧中角色——是[ ]　　否[ ]
5. 能创作简单的乐曲——是[ ]　　否[ ]
6. 会跳舞——是[ ]　　否[ ]
7. 能绘画、素描或书法——是[ ]　　否[ ]
8. 能雕刻、剪纸或泥塑——是[ ]　　否[ ]
9. 能设计板报、服装或家具——是[ ]　　否[ ]
10. 写得一手好文章——是[ ]　　否[ ]
统计“是”一栏得分计________分

I：研究型能力
1. 懂得真空管或晶体管的作用——是[ ]　　否[ ]
2. 能够列举三种蛋白质多的食品——是[ ]　　否[ ]
3. 理解铀的裂变——是[ ]　　否[ ]

4. 能用计算尺、计算器、对数表——是[ ]　　否[ ]
5. 会使用显微镜——是[ ]　　否[ ]
6. 能找到三个星座——是[ ]　　否[ ]
7. 能独立进行调查研究——是[ ]　　否[ ]
8. 能解释简单的化学原理——是[ ]　　否[ ]
9. 理解人造卫星为什么不落地——是[ ]　　否[ ]
10. 经常参加学术会议——是[ ]　　否[ ]

统计"是"一栏得分计__________分

S:社会型能力

1. 有向各种人解释说明的能力——是[ ]　　否[ ]
2. 经常参加社会福利活动——是[ ]　　否[ ]
3. 能和大家一起友好地相处和工作——是[ ]　　否[ ]
4. 善于与年长者相处——是[ ]　　否[ ]
5. 会邀请人、招待人——是[ ]　　否[ ]
6. 能简单易懂地教育儿童——是[ ]　　否[ ]
7. 能安排会议等活动顺序——是[ ]　　否[ ]
8. 善于体察人心和帮助别人——是[ ]　　否[ ]
9. 帮助护理病人和伤员——是[ ]　　否[ ]
10. 安排社团组织的各种事务——是[ ]　　否[ ]

统计"是"一栏得分计__________分

E:企业型能力

1. 担任过学生干部并且干得不错——是[ ]　　否[ ]
2. 在工作上能指导和监督他人——是[ ]　　否[ ]
3. 做事充满活力和热情——是[ ]　　否[ ]
4. 有效利用自身的做法调动他人——是[ ]　　否[ ]
5. 销售能力强——是[ ]　　否[ ]
6. 曾作为俱乐部或社团负责人——是[ ]　　否[ ]
7. 向领导提出建议或反映意见——是[ ]　　否[ ]
8. 有开创事业的能力——是[ ]　　否[ ]
9. 知道怎样做能成为一个优秀的领导者——是[ ]　　否[ ]
10. 健谈善辩——是[ ]　　否[ ]

统计"是"一栏得分计__________分

C:常规型能力

1. 会熟练地打中文——是[ ]　　否[ ]

2. 会用外文打字机或复印机——是[ ]　　否[ ]
3. 能快速记笔记和抄写文章——是[ ]　　否[ ]
4. 善于整理保管文件和资料——是[ ]　　否[ ]
5. 善于从事事务性工作——是[ ]　　否[ ]
6. 会用算盘——是[ ]　　否[ ]
7. 能在短时间内分类和处理大量文件——是[ ]　　否[ ]
8. 能使用计算机——是[ ]　　否[ ]
9. 能搜集数据——是[ ]　　否[ ]
10. 善于为自己或集体做财务预算表——是[ ]　　否[ ]
统计"是"一栏得分计＿＿＿＿＿＿分

第四部分　你所喜欢的职业

下面列举了多种职业，请逐一认真地看，如果是你感兴趣的工作，请在"是"栏里打√；如果是你不太喜欢、不关心的工作，请在"否"栏里打√。每个"是"得1分，"否"得0分。

R：现实型活动
1. 飞机机械师——是[ ]　　否[ ]
2. 野生动物专家——是[ ]　　否[ ]
3. 汽车维修工——是[ ]　　否[ ]
4. 木匠——是[ ]　　否[ ]
5. 测量工程师——是[ ]　　否[ ]
6. 无线电报务员——是[ ]　　否[ ]
7. 园艺师——是[ ]　　否[ ]
8. 长途公共汽车司机——是[ ]　　否[ ]
9. 火车司机——是[ ]　　否[ ]
10. 电工——是[ ]　　否[ ]
统计"是"一栏得分计＿＿＿＿＿＿分

S：社会型职业
1. 街道、工会或妇联干部——是[ ]　　否[ ]
2. 小学、中学教师——是[ ]　　否[ ]
3. 精神科医生——是[ ]　　否[ ]
4. 婚姻介绍所工作人员——是[ ]　　否[ ]
5. 健身教练——是[ ]　　否[ ]
6. 福利机构负责人——是[ ]　　否[ ]
7. 心理咨询员——是[ ]　　否[ ]
8. 共青团干部——是[ ]　　否[ ]

9. 导游——是[ ]　　否[ ]

10. 国家机关工作人员——是[ ]　　否[ ]

统计“是”一栏得分计＿＿＿＿＿分

I:研究型职业

1. 气象学者或天文学者——是[ ]　　否[ ]

2. 生物学者——是[ ]　　否[ ]

3. 医学实验室的技术人员——是[ ]　　否[ ]

4. 人类学者——是[ ]　　否[ ]

5. 动物学者——是[ ]　　否[ ]

6. 化学学者——是[ ]　　否[ ]

7. 数学学者——是[ ]　　否[ ]

8. 科学杂志的编辑或作家——是[ ]　　否[ ]

9. 地质学者——是[ ]　　否[ ]

10. 物理学者——是[ ]　　否[ ]

统计“是”一栏得分计＿＿＿＿＿分

E:企业型职业

1. 厂长——是[ ]　　否[ ]

2. 电视剧编制——是[ ]　　否[ ]

3. 公司经理——是[ ]　　否[ ]

4. 销售员——是[ ]　　否[ ]

5. 不动产推销员——是[ ]　　否[ ]

6. 广告部长——是[ ]　　否[ ]

7. 体育活动主办者——是[ ]　　否[ ]

8. 销售部长——是[ ]　　否[ ]

9. 个体工商业者——是[ ]　　否[ ]

10. 企业管理咨询人员——是[ ]　　否[ ]

统计“是”一栏得分计＿＿＿＿＿分

A:艺术型职业

1. 乐队指挥——是[ ]　　否[ ]

2. 演奏家——是[ ]　　否[ ]

3. 作家——是[ ]　　否[ ]

4. 摄影家——是[ ]　　否[ ]

5. 记者——是[ ]　　否[ ]

6. 画家、书法家——是[ ]　　否[ ]

7. 歌唱家——是[ ] 否[ ]
8. 作曲家——是[ ] 否[ ]
9. 电影电视演员——是[ ] 否[ ]
统计"是"一栏得分计________分

C:常规型职业
1. 会计师——是[ ] 否[ ]
2. 银行出纳员——是[ ] 否[ ]
3. 税收管理员——是[ ] 否[ ]
4. 计算机操作员——是[ ] 否[ ]
5. 簿记人员——是[ ] 否[ ]
6. 成本核算人员——是[ ] 否[ ]
7. 文书档案管理员——是[ ] 否[ ]
8. 打字员——是[ ] 否[ ]
9. 法庭书记员——是[ ] 否[ ]
10. 人口普查登记员——是[ ] 否[ ]
统计"是"一栏得分计________分

第五部分 能力类型简评

表 2-5、表 2-6 是你在六个职业能力方面的自我评定表。你可以先与同龄者比较自己在每一方面的能力,斟酌后对自己的能力进行评估。请在表中适当的数字上画圈。数字越大,表示你的能力越强。注意,请勿全部画同样的数字,因为人的每项能力不可能完全一样。

表 2-5 自我评定表(一)

R 型	I 型	A 型	S 型	E 型	C 型
机械操作能力	科学研究能力	艺术创作能力	解释表达能力	商业洽谈能力	事务执行能力
7	7	7	7	7	7
6	6	6	6	6	6
5	5	5	5	5	5
4	4	4	4	4	4
3	3	3	3	3	3
2	2	2	2	2	2
1	1	1	1	1	1

表 2-6　　自我评定表(二)

R 型	I 型	A 型	S 型	E 型	C 型
体育技能	教学技能	音乐技能	交际技能	领导技能	办公技能
7	7	7	7	7	7
6	6	6	6	6	6
5	5	5	5	5	5
4	4	4	4	4	4
3	3	3	3	3	3
2	2	2	2	2	2
1	1	1	1	1	1

第六部分　统计和确定职业倾向

请将第二部分至第五部分的全部测验分数按已统计好的六种职业倾向(R 型、I 型、A 型、S 型、E 型和 C 型)得分填入表 2-7,并做纵向累加。

表 2-7　　统计得分

测试	R 型	I 型	A 型	S 型	E 型	C 型
第二部分						
第三部分						
第四部分						
第五部分						
总分						

请将表 2-7 中的六种职业倾向总分按从大到小的顺序依次从左到右排列。

(　)型、(　)型、(　)型、(　)型、(　)型、(　)型

最高分__________　　最低分__________

你的职业倾向性得分________________

第七部分　你所看重的东西——职业价值观

这一部分测验列出了人们在选择工作时通常会考虑的九种因素。现在请你从其中选出最重要和最不重要的因素,并将序号填入下边相应的空格上。

最重要:____________　　次重要:______

最不重要:__________　　次不重要:__________

工作价值标准：

1. 工资高、福利好
2. 工作环境舒适
3. 人际关系良好
4. 工作稳定、有保障
5. 能提供较好的受教育机会
6. 有较高的社会地位
7. 工作不太紧张、外部压力小
8. 能充分发挥自己的能力特长
9. 社会需要与社会贡献大

以上全部测验完毕。现在，将你测验得分居第一位的职业类型找出来，对照下面的内容，判断一下自己适合的职业类型。

R(现实型)：木匠、农民、操作 X 光的技师、工程师、飞机机械师、鱼类和野生动物专家、自动化技师、机械工(车工、钳工等)、电工、无线电报务员、火车司机、长途公共汽车司机、机械制图员、电器师。

I(研究型)：气象学者、生物学者、天文学家、药剂师、动物学者、化学家、科学报刊编辑、地质学者、植物学者、物理学者、数学家、实验员、科研人员、科技工作者。

A(艺术型)：室内装潢专家、摄影师、音乐教师、作家、演员、记者、诗人、作曲家、编剧、雕刻家、漫画家。

S(社会型)：社会学者、导游、福利机构工作者、咨询人员、社会工作者、社会科学教师、学校领导、精神疾病工作者、公共保健护士。

E(企业型)：推销员、进货员、商品批发员、旅馆经理、饭店经理、广告宣传员、调度员、律师、政治家、零售商。

C(常规型)：记账员、会计、银行出纳、法庭速记员、成本估算员、税务专员、核算员、打字员、办公室职员、统计员、计算机操作员、秘书。

练一练 2：撰写自己的成就故事

写下生活中令你有成就感的具体事件后对其进行分析，了解自己在其中具备了哪些能力。

只要符合以下两条标准，就可以被视为有成就感：

(1)你喜欢做这件事时体验到的感受；

(2)你为完成它所带来的结果感到自豪。

在撰写成就故事时，每一个故事都应当包含你想达到的目标(即需要完成的事情)及面临的障碍、限制、困难。

与同学分享你的具体行动步骤:你是如何一步步克服障碍、达成目标的?你取得了什么成就?可以证明你成就的任何衡量方法或数量有哪些?

团体游戏 1:职业价值交换

1. 活动目的:通过同学之间的"职业价值交换",大学生了解自己和其他同学的职业取向,扩展了自己的思维空间,积极开展职业生涯规划,确定自己的职业目标,明确自己的职业价值。

2. 活动时间:45 分钟

3. 活动人数:40 人左右

4. 活动程序:

(1)每人发五张卡片,每张卡片上填写自己的专业、性别、生源地、年级、职业价值观。把不同的职业目标分别填写在五张卡片上。

(2)8～10 人一组,进行小组讨论。明确本专业社会需要的各种职业岗位,然后分别叙述自己的职业目标和职业价值观。

(3)进行职业价值交换:每人交换两张卡片,然后向小组汇报自己为什么舍去两个,新获得的两个是什么。

(4)将自己手中的卡片舍去两个,保留三个进行排序,然后与小组其他人进行第二次价值交换。每人交换两张卡片,最终确定自己的职业方向。

(5)将最后一张卡片贴在小组公示板上。

专题讨论:我为什么找工作,什么工作最适合我?

团体游戏 2:价值观拍卖会

1. 活动目的:

(1)激发学生思考和澄清自己的价值观念,学会抓住机会,不轻易放弃。

(2)帮助学生体验和澄清自己的人生态度。

2. 活动时间:25 分钟左右。

3. 活动道具:足够的道具钱、不同颜色的硬纸板、拍卖槌。

4. 活动场地:室内。

5. 活动程序:

(1)事前准备。将拍卖的东西事先写在硬纸板(最好是不同颜色的纸板)上,以增加拍卖的趣味性及方便拍卖进行。

(2)宣布游戏规则。每个学生手中有 5000 元(道具钱),每个人可以根据自己对人生的理解随意竞买表 2-8 中的东西,每样东西都有底价。每次出价都以 500 元为最大范围,价高者得到,有出价 5000 元的,立即成交。

底价见表 2-8。

表 2-8　　项目底价

序号	项目	底价	序号	项目	底价
1	爱情	500	12	金钱	1000
2	友情	500	13	欢乐	500
3	健康	1000	14	长命百岁	500
4	美貌	500	15	豪宅名车	500
5	礼貌	1000	16	每天都能吃美食	500
6	名望	500	17	良心	1000
7	自由	500	18	孝心	1000
8	爱心	500	19	诚信	1000
9	权力	1000	20	智慧	1000
10	拥有自己的图书馆	1000	21	名牌大学录取通知书	500
11	聪明	1000	22	冒险精神	1000

(3)举行拍卖会:由主持人或学生主持拍卖,将拍卖情况填入表 2-9。注意,有的同学可能会重复使用自己手中的道具钱,主持人应注意提醒这些学生购买所付出的钱不能超过 5000 元。

表 2-9　　拍卖情况

项目	底价	学生号数	成交价格	项目	底价	学生号数	成交价格
爱情	500			金钱	1000		
友情	500			欢乐	500		
健康	1000			长命百岁	500		
美貌	500			豪宅名车	500		
礼貌	1000			每天都能吃美食	500		
名望	500			良心	1000		
自由	500			孝心	1000		
爱心	500			诚信	1000		
权力	1000			智慧	1000		
拥有自己的图书馆	1000			名牌大学录取通知书	500		
聪明	1000			冒险精神	1000		

按游戏规则进行,直到所有的东西都拍卖完为止,然后请同学认真考虑买回来的东西的意义。

(4)讨论交流:

①你是否后悔你买到的东西?为什么?

②在拍卖的过程中,你的心情如何?

③你是否什么都没买?为什么不买?

④你是否后悔自己刚才争取的东西太少?

⑤争取来的东西是否是你最想要的?

⑥钱是否一定会带来快乐?

⑦有没有一种东西比金钱更重要或比金钱能带来更大的满足感?

⑧你是否甘愿为了金钱、名望而放弃一切呢?除了上面所说的这些,有没有更值得追求的东西呢?

第三章

职业生涯规划的制订

学习目标

1. 树立职业生涯规划的观念和意识。
2. 了解职业生涯规划的影响因素及其基本步骤，熟知职业生涯规划的方法。
3. 学会制订职业生涯规划方案，并树立评估和修正职业生涯目标的观念。

案例分析

比塞尔是西撒哈拉沙漠中的一颗明珠，每年有数以万计的旅游者来到这儿。可是在很久之前，这里还是一个封闭落后的地方。千年来，比塞尔都流传着这样的传说："施了魔咒的沙漠是不会放任何一个比塞尔人离开沙漠的。"当地人说，从比塞尔出发，无论走哪个方向，最终都只能回到原地，无法走出沙漠。对于这种说法，作为英国皇家学院的院士肯·莱文非常好奇。于是，1926年肯·莱文来到比塞尔，雇了一个叫阿古特尔的比塞尔人，让他带路，看看到底为什么比塞尔人走不出沙漠。他们带了半个月的干粮和水，牵了两头骆驼。10天过去了，他们走了很远的路，第11天早晨，果然又走回了比塞尔。这样，肯·莱文终于明白了，比塞尔人之所以走不出沙漠，是因为他们根本就不认识北斗星，在茫茫大漠中，没有方向的他们只能凭感觉向前走。然而，在一望无际的沙漠中，一个人若是没有固定方向的指引，会走出许许多多大小不一的圆圈，最终回到他起步的地方。但是自从肯·莱文把识别北斗星的方法教给了当地居民后，比塞尔人也相继走出了他们世代相守的沙漠。

第一节 职业生涯规划的影响因素、基本步骤及基本能力

一个人一生的职业历程有着种种不同的可能，而影响其职业发展的因素也是多方面的，有个人素质、社会环境等。

一、职业生涯规划的影响因素

影响职业生涯规划的因素是多方面的，有个性等主观方面的因素，也有社会环境、机遇等客观方面的因素，各个因素之间是相互关联的，因此，在进行职业生涯规划时要仔细考虑影响自己职业生涯的每一个因素。

1. 身心健康情况

健康对于职业选择特别重要，几乎所有的职业都需要健康的身心。个体可以通过对自己的体形、体态、体能、心理素质及承受能力进行客观评估，分析自己有哪些显现的身心优势，有哪些潜在能力需要开发；在哪些职业中自己的身心条件占优势，在哪些职业中处于劣势。根据自己的身心条件，决定自己能够从事哪些职业，不能从事哪些职业，设计适合自己职业发展的方向和路线。

2. 教育程度

教育程度是事业成功不可缺少的条件，是影响职业生涯规划的一个重要因素。教育是赋予一个人才能、塑造人格、促进个人发展的活动。获得不同教育程度的人，在个人职业选择和被选择时，具有不同的能量和作用。一般情况是：受教育程度较高的人，在就业以后会有较大的发展，对工作不如意时，再次进行职业选择的能力和竞争力也较强。人们接受教育的专业、学科门类及层次，对职业生涯起着重要的决定作用，人们在选择职业、转换职业时往往与所获得的学历层次、所学的专业有一定的联系。

3. 家庭状况

家庭状况也是影响职业生涯规划不可忽略的要素。家庭负担重的人，会有较大的就业压力，甚至会改变原来规划好的职业目标。因此，我们在进行职业生涯规划时，必须考虑家庭状况，以平衡家庭责任与理想之间的关系。

4. 性别因素

虽然男女平等的观念已普遍被现代社会接受，但传统观念“性别因素”仍然在职业选择中起着不可忽视的潜在作用。因此，在规划职业生涯和求职时，要做好充分的思想准备，寻求与性别相适宜的、与理想相统一的职业，有助于走向成功。

5. 社会环境因素

社会环境因素指的是社会的政治、经济体制，人才市场的管理体制，社会文化习俗、职

业的社会评价等状况。社会环境因素决定了社会职业岗位的数量、结构、层次，同时也决定了人们的职业观念，从而决定了就业方式、职业观和个人职业生涯的历程。

二、职业生涯规划的基本步骤

（一）职业生涯规划的五大要素

职业生涯规划是指个人根据对自身的主观因素和客观环境的分析，确立职业发展目标，制订相应的工作、培训和教育计划，按照一定的时间安排，采取必要的行动，实现职业生涯目标的过程。从这一定义中我们不难看出，职业生涯规划的五大要素：知己、知彼、抉择、目标和行动。

所谓知己，就是了解自己的各个方面，包括兴趣爱好、能力、价值观、个性、父母的管教态度、学校与社会教育对个人产生的影响等。

所谓知彼，就是探索外在的世界，包括行业职业特性、所需的能力、就业渠道、工作内容、工作发展前景、薪资待遇等。

所谓抉择，包括抉择技巧、抉择风格，以及抉择可能面临的冲突、阻力、助力等。在抉择之后是订立目标，然后采取行动。

这五个基本要素缺一不可，环环相扣，是一个人在进行职业生涯规划时要考虑的关键因素。

（二）职业生涯规划的基本步骤

1. 确定志向

俗话说，“志不立，天下无可成之事”。志向是人生的航标，是事业的基石，是前进路上的指南针，没有志向，事业的成功也就无从谈起。一个没有志向的人就像断了线的风筝，只会在空中东摇西摆，找不到自己的方向，所以在制订职业生涯规划时，首先要确立志向，这是职业生涯规划中最重要的一点。

在职业生涯规划中，确立志向实际上就是树立职业理想。理想一般是指人们对未来的一种合理的期望。职业理想是指人们在一定的世界观、人生观和价值观的指导下，对其未来所从事的职业及事业上获取成就的追求和向往。职业理想在人们职业生涯设计过程中起着调节和指向作用，一个人选择什么样的职业以及为什么选择某种职业，通常都是以其职业理想为出发点的。大学生树立职业理想的过程，便是在心目中进行职业生涯设计的过程，一旦在心中有了自己认为理想的职业，就会依据职业理想的目标，去规划自己的学习和实践，并为获得自己的理想职业而进行各种准备。

小案例

心理学家曾经做过这样一个实验：组织三组人，让他们分别向着10千米以外的三个村子出发。

第一组的人既不知道村庄的名字，又不知道路程有多远，只告诉他们跟着向导走就行。刚走出两三千米，就开始有人叫苦；走到一半的时候，有人几乎愤怒了，他们抱怨为什么要走这么远，何时才能走到头，甚至坐在路边不愿走了；越往后走，他们的情绪也就越低落。

第二组的人知道村庄的名字和路程有多远，但路边没有里程碑，只能凭经验来估计行程的时间和距离。走到一半的时候，大多数人想知道已经走了多远，有人说："大概走了一半的路程。"于是，大家又继续向前走，当走到全程的四分之三的时候，大家情绪开始低落，觉得疲惫不堪，而路程似乎还有很长，当有人说"快到了！快到了！"时，大家又振作起来，加快了行进的步伐。

第三组的人不仅知道村子的名字、路程，而且公路旁每 1 千米就有一块里程碑。人们边走边看里程碑，每缩短 1 千米大家便有一小阵的快乐。行进中他们用看里程碑的快乐消除疲劳，用坚定的步伐丈量行走的路程，所以很快就到达了目的地。

心理学家得出了这样的结论：当人们的行动有了明确的目标时，能把自己的行动与目标不断地加以对照，进而清楚地知道自己的行进速度和与目标之间的距离，人们行动的动机会得到维持和加强，进而自觉地克服一切困难，努力完成目标。

2. 自我评估

自我评估就是对自己进行全面分析，以达到认识自己、了解自己的目的。自我评估也就是职业生涯规划要素中的"知己"，只有对自己有一个全面、客观的认识，才能做出正确的职业选择，才能选定最适合自己的职业生涯路线。在职业生涯规划的过程中，自我评估是不可缺少的一个步骤，是职业生涯规划的基础，关系到职业生涯规划的成败。进行自我评估，主要是分析自己的兴趣、性格、技能、特长、思维方式，认清自己的优势和不足。简单地讲，自我评估至少需要了解以下四方面内容：第一，自己喜欢干什么——职业兴趣。第二，自己能够干什么——职业技能。第三，自己适合干什么——个人特质。第四，自己最看重什么——职业价值观。在自我评估中，要充分利用各种科学测评手段，如价值观量表、职业兴趣量表等，结合在校学习、考试情况，老师、同学、亲朋好友的评价，以及自我判断。需要注意的是，自我分析要客观、冷静，不能以点代面，既要看到自己的优点，又要直面自己的缺点。只有这样，才能避免职业生涯目标选择的盲目性，达到人职高度匹配。

3. 职业生涯机会评估

职业生涯机会评估也可称为环境评估，主要是对内外环境进行分析，确定这些因素对自身职业生涯发展的影响。职业生涯机会评估包括两部分内容：一是了解环境，如经济形势、法律法规、社会价值观等；二是了解职业，如产业与行业的划分，热门行业、热门职位对人才素质与能力的要求等。只有深入了解环境、行业和职业的需求情况，才能选择可以终生从事的理想职业。

4. 职业选择

俗话说，女怕嫁错郎，男怕入错行，职业选择正确与否，直接关系到人生事业的成功与失败，关系到人生的幸福与否。那么，如何才能选择正确的职业呢？在进行职业选择时，要充分考虑自己的特点，要考虑性格与职业是否匹配、兴趣与职业是否匹配、特长与职业是否匹配、价值观与职业是否匹配，要考虑内外环境对自己的影响。分析自我、分析环境、了解职业，然后做出最适合的选择，这对于大学毕业生来说极其重要。

5. 职业生涯路线的选择

在目标职业选定后，向哪一条路线发展，也要做出选择。例如，同样选择教育行业，同样选择进入高校，有人选择从事行政工作，有人选择从事专业教学工作，这就是两种截然不同的职业生涯路线。路线不同，对职业发展的要求也不相同，这一点在职业生涯规划中必须引起重视。同样的职业，不同的岗位，对人的素质要求也不一样。通常，选择职业生涯路线时须考虑三个问题：我想往哪一条路线发展？我能往哪一条路线发展？我可以往哪一条路线发展？

典型的职业生涯路线是一个“V”字形。“V”字形的两侧分别为行政管理路线和专业技术路线，每条路线都可以划分出许多等级，可以作为自己职业生涯的参考目标。当然，在现代社会中，职业的交换和职业路线的调整是非常普遍的现象，很少有人会自始至终待在一个岗位上。

6. 设定职业生涯目标

设定职业生涯目标是制订职业规划的核心，是继职业选择、职业生涯路线选择后又一重要抉择，是人生目标的抉择。好的职业生涯规划需要切实可行的目标。只有在确立可行的职业生涯目标后，才能以此为动力，积极排除不必要的干扰，保证职业规划的实现。职业生涯目标按照时间的长短可以划分为短期目标、中期目标、长期目标和人生目标。其中中期目标可以再分为十年、五年、三年、一年的职业生涯目标。短期目标可以从一日、一周、一月做起。

7. 制订行动计划与措施

在确定了职业生涯目标之后，行动便成了关键的环节，没有行动，一切的目标和理想都将化为泡影。这里所指的行动，是指落实目标的具体措施，主要包括工作、训练、教育、轮岗等方面的措施。例如，为达到目标，在工作方面，你计划采取什么措施，提高你的工作效率？在业务素质方面，你计划学习哪些知识，掌握哪些技能，以提高你的业务能力？在潜能开发方面，你计划做些什么？上述计划都应该比较具体，以便自己定时检查。

8. 评估与反馈

俗话说“计划赶不上变化”，影响职业生涯规划的因素有很多，有的变化因素是可以预测的，而有的变化因素则难以预测。因此，要使自己的职业生涯规划行之有效，就需要对职业生涯规划进行评估和修订。从这个意义上说，评估与反馈是一个再认识、再发现的过程。

三、职业生涯规划的基本能力

职业生涯规划是一个周而复始的历程。在不断地探索和追寻中，每个人最终都能发展出职业生涯规划的五种基本能力。

(1)认识能力。了解自己的兴趣、能力、性格和职业价值观。喜欢从事学术研究的人和喜欢从事务实工作的人在职业生涯规划上是有很大不同的：前者考虑大学毕业后继续深造，培养研究能力；后者可能考虑先直接工作。不能积极地对自己进行正确、客观的分析，相互攀比，往往会舍其所长，之其所短。

(2)收集有关职业生涯发展信息的能力。了解各种职业结构，包括专业学科、用人趋势、经济状况、社会需求以及发展的空间与前景等。对周围环境认知不确切，对环境估计不足会出现坐等心理。

(3)生涯决策能力。具有理想化倾向的大学生在就业过程中会出现决策犹豫心理，从而错过许多良好的就业机会。生涯决策通常由设定目标、建立行动计划、澄清价值、找出各种行动方案、评估可能结果的利弊得失、系统排除不适用的方案和开始行动等部分组成。

(4)发展推销自己的能力。找工作除了自身的实力外，还需要提高求职技能。如参加和学习与职业方向有关的暑假工作、社会实践活动；撰写专业学术文章，提出自己的见解；积极参加招聘活动，在实践中检验自己的积累和准备；进行模拟面试训练，强化求职技巧等。

(5)了解自己所追求的生活形态，发展适应工作的能力。职业没有高低贵贱之分，做到极致都可以成功。选择职业就是选择自己的未来，选择一种职业就是选择一种生活方式。不同的职业决定一个人在什么样的环境下工作、和什么样的人共事，以及每天的作息、休闲、家庭生活如何等。

当然，有时也会碰到许多挫折和不快，使我们产生怀疑，这时就要学习一些自我调适的方法。当你修正自己的做法后，还是成效不大，无法平复内心的不满、压力和倦怠感时，你就需要改变了——因为以前的兴趣的价值已不再适用了。这时，你可能要回到职业生涯规划的某一点，再次找寻一个适合成长后的你的职业生涯规划，也有可能，你需要审视自己在工作、情感和自我成长这三件大事上是否取得了平衡，毕竟生命是一段旅程，而不是目的地。

第二节　个人职业生涯目标的设定

一、职业生涯目标的分类

(一)按时间长短不同可以划分为短期目标、中期目标和长期目标

1. 短期目标

通常是指 1～2 年内的目标，它是中期目标和长期目标的具体化，是操作性比较强的

行动目标。短期目标可能是自己制定的，也可能是上级领导分配安排的，有较为具体的截止日期。短期目标应该是实现中长期目标的必经之路，是中长期目标的组成部分。

2. 中期目标

一般是指 3～5 年内的目标，它既是制定和实施短期目标的依据，又是长期目标的重要组成部分。它具有指标量化的特点，并有一定的弹性，在整个目标体系中起着承前启后的作用，也是职业生涯能否有效实施和实现的重点。

3. 长期目标

一般指 5 年以上的目标，通常比较粗略、欠具体，有可能随着各种主客观情况的变化而发生变化，具有战略性、挑战性和动态性等特点。

（二）按目的和性质可以划分为内职业生涯目标和外职业生涯目标

1. 内职业生涯目标

内职业生涯是指从事一项职业时提升自身素质与职业技能而获取的个人综合能力、社会地位、价值观念及荣誉的总和。内职业生涯目标主要靠个体努力争取得来，它不随着外职业生涯的获得而自动具备，也不会由于外职业生涯的失去而自动丧失。内职业生涯目标侧重于个体自身因素，主要包括工作能力目标、心理素质目标、观念目标、内心感受目标等因素。

(1)工作能力目标。工作能力是对处理职业中各种问题的能力的统称，如能够和上级领导以及公司同事无障碍沟通的能力，大型活动的规划和组织能力，对自己所负责事务的分析能力等。工作能力的提高，可以使个体以更新的观念、更充足的知识进行工作，进而得到更令人满意的工作结果。

(2)心理素质目标。心理素质指的是在职业生涯发展过程中遇到障碍时，能够积极应对困难的心理态度、能够经受困难的心理承受力和坚信能够克服困难的信心。心理素质目标指的是经过训练、学习和调整，在职业生涯中能够经受住挫折，正确看待成功，能够做到临危不惧、宠辱不惊。心理素质目标非常重要，最终能够实现职业生涯目标的人和最终没能实现职业生涯目标的人，区别往往并不在于是否在实现的过程当中遇到困难，而是在于心理素质的不同，前者认真寻找真正的不足所在，并努力学习、掌握克服这些困难的方法；而后者或者根本没有找到实现职业生涯目标的阻力，或者虽然发现了一些困难，却没有找到合适的方法解决这些困难。

(3)观念目标。观念主要是指对人对事的态度和价值观。观念目标指个体在工作学习中要求自己逐步形成一种什么样的观念或态度。工作是人生的投影，一个人的工作态度折射着他的人生态度，而人生态度决定一个人一生的成就。一个天性乐观、对工作充满热忱的人，无论眼下从事低微的工作还是受人尊敬的工作，都会认为自己的工作是一项神圣的职业，并怀着深厚的兴趣，不论遇到多少艰难险阻，都会有所成就。

(4)内心感受目标。内心感受是指工作中由于发现和应用新的管理方法、创造新的业绩等带来的内心收获和成就感。内心感受目标指的是在工作中朝有利于事业成功的方向积极努力，并用工作成绩收获新的、正向的心理感受。内心感受目标的正向强化会使个人在工作中的兴趣、成就感和努力程度不断提高。工作成果本身属于外职业生涯目标，但取得工作成果的内心收获和成就感则属于内职业生涯目标。

2. 外职业生涯目标

外职业生涯指从事职业活动时的外在因素的组合及其变化过程，是在职业生涯过程中所经历的职业角色（职位）及获取的物质财富的总和，它是依赖于内职业生涯的发展而发展的。外职业生涯目标一般是具体的目标，主要包括工作职务目标、工作成果目标、经济收入目标、工作环境目标等因素。

（1）工作职务目标。工作职务目标是指在自己所从事的职业中，在某个阶段内通过努力，使自己在职务上达到更高的标准。主要包括两方面：第一，现有职务的职责、权力是否进一步扩大；第二，职务晋升，一个人只有具备较强的工作能力，才能为其职务的晋升打下基础。因此，在制订职业生涯规划时，内职业生涯目标中的工作能力目标应优于外职业生涯目标中的工作职务目标。

（2）工作成果目标。工作成果目标是指在自己从事的工作岗位上，在某阶段内要达到的具体工作目标，要完成的工作计划。例如，生产的产品在数量和质量上的提高、销售量在总金额上的提升、学者在研究成果上的成绩等。工作成果在一定程度上是直接衡量一个人职业成功与否的外在指标，工作成果目标的实现会增加人的成就感，对人的内职业生涯目标实现有积极的正面作用。

（3）经济收入目标。经济收入目标是指在某阶段内，个人在工作岗位中薪酬上的增长和个人经济储蓄上的总收入目标。大学毕业生要敢于制定职业生涯的经济目标，但必须结合自身情况。例如，某保险公司职员根据保险行业的特点和个人目前的发展状况，为自己制定的经济收入目标为 30 岁之前赚取 20 万元，40 岁之前赚取 100 万元。

（4）工作环境目标。工作环境目标是指在某阶段内，工作硬件环境的改善状况。在更好的环境中，人们会带着更好的心情工作，对职业生涯目标的完成也有积极的作用。

小案例

杰瑞的目标

在年轻时，杰瑞就定下了一系列明确的目标，并一步一步地实施。18～21 岁在校期间，他就打好了专业基础，学习了关于酒的知识；毕业后，他就到酒吧当学徒。在 22～30 岁这段时间，他有针对性地潜心学习了调酒技艺，到了 30 岁，他的技术已经基本达到了调酒师的水平。但是他并不满足，希望自己能成为更为专业的调酒师，而且要开一间自己的酒吧，向更专业的水平迈进。于是，他又花了将近 10 年的时间，努力成为具有国际水平的高级调酒师，并且在 40 岁时开了一家属于自己的酒吧。然后，他准备在 50 岁之前，把他的酒吧规模扩展为全国连锁店，并扩展到国外。经过近 10 年的努力，50 岁时，他的目标已经基本实现。这时，他不再满足于只开酒吧，而准备涉足其他娱乐项目，经过不懈努力，60 岁时，他在成功经营酒吧的同时，又建成了一个较大的综合娱乐中心。

3. 内职业生涯目标与外职业生涯目标的关系

内职业生涯目标与外职业生涯目标关系密切，但对个人职业生涯实现的作用有所不同。

(1)联系。内职业生涯目标的发展带动外职业生涯目标的发展，内职业生涯的发展程度决定了外职业生涯的发展程度。内职业生涯丰富的人会抓住每一次发展机会，甚至能主动为自己、为别人创造发展机会。内职业生涯是真正的人力资本所在，提高内职业生涯而取得的工作成绩会转化为外职业生涯。内职业生涯的各个因素一旦获得，便会成为人生的无价之宝。外职业生涯目标的实现可以促进内职业生涯目标的实现。内、外职业生涯目标相互促进，相互折射。外职业生涯目标是具体的、实际的，其实现可以成为激发人继续努力的动力，给人良好的心理预期，并获得由各项成绩带来的内心成就感，有利于内职业生涯目标的实现。人的内职业生涯目标往往随着外职业生涯目标的实现而实现。内职业生涯在人的职业生涯乃至人生中具有关键性作用，因而在职业生涯的各个阶段，尤其在职业生涯早期和中期，我们都应该重视内职业生涯的发展。对于尚未毕业的大学生，或者是刚刚参加工作的新员工，一定要把对内职业生涯各个因素的追求看得比外职业生涯更重要。

(2)区别。内职业生涯目标可以通过别人的帮助而实现，但并不是靠别人强加或赐予的，而主要是通过自身主观努力追求、不断探索而获得的。外职业生涯目标关注客观条件因素，侧重于职业过程的、外在的、可以看得见的、可明确衡量的标记。例如，某同学应聘一家企业的人力资源职员，他的薪酬不是由自己决定的，在今后的工作中如果不能给企业带来好的业绩，随时有被降薪或辞退的可能。

内职业生涯目标一旦取得，便会内化成自己的基本财富，很难被他人收回。外职业生涯目标通常是由别人认可和给予的，容易被别人否认和收回。

二、职业生涯目标设定的原则

职业生涯目标设定的原则主要有以下内容。

(1)明确性：明确、具体地表达目标及其行动方案。

(2)可测量性：目标应该是可以衡量的，如数量、质量、时间等。

(3)可实现性：包含两方面的含义，首先必须是在合理的、可控制的范围之内；其次，必须有一定的挑战性，要“经过一定的努力”才可以实现。

(4)相关性：个人的职业发展目标要与企业目标、部门目标乃至社会需求、市场经济发展趋势相联系。

(5)时限性：要在特定的时间内完成。

(6)重点集中性:目标不可定得太多,太多了就意味着没有重点,一般3~5条即可。

(7)重要等级性:个人在目标设定时,要依据重要性的不同,把全部的权重分配给不同的关键任务。区别不同工作的轻重缓急,而且在评估中有不同的重要性的体现。

三、职业生涯目标设定的依据

选择职业生涯目标时,应该通过科学的方法,综合考虑自身和职场、社会环境等因素,选择适合自己的职业生涯目标。我国人事科学研究者罗双平用一个精辟的公式总结出职业生涯规划的三大要素,即"职业生涯规划=知己+知彼+抉择"。选择职业生涯目标时不仅要对个人因素进行分析,还要结合社会环境因素和行业环境因素,综合考虑多种因素。

1. 个人因素

个人因素主要内容包括与个人相关的所有能力因素和非能力因素,如兴趣、性格、能力、特长、价值观等。个人因素的评估是个人职业生涯的基础,也是获得可行的规划方案的前提,是职业生涯规划要素中的"知己"。只有对自己有一个全面、客观的认识,才能做出最正确的职业选择,才能选定最适合自己的职业生涯路线。

清楚地知道自己未来想干什么是选择职业的前提条件,俗话说"兴趣是人最初的动力";但仅凭兴趣选择职业是不全面的,感兴趣的事情并不代表有能力去做,从事任何一项职业的能力需求决定了并不是只要有兴趣就能干好的,职业选择是个人性格的反映和延伸,择业者的人格特点应与职业类型相适应。而价值观则支配着生活中的每一件事,是决定我们选择和行动的关键因素。

2. 社会环境因素

社会环境因素是指社会的政治、经济体制,人才市场的管理体制、社会文化习俗,职业的社会评价等状况。社会环境因素决定了社会职业岗位的数量、结构、层次,同时也决定了人们的职业观念,从而决定了就业方式、职业观和个人职业生涯的历程。

3. 行业环境因素

每个职业的行业环境都有各自的发展规律,包括行业的特点、现状、未来趋势、竞争状况等因素,往往影响着个人的职业行为和未来的职业发展道路,对这些职业因素进行斟酌,将有利于个体做出正确的职业选择和职业发展规划。

四、职业生涯目标设定中的误区

职业生涯目标的设定并不是一件容易的事,关键在于"知己又知彼",一方面对自己要有一个清楚的认识和了解,另一方面对就业环境和职业岗位的要求也要心中有数。因此,职业生涯目标的质量主要在于你要达成的目标是否与自己相匹配,以及你所设定的目标是否切实可行。下面是个体在设置职业生涯目标时常见的几个误区。

1. 设置了一个并不属于自己的目标

如果设定的职业生涯目标不能满足自己的需要，不是自己真正感兴趣的，或者不太适合自己，或者自己不能胜任，或者与自己的价值观有所违背，那么这个职业生涯目标就不应该是你的。有些人在做职业决策时，常常是为了取悦他人，比如自己的父母、老师或是朋友等，让别人来判断什么适合自己，而不是从自己的兴趣、能力、个性以及价值观等方面来设置自己的职业生涯目标，从长远来看，即使一个人实现了这样的目标，它所带来的往往会是挫折而不是内心的成长。

2. 认为职业生涯目标与人生的其他目标并不相关

一个人在生涯中扮演的角色是多种多样的，如学生、公民、职业人、子女、配偶、父母、休闲者等角色，各种角色之间是相互影响的。一个角色的成功可能会带来其他角色的成功，一个角色的失败也可能会导致其他角色的失败。同样，如果在一个角色中投入太多的时间和精力，也可能会影响到其他角色的质量。因此，个人职业生涯目标的设定，往往要考虑到它对生活其他方面的影响。你所设定的职业生涯目标与你想过的生活应该是基本一致的，有些人在生涯目标的设定上，只注重工作的挑战、奖赏和声誉，而忽略了家庭、休闲者等角色。要注意职业目标与家庭目标、个人生活和健康目标的协调和结合，因为家庭的幸福和身体的健康是事业成功的基础和保障。

3. 长期目标和短期目标相脱节

要注意长期目标和短期目标的结合。长期目标指明了发展方向，短期目标是实现长期目标的保证，长短结合更有利于职业生涯目标的实现。如果只有长期目标，那么目标显得太宽泛、欠具体，缺乏行动的动力；同样，如果过分关注具体的短期目标会导致目光短浅，可能会变得只有行动而不会思考。

4. 目标实现太容易或太难

职业生涯目标的设定要有一定的挑战性，只有这样才能给自己以激励和动力，目标实现时才能带来应有的成就感。目标实现太难，会因为失败而造成挫败感，对人的积极性产生负强化、丧失继续努力的勇气；目标实现太容易，则会失去挑战性和激励作用，对人没有鼓励和促进，成就感和满足感也会差很多。合理的目标是基于自己的能力和周围环境的、既有挑战性又有实现的可能性的目标。因此，合理目标的设定需要个体具有深刻的洞察力和判断能力，既要充分分析自己，又要了解环境中的机会和障碍。

5. 职业生涯目标缺乏弹性

职业生涯目标的设定常常要强调灵活性，灵活性的目标对于有效的职业生涯管理必不可少。工作环境和人的能力状态都不可避免地随各项事务的变化而变化，当过去适合自己的职业生涯目标随着时间和环境的变化不再适合自己时，工作和职业生涯的目标就要随之进行灵活的调整和改变，甚至完全放弃。进行职业生涯规划时要把握尺度，不能走极端。职业生涯目标的改变应在原有目标的基础上，结合新的形势进行适当调整，只有当职业生涯目标与现实情况存在严重冲突时才考虑废除原有目标，确立新目标。

6. 缺乏核心目标

所谓核心目标就是在一段时间内行动围绕的中心。在一段时间内，我们的行动要有一个核心目标，否则纵使有明确、现实、合理的目标也未必能成功。如果有多个目标，可以对每个目标进行评估，确定一到两个最重要的、最有价值的、对事业发展最有推动力的目标作为核心目标。

职业生涯目标是职业生涯规划的核心，因此，在职业生涯目标制定的过程中，一定要尽量注意避免以上误区，提高职业生涯规划的有效性。

第三节　个人职业生涯规划的方法与结果的评估

在制定职业生涯目标后，如何实现目标就成为关键。需要在自我分析、环境分析的基础上，针对具体的职业生涯目标，制订详细的实施计划。

一、阶段划分

职业生涯阶段的划分，是职业生涯规划的一个重要内容，对此国内外专家学者有不同的划分理论和方法。我国从事职业生涯规划研究的罗双平教授以 10 年为一个阶段将每个人的职业生涯划分为以下几个阶段。

1. 20～30 岁——走好第一步

这一阶段个体的主要特征是从学校走上工作岗位，是人生事业发展的起步阶段。如何起步直接关系到今后的成败。这一阶段个体的主要任务之一就是选择职业，在充分做好自我分析和内、外环境分析的基础上，选择适合自己的职业，设定人生目标，制订人生计划，还有一个重要的任务就是学习。有研究发现，人一生所需要的知识很多是工作后学习的，这足以说明参加工作后学习的重要性。

2. 31～40 岁——尽快修订目标

这一时期是一个人风华正茂之时，是充分展现自己才能，获得晋升、事业得到迅速发展之时。此时，除发奋努力、展示才能、拓展视野以外，对很多人来说，还有一个调整职业、修订目标的任务。人到 30 多岁，应对自己、对环境有更清楚的了解，这时需要看看自己所选择的职业、所选择的职业生涯路线、所确定的人生目标是否符合现实，如有出入，应尽快调整。

3. 41～50 岁——及时充电

这一阶段是人生的收获季节，也是事业上获得成功的人大显身手的时期，如果一个人到了这一年龄阶段仍事业无成、一无所获，应该深刻地反省一下原因何在。此阶段仍然要继续"充电"。很多人在此阶段都会遇到知识更新问题,如不及时"充电",将难以满足工作的需要,甚至会影响事业的发展。

4. 51～60 岁——做好晚年职业生涯规划

此阶段是人生的转折期,无论是打算在事业上继续发展,还是准备退休,都面临转折问题。由于医学进步,生活水平提高,很多人此时乃至以后的十几年,依然身体健康,可以继续工作,所以做好晚年职业生涯规划,对个体来说也十分重要。

二、目标分解

职业生涯目标分解是根据观念、知识、能力差距,将职业生涯的远大目标分解为有时间规定的长、中、短期分目标。目标分解的原则是将目标分解到某一确定的日期、可采取具体步骤为止,即分目标应该是可衡量、可预见的。目标分解是将目标清晰化、具体化的过程,是将目标量化成可操作的实施方案的有效手段。目标分解是为了使目标的实现具有可操作性。职业生涯目标按时间长短可以分解为短期目标、中期目标、长期目标和人生目标。

1. 短期目标

短期目标通常为 1 年以内的目标,主要是确定近期目标及要完成的任务。制定短期目标必须坚持清楚、明确、现实和可行四项准则。对短期内期望完成的目标要有清晰而完整的概念,如要达到这个人的位置或成就,做一个成功的、让人满意的项目,一年内要掌握哪些业务知识,等等。

2. 中期目标

中期目标通常为 3～5 年的目标和要完成的任务,如毕业后找什么工作,并担任什么职务。中期目标需要给自己制定比较明确的时间和行为规定,应既有激励价值,又要现实可行。

3. 长期目标

长期目标通常为 5～10 年较长远的目标,如大学毕业后到 30 岁时在企业内取得怎样的地位和业绩。长期目标应放眼未来,推测可能的职业进步。长期目标需要个人经过长期艰苦努力、不懈奋斗才有可能实现。确立长期目标时要立足现实、慎重选择,使之既有现实性又有前瞻性。

4. 人生目标

人生目标要尽可能远大,但不要求具体详细,要根据个人的专业、性格、气质、价值观以及社会的发展趋势来制定,是一个人的最高目标,人生目标要在符合自己价值的基础上,与社会发展需求相适应。

在职业生涯目标设定上,通常是先设定长期目标,然后进行分解,根据个人经历和所处的环境制定相应的中期目标和短期目标。在大多数情况下,长期目标比较粗泛,可能随着内外部形势的变化而变化，所以在制定时宜以勾画轮廓为主。在确定了长期目标后，将其具体化、现实化、可操作化，便形成中期目标和短期目标。中、短期目标应该清楚、明确、现实、可行。心理学实验证明，太难或太容易的事都不具有挑战性，也不会激发人的行动热情。因此，应根据个人的经验、素质水平和现实环境的许可来决定中、短期目标。中、短期目标应尽可能具体明确，并限定时间。要求在特定的时限内完成特定的任务，这会使人必须集中精力，调动自己和他人的潜力，为实现目标而奋斗。唯有如此，制定的目标才具有行动指导和激励的价值。

三、规划方法

（一）滚动计划法

滚动计划法是一种定期修改未来计划的方法。为提高计划的有效性，可以采用滚动、连续编制计划的方法。根据计划的执行情况和条件变化，调整和修订未来的计划，并逐期向前移动，把远期计划与近期计划结合起来，采取近细远粗的办法，每次制订或调整计划时均将计划期顺序向前推进一期，如此不断滚动、不断延伸，故称为滚动计划法。

（二）PDCA 循环法

PDCA 循环法是美国管理专业戴明发明的，又被称为“戴明循环”。PDCA 循环法分为四个阶段：P 阶段、D 阶段、C 阶段、A 阶段，分别代表英语的“计划”“执行”“检查”“处理”阶段。PDCA 循环法的意思是说做一切工作，干任何事都必须经过四个阶段。

1. 计划（Plan）阶段

这一阶段的工作主要是找出存在的问题，通过分析，制定改进的目标，确定达到这些目标的措施和方法。

（1）摸清现状。

（2）明确目的与要求。

（3）瞄准问题，找出差距，确定实现目标应关注的主要因素。

实现目标的过程就是缩小自身同目标之间差距的过程，只有明确自己的能力、知识、观念等现状与所确定的职业生涯目标之间的差距，才可能有的放矢地采取措施弥补差距，保证目标的最终实现。

①思想观念的差距。只有与组织、社会相适应的思想观念，才能有效地促进个人的职业目标按计划实现。

②知识差距。分析了解当前自己的知识水平和既定职业目标要求的知识水平之间的差距，通过针对性培训、进修等方式补充新知识，不断学习新知识并将其应用到工作实践中。

③能力差距。能力差距是指自己目前具有的能力与实际工作需求之间的差距。

④心理素质差距。心理素质差距涉及一个人的毅力、面对变故和挫折时的心理承受能力和情感智力（EQ）等。良好的心理素质能够使自己在关键时刻保持冷静的头脑、平和

的心态,制订出正确的战略和实施方案。

(4)制定措施,根据上述问题制定对策,调整阶段目标和计划。

2. 执行(Do)阶段

按照制订的计划和措施,严格地去执行。在实施过程中会发现新的问题或情况发生变化,如原来制定的培训内容等发生变化,则应及时修改培训内容,以保证达到预期目标。

3. 检查(Check)阶段

在分阶段完成计划时,应根据所制定的目标和要求对其执行计划的结果实事求是地评估,未完全达到目标也没有关系,可以为进一步改进提供参考。

4. 处理(Action)阶段

(1)总结经验,巩固成绩。根据检查结果进行总结,把成功完成计划的经验和失败的教训纳入自己的信息库中,作为今后提高工作效率所积累的经验。与此同时,为了更好地提高自己的能力,寻找新的目标,开始新的 PDCA 循环工作。

(2)出现新的问题或是遗留问题时,转入下一个循环。根据检查未解决的问题,找出原因,转入下一个 PDCA 循环中,作为下一个循环计划制订的资料和依据。对于新产生的问题,要不断总结经验,坚持改进,总有一天会获得成功。

PDCA 循环法的特点是环环相套,相互促进,周而复始,不断循环,螺旋式上升和发展。PDCA 循环法的四个阶段并非是截然分开的,而是紧密衔接连成一体的,各阶段之间不存在一定的交叉现象。在实际工作中,往往需要边检查边总结边调整计划,不是机械地去理解和操作 PDCA 循环法。

(三)斯温的生涯规划模式

斯温(Swain)是美国伊利诺斯大学的教授,于 1989 年提出了自己的生涯规划模式,旨在帮助大学生对自己的生涯做出一个良好的规划。

斯温的生涯规划模式主要包括四个部分,即由三个三角形和一个圆形组成的模型。中间的圆形是此模式的核心部分,表示一个人所要达到的生涯目标,而这一目标的设定又深深地受到周围三个三角形的影响。三个三角形分别表示个人特质的澄清与了解、教育和职业资料的提供、个人和环境关系的协调。斯温认为这三个方面在生涯规划中同等重要。每一个三角形又包含着丰富的内容,都是我们进行生涯探索和规划的重点。生涯抉择是指圆形和三角形之间的联结点,由生涯抉择形成最终的生涯目标。这一生涯规划模式,为我们进行个人职业生涯规划提供了一个良好的参照框架和思考方向。

四、结果评估

(一)评估机制的建立

职业生涯规划的评估与反馈过程是个人对自己不断认识的过程,也是对社会不断认识的过程,是使职业生涯规划更加有效的有力手段。对职业结果的评估包括职业选择评估、职业能力评估、职业生涯机会评估等。

1. 职业选择评估

职业选择评估是指依据各项指标，将个体素质(能力倾向、兴趣、价值观等)与某些职业所需要的能力指标相比较，从而观察两者之间的匹配程度。对之前职业生涯规划选择不当的地方及时进行评估，并对错误选择进行修正。职业生涯选择评估的目的是实现人适其职、职得其人，人尽其才、才尽其用。它在指导大学生个人成长、促进个人成才和就业中都占据重要的地位，是职业生涯规划中不可或缺的部分。

2. 职业能力评估

职业能力评估可以帮助个体了解自己的深层性格和动机特点，分析其所具有的潜在优势和不足，进而提供能帮助个体更好地发挥自己的潜能、弥补自己的不足的建议。在了解自我深层特点的基础上，个体可以对自己在生活、学习、工作中的成长方向有更好的把握，帮助个体改进对未来生涯规划的探索。

3. 职业生涯机会评估

职业生涯机会评估主要是评估各种环境对自己的职业生涯发展的影响。每一个人都处在特定的环境之中，离开了这个环境便无法生存和成长。所以，在制订个人的职业生涯规划时要分析环境条件的特点、环境的发展变化情况、自己与环境的关系以及环境对自己的有利条件与不利条件，等等。只有对这些环境因素充分了解，才能做到在复杂的环境中趋利避害，使自己的职业生涯规划具有实际意义。职业生涯机会评估的范围很广，如组织环境因素评估，还包括组织发展战略、人力资源需求、晋升发展机会等。

(二)方案修正

美国成功学大师安东尼·罗宾斯曾经提出过一个成功的万能公式“成功＝明确目标＋详细计划＋马上行动＋检查修正＋坚持到底”。从这个公式可以看出，要想成功，不仅要有明确的目标、详细的计划和行动的决心，还要在方案施行的过程中不断根据变化了的形势检查修正目标和方案。方案的调整和修正主要包括职业的重新选择、职业生涯目标的修正、实施措施与计划的变更等。

1. 职业的重新选择

人的一生充满了选择，就职业选择而言，往往不是一次选择就能完成的。大学生职业生涯目标的设定要结合自身因素、环境因素和职业因素，要基于个人兴趣、价值观和专业技能。在职业生涯目标的设定过程中，会由于各种原因使得对主、客观的评估不够恰当，导致职业选择出现错误。个体从事某一种职业一段时间后，可能会发现所从事的工作难以发挥自己的特长，难以培养起职业兴趣，或者感到工作非常吃力，难以胜任，这时候，要根据自身的能力和周围的环境对职业生涯机会进行重新评估，并根据新的评估结果来选择职业，避免做更多的无用功。重新选择职业，要慎之又慎，因为重新选择职业意味着自己原来的努力大多白白浪费。因此，大学毕业生在重新选择职业时要做到以下几点：首先，在重新选择职业时要客观、全面地考虑自己的处境，不可感情用事；其次，要重新审视自己，审视自己所从事的工作与自身的能力、兴趣、个性、价值观等是否存在不可调和的矛盾；最后，要选准新的职业生涯目标，做好重新选择的善后工作。

2. 职业生涯目标的修正

从某种意义上讲，职业生涯规划的实施过程就是缩短现有能力水平与预期目标差距的过程。职业生涯目标设定后，有时会因为个人自身能力的改变和周围环境的变化而无法达到预期的效果。当职业生涯目标或者个人自身因素发生变化时，要根据变化了的形势调整个人的目标。

进行职业生涯目标修正时，应注意以下几方面：第一，修正职业生涯目标不宜过于频繁，应以实际需求为基础，根据外部环境和自身情况决定。第二，具体操作时，应在前期方案实施效果评估的基础上，充分考虑影响职业发展的各种因素，制订符合自身实际情况的修正方案。第三，职业生涯目标的修正可以作为下一轮职业生涯设计的参考依据。

3. 实施措施与计划的变更

任何职业生涯目标的完成都是逐步优化、完善的过程。在方案实施的过程中，当工作的实际成效不理想或者与预定目标存在较大差距时，应重新审视自己的措施是否恰当，改变目标实现方式。有时候则是后续阶段的计划要根据前期阶段的工作成果来安排，难以把一段时期以后的计划做得非常具体。所以，在制订实施措施和计划时，经常会在总体里程碑计划的框架下，制订某阶段内的详细计划。前一个阶段结束了，再根据前一阶段的结果制订下一阶段的具体计划。这样，在整个职业生涯规划的过程中，每一阶段计划的细化，其实也是对整个计划所做的变更。通过变更手段，既能避免在职业规划初期信息不充分的情况下制订无谓的远期详细计划，又能在职业生涯目标实现过程中根据个人实际的进展情况及时制订出可行的详细计划。

总之，大学生职业生涯规划是一项复杂而持续的工作，要用发展的眼光随着动态环境的变化随时修正更新。

案例

万科的职业通道与职业生涯规划

万科是中国房地产行业的领跑者，是国内首批公开上市的企业之一，曾入选《福布斯》评选的全球最优秀200家中小型企业。在其辉煌成就和迅猛发展的背后，是其独特的人力资源管理体系，而万科对员工的职业生涯的关注及员工本身对自己职业生涯的重视也是一项重要因素。万科关注员工的职业生涯规划，按照万科的理解，若鼓励一个人终生做不适合自己的事情，就是对双方不负责任的表现，不如引导和帮助他，寻求更适合其发展的职业空间。公司强调“个人自主选择权”和“企业对人的可替换性”。一边是员工的个人职业发展规划，一边是企业的人力资源规划，只有两者相互配合恰当，才能实现企业和个人的双赢。在万科推行的管理与技术并行的双重职业发展道路上，员工既可以在一个或几个相关领域持续深入发展，也可以通过协调、组织团队成员工作，完成团队目标，发展自己在管理方面的能力。个人在企业里的职业生涯推进，往往是以其在企业中的岗位变迁为标志的。员工通过各种测评手段进行自我优势测评之后，对照万科人力资源部描绘的公司岗位地图上的岗位描述，可以找到自己与目标岗位入职要求之间的差距，从而决定个人的职业发展路径。对照公司的岗位地图，一方面，员工可以主动选择自己的方向，另一方面，万科也可以根据企业发展的步伐，有针对性地对员工进行职业发展指导，同时提高职业发展所需的增值机会，包括各种培训和交流。

案例分析

林小姐，杭州人，26 岁，大专学历，中文专业，参加工作 4 年多。刚毕业时，她在一家报社做编辑，由于文笔不好，工作成绩始终不好，压力越来越大，最后只好辞职。第二份工作是在一家公司做文员，平时做一些打字之类的琐碎小事，学不到什么东西，于是林小姐又辞职了。后来她又找了几份工作，都不太满意。目前，林小姐在一家公司做经理秘书，对于这份工作，林小姐还是比较满意的。

最近同学聚会，林小姐发现同学们个个都比自己干得好，有的已经当上了经理。再看看自己，经理秘书虽然听起来不错，但不过是吃青春饭，说不定哪天就失业了，所以林小姐想换一份稳定的工作。想来想去，除了做文员、经理秘书，也想不出其他工作了。她该怎样办呢？于是她去寻求职业顾问的帮助。职业顾问帮林小姐分析之后认为，她面临的是典型的“职业迷茫”问题。职业顾问认为，造成“职业迷茫”的直接原因就是缺少职业规划。那么，职业规划到底应该怎么来做呢？

问题：

假设你是一名职业生涯规划师，请根据本项目所学的理论与方法，帮助林小姐分析并确立适合林小姐的职业生涯目标和职业规划方案。

第二部分 大学生就业指导

第四章

高职高专学生就业现状与前景

学习目标

1. 了解就业形势和就业政策。
2. 明确就业前应做好的知识和能力储备。
3. 明确就业前应有的心理准备。
4. 了解与就业相关的法律知识。

第一节　当前高职高专学生的就业现状

近几年来，就业问题成为社会热点话题。那么，如何定义就业？在《现代汉语词典》中，就业被解释为“得到职业；参加工作”，而原劳动和社会保障部在2003年对就业的定义是“法定劳动年龄内从事一定的社会经济活动，并取得合法劳动报酬或经营收入”。

按照就业程度可以把就业分为两种情况——充分就业与不充分就业。

就业人员劳动报酬达到和超过当地最低工资标准的，为充分就业。根据中国管理科学研究院特约研究员金小明的观点，充分就业体现为人尽其才，物尽其用。换句话说，在法定条件下，自愿参加劳动的都应有岗位，有劳动能力却不愿参加劳动的应法定其参加劳动；与劳动者充分配套的生产要素应充分投入使用。

就业人员劳动时间少于法定工作时间，且劳动报酬低于当地最低工资标准、高于城市居民最低生活保障标准，本人愿意从事更多工作的，为不充分就业，体现为人未尽其才。

一、高职高专学生就业现状分析

近年来，我国人才市场竞争日趋激烈，大学生就业形势日益严峻，就业压力越来越大。国务院办公厅在2009年就“加强高校毕业生就业”发出通知，通过一系列政策杠杆，努力帮助高校毕业生实现就业。随着社会经济的转型和政府的政策干预,毕业生就业压力相对缓和许多,但仍然存在冰火两重天的现象,“啃老族”队伍继续扩大,大学生盲目择业现象仍然严重。高校毕业生数量将持续增长,促进高校毕业生就业任务仍然十分繁重。各地区、各有关部门要继续把高校毕业生就业摆在就业工作的首位,进一步加大工作力度,多渠道开发就业岗位,完善相关就业措施,切实加强就业服务,千方百计促进高校毕业生就业。

(一)就业结构性矛盾突出

我国高校毕业生就业总量逐年增加,据统计,2000—2023 年高校毕业生人数由 95 万增加到 1158 万,23 年中增加了 1000 多万。如图 4-1 所示。

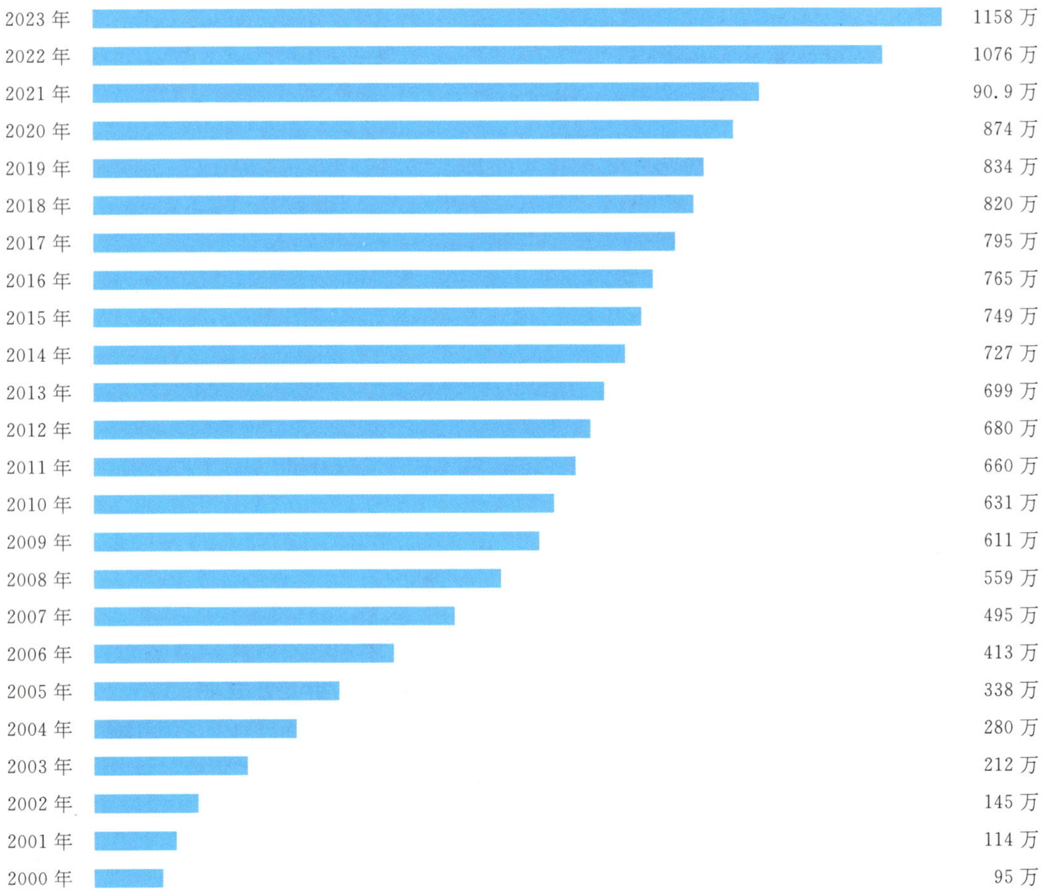

图 4-1 历年高校应届毕业生人数(单位:万人)

相关资料显示,近年来我国高校毕业生离校时就业率达到 70%,但实际就业率远远低于这一水平,造成人力资源的严重浪费。中国大学生职业市场是一个大学毕业生择业就业的市场,是全国职业市场的重要组成部分。从宏观来看,它主要由大学、大学生、企事业单位、职业中介机构、职业岗位这五大部分组成。大学生面临的就业市场呈现出劳动力供大于求的矛盾。一方面,毕业生人数明显增加,导致社会对毕业生需求量与实际毕业生人数之间的矛盾更为尖锐,毕业生求职择业的竞争日益加剧。另一方面,随着高新科技的迅猛发展和国家对产业调整、经济结构调整力度的加大,不同学科的毕业生也存在需求的不平衡。用人单位接收毕业生的标准越来越高,不仅优选重点大学、名牌院校的学生,对学历要求也很高。此外,掌握较高专业技术知识和专业技能、计算机能力的复合型人才成为就业市场的首选,在这样一个多元化市场经济的背景下,大学毕业生必须树立正确的择业观,提高综合能力,增强社会竞争力。

(二)地域差距

作为占据大学生队伍“半壁江山”的高职生,对于就业的地域也充满了设想,经济发展势头较好的大中城市和东南沿海城市自然是首选。当然大中城市和东南沿海城市能提供的就业机会多,这是由我国区域发展不平衡、城乡发展不平衡的大背景决定的。

(三)就业机会不均等

我国大学生就业经历了从“统包分配”到当前的“双向选择,自主择业”。

在“统包分配”的就业年代,大学生无论是城市生源还是农村生源均享有平等的、由国家统一分配的权利。而当前,大学生就业是通过“自主择业”“竞争择业”等办法来实现的。由于就业市场的法律法规尚不健全,而且“自主择业”又存在激烈的竞争,一些地区出现“关系就业”,干扰了就业市场“公开、平等、竞争、择优”的原则,造成虽然具有同等教育程度,但就业的机会却常因家庭、社会、经济背景等差异而不均等。

另外,就业市场中的性别歧视问题一直存在,尽管我国《劳动法》明确规定女性享有与男性平等的就业权利,但同等条件下,在录用、使用、待遇等方面,女性遭遇拒绝、冷落等现象仍然存在。

二、影响高职高专学生就业的因素

调查研究证明,现在的高职生“就业难”不是因为供给大于需求,而是由就业结构性矛盾突出造成的一种阶段性社会现象。造成这种现象的原因来自社会产业结构、高职院校预测、毕业生自身条件等多个方面。

(一)专业发展前景预测不准确

教育应当具有一定的超前性,但这种超前是建立在学校现有的专业实力和社会刚性需求基础之上的。高职院校三年一个周期的专业设置难以跟上社会企事业单位对人才需求的变化速度,必然产生人才供需市场配置的时间差。三年前还是社会需求的热门专业,三年后可能变成了滞销专业,供给与需求错位在一定程度上成为高职学生就业难的主要原因之一。

(二)“三撞车”的严峻就业形势

“三撞车”包括:第一是农村富余劳动力;第二是城镇下岗职工及新增劳动力;第三就是高校毕业生。三者加起来,每年约有 2400 万人需要就业,而我国目前能够提供给社会的就业岗位大概需要 1200 万个，这就意味着有一半以上的人找不到工作。高职毕业生面对“前有本科毕业生的虎视眈眈，后有下岗职工等城市新增劳动力的激烈竞争”情形，在夹缝中艰难前行。

（三）用人单位的人才高消费

随着知识经济的到来，全国各地都在争抢人才，尤其是沿海经济发达地区，更是爆发了一场激烈的人才争夺战。一些单位在招人时，动不动就强调要硕士、博士或 MBA，导致社会上出现了“博士多多益善，硕士是起码要求，本科等等再看，大专看都不看，中专靠一边站”的说法。“人才高消费”现象反映了盲目的用人观，用人单位盲目“抢人才”，对高学历人才许诺的优惠待遇在一定程度上导致人才的学识与应聘职位不相称。这种畸形的人才消费观念，是对人力资源的非经济适用，暴露了教育结构的不合理性。

毫无疑问，中国今后的发展需要相当数量的高新技术人才、高层次的外向型人才、高层次企业家及学科带头人，这些人才都应是受过研究生教育的高级专业人才。但是，缺乏针对性的盲目“抢人才”却往往造成人才的积压，最终导致人才难尽其才，加剧了人才的浪费和人才市场的恶性竞争。

“人才高消费”产生的原因主要有以下三点：首先，受体制转轨和经济形势的影响，有效需求仍然不足，劳动力市场总体处于买方市场。其次，在二元结构上，人才作为“人力资本”，包含学校教育、医疗保健、在职培训、迁移等多种投入，因而是有价格的，但由于人力资源价格体系建设尚未到位，加之个别用人单位盲目攀比，搞所谓的“人才品牌效应”，最终人为扭曲了价格。最后，一些学生不能很好地适应社会的差异化需求，在就业渠道和信息需求网络尚不完善的情况下，人力资源配置很容易形成高成本、低效益的局面。

（四）自我定位不准确

部分大学生的职业价值观存在问题，表现为就业时过分强调自我实现，把个人爱好和兴趣放在第一位；期望值过高，简单地从“我想干什么”出发，而不是考虑“我能干什么”；过于注重工作岗位、生活环境和待遇条件等。因高职生在职业生涯定位上的这种错位而导致的严重后果是高不成，低不就。

（五）就业准备不足

随着“被就业”一词的流行，高职学生的被动性也一览无遗。这种被动性严重制约着高职学生的人生发展轨迹，他们中的大部分人被动地接受基础教育和升学教育，被动地接受高职教育，被动地接受就业和失业，被动地展开自己的社会生活。

1. 习惯性地盲目听从

中国的基础教育以基本功扎实而著称，绝对的教师权威训练出乖乖听话的学生。高职学生迈入大学校门以后，仍然没有自己的主见，等着父母的命令，等着老师的指令，甚至把同学当作自己的主心骨来依赖，不知道自己需要什么，不知道自己适合做什么，不知道要对未来进行规划，一切都在等待中，每天都是宿舍、教室、食堂三点一线地机械重复。

2. 大学就是象牙塔

受升学教育的影响，很多刚踏进大学校门的高职学生认为，工作是很遥远的事，经历了辛苦的高考备战后，终于踏进大学校门，应该好好放松，先玩一两年再考虑就业问题。于是旅游、泡吧、谈恋爱成为许多高职学生在校期间的头等大事，完全不去想三年以后要怎么办。

3. 知识转化率低

据调查，60%的企业反映，应届大学生到岗后，实际知识应用率不足 40%，而且多数学生表现为学过的知识转化不出来，不能变为自己在岗位上的实际能力。我国大学毕业生的适应期为 1～1.5 年，一般在这段时间之后才能独立完成工作，而发达国家大学毕业生的适应期为 2～3 个月。

据一些老师和学生反映，高职学生在校期间将多数精力用于应付考试，考试结束后，知识就忘得差不多了。上大学学什么？多数学生都没思考过这个较为深层的问题。

第二节　高职高专学生就业前景分析

目前，高职教育成为我国高等教育的“半壁江山”，高职高专学生的就业问题已引起全社会的高度关注。近几年，我国职业教育大力倡导工学结合、校企合作，就业率已连续多年提高。

我国已经成为全球制造业大国，用工市场不乏高学历者，与之对应的高级技工荒由来已久。所以，高职生的就业前景一片光明。最新调查显示，高职院校毕业生就业率呈稳步上升态势。

一、高职高专学生就业面临的困难

虽然高职高专学生就业形势出现明显好转，但也只是相对而言，现实存在的诸多问题仍然表明就业形势的严峻。信息渠道的不畅通、心理上的脆弱、团队合作意识的淡薄、人际交往能力的欠缺、礼仪和面试技巧的不谙等诸多因素使得高职高专学生在就业中出现失利。

（一）就业硬件不硬

高职高专学生想要顺利就业，不仅要有过硬的专业知识和技能，有一定的外语、计算机水平，还要有良好的心理素质、较强的团队合作精神和良好的职业道德风范。目前，高职院校的改革进程不一致、工学结合力度深浅不同，造成它们在打造毕业生质量上存在较大差异，造成高职高专学生就业硬件硬不起来。

（二）就业环境不软

1. 传统就业观念仍然存在

在传统职业教育制约下，高职院校还是简单地从就业需要角度来确立职业教育原则，让接受职业教育者掌握一门技能。这种教育思想没有看到当今世界发展之迅速,技能人才不断提高自己之重要意义,从而忽视了培养全面发展型人才的迫切性。

中国人很重视技艺,素有“身怀绝技走天下”之说。但是,随着市场的发展、知识经济的到来,人们追求管理型、高新技能型人才意识逐步强化,一些人认为只有达到这样的高度才能成为真正的人才,因而不屑于接受职业教育。再者,社会的分配机制不健全,使得技能型人才没有相应的社会地位,致使他们失去了继续接受职业教育的信心。

2. 用人单位存在误区

不少用人单位在选择毕业生时存在或多或少的误区,主要有以下几点:

第一,过分关注学历。不少用人单位认为,学历越高越好,选人学历化,造成受聘人员水平、能力与岗位不相适应或浪费。

第二,存在性别歧视。不少用人单位考虑到女性生理因素、婚姻因素、成就动机,以及生育保险费和女工劳动保护费用等因素,认为同等情况下女性工作成本比男性高,这也是女毕业生就业难的主要原因。

第三,生源地域歧视。不少用人单位考虑到本单位的业务情况与本地联系紧密程度,希望招聘的毕业生熟悉本地方言及风俗,甚至有一定的关系网,因此选用人才时优先考虑本地人才。甚至一些地方政府招聘公务员时也存在生源地域歧视,实行地区保护主义,不利于毕业生公平竞争。

第四,过分看重工作经验。经验不足是毕业生最大的劣势,不少企业经营有困难,急于招聘某一方面人才,希望很快给企业带来变化,而一般的毕业生无法满足用人单位要求。用人单位忽视毕业生的潜力和可塑性,看不到毕业生有较高理论水平,只要经过短期培训即能胜任工作。

3. 高职院校问题重重

首先,我国高职院校招生没有与市场接轨,培养层次比例与市场需求不相适应,各层次就业率与同期招生数往往呈反向趋势。其次,高校现有学科专业结构存在问题,学科专业供求错位,专业设置趋同化、集中化,学校不能以市场需要、知识结构需要为导向进行学科专业结构、课程结构调整。

4. 老毕业生的形象工程不容忽视

目前,高校毕业生的就业市场还是买方市场,如果说一个用人单位第一次到一个学校选拔毕业生是看学校的名气和办学水平,那么第二次、第三次就完全看该校以前的毕业生在单位的表现,所以老毕业生在用人单位的表现是用人单位选拔人才的风向标,老毕业生表现优秀了,用人单位才会成为招聘该学校毕业生的“回头客”。反之,老毕业生表现不尽如人意,造成了负面影响,那么他们母校的学弟学妹们可能成为被用人单位封杀的对象。

(三)缺少就业政策指导和援助

受我国高等教育发展状况及长期计划体制的影响,一些高校还没有完全建立起以学生为本的教育理念和市场竞争意识,普遍存在对高职高专学生就业问题重视不够、重“进”

轻“出”的现象。就业指导工作开展不力，高职高专学生的就业素质存在明显缺陷，如大多缺乏职业选择和职业生涯规划能力，对自我、社会、职业的认知不清楚，观念落后、认识偏差等。

二、高职高专学生就业的主要机遇

实事求是地说，高职高专学生找工作并不难，难的是找到一个理想的工作。作为朝气蓬勃的年轻人，没有必要“一叶障目，不见森林”，也没必要患得患失，要看到高校毕业生就业面临的有利条件和难得的历史机遇，迎难而上。在充分认识当前高校毕业生就业面临的严峻形势的同时，要善于把握当前促进毕业生就业的大好机遇，增强自觉性和主动性，充分利用各方面的有利条件，顺利实现就业。

（一）各级政府高度重视，积极创造就业机会

党中央、国务院高度重视高校毕业生就业工作，中央领导同志多次就做好高校毕业生就业工作做出重要指示，要求把促进高校毕业生就业和创业作为一项十分重要的工作。中央各部委及各级政府出台了多项促进毕业生就业措施，如据相关政策规定，高校毕业生应征入伍服兵役由政府返还相应学费，代偿助学贷款；具有高职（高专）学历的，退役后免试入读成人本科，或经过一定考核，入读普通本科；高职学生当“村干部”可免试入读成人本科；大学毕业生自主创业可获 5 万元小额贷款等。

（二）国家发展为高职学生提供广阔天地

西部大开发和建设社会主义新农村的国家战略，在中华大地掀起了轰轰烈烈的建设高潮，为基础设施建设、生态建设、产业结构优化等开辟了广阔的市场，为基层带来了机遇和挑战，也为人才提供了施展才华的舞台。目前，我国高职院校学生有百分之七十来自农村，从农村中来，到基层中去，成为高职毕业生的时代选择，也符合国家大力倡导的新的就业增长点。

（三）高职教育迎来发展的春天

经过二十多年的发展，我国高职教育已经成为高等教育的半壁江山，在完善高等教育结构体系、促进高等教育的大众化、满足人民群众接受高等教育愿望方面起到重要作用。大多数高职院校在师资结构、硬件设施等方面上了一个新台阶，正在或者已经完成从外延向内涵建设的转变。

1. 新的职业教育观念

经济的崛起、新兴产业的涌现要求我们用多把尺子来衡量人才，多元化、多样化地看待人才。高职院校发展要得到社会的广泛认同，必须从“学而优则仕”向“技而精则业”转变，无论接受大学教育还是职业教育，无论从事何种职业，都是职业生涯的开始。教育要多元发展，为未来经济增长抢占制高点。动员更多的社会资源发展教育，建构全方位和不同作用的教育体系，如公立与私立、长期与短期、精英与普及等，要在市场体制下使资源得到真正的优化，以适应多元化社会和经济的转型。教育多元化将会带来价值观念上的多

元发展，有助于人们用多元方法和多元视角认识、理解社会发展，有助于倡导人本德育理念，推动我国教育发展。

2. 高职院校的发展与调整

随着中国产业结构的不断优化，对相应的技能型人才需求增加，激发了高职院校对专业布局的调整，也促进了高职院校与地方产业的双赢合作。面对当前全球金融形势，我们从经济“腾笼换鸟”中看到春天，产业及经济结构不断调整，大量需要高技能人才，正是制造业储备、吸纳技能人才的好时机。在培养人才时应从简单技能型劳动力向高技能型人才转变。高职教育是民生工程、基础工程，也是企业转型升级的必备工程，成为地方招商引资的要素之一。

3. 高职毕业生逐步得到社会认可

国家高度关注高职毕业生就业的同时，也在尽力弥补高职教育投入的严重不足。从2004年起，中央财政投入专项资金支持各地职业教育实训基地建设，改善职业院校实践教学条件。中央财政投资6.5亿元，地方投资9.2亿元，在全国建立起337个高职实训基地项目，其专业主要集中于数控技术、计算机应用与软件、电工电子与自动化、汽车运用与维修、生物技术、建筑技术、园艺技术、煤矿安全等大类。经济条件好的地方政府追加投入，建校内仿真模拟或完全等同于实际工作现场的实训基地，极大地提高了高职学校教学质量，使毕业生能够很快投入到生产一线工作。由于高职毕业生的心态较好，实际工作能力较强，不少有招聘意向的企业都加大了对高职学生的招聘计划。

（四）高职院校把就业指导工作真正摆上日程

尽管高职院校对毕业生就业指导工作十分重视，但由于就业形势严峻、就业指导工作起步较晚等原因，许多高职院校的就业指导工作还比较薄弱，毕业生在就业上还存在职业定位模糊、心理准备不足、职业素质较差、自我调适能力不强、就业观念滞后等问题。这些问题严重影响了高职毕业生及时、充分地就业，造成人力资源的浪费。好在高职院校都已经意识到就业指导的重要性，把就业指导工作摆上工作日程。

首先，就业指导工作“前移”，从大学一年级就开始，贯穿学生三年的学习过程。高职院校通过理论课的教学及各种技能的实习、实训，再辅之以职业发展和就业指导教育，有利于学生准确地做好职业定位，有利于将学生培养成知识和能力横向拓宽、纵向深化的复合型高技能人才。其次，全方位引进职业生涯规划及相关的职业指导课程，已开设的职业指导课程已然形成全程性、分阶段进行的合理体系。最后，积极与企业合作，举办学校招聘模拟会、毕业生就业洽谈会、企业进校人才招聘会等，为毕业生和用人单位牵线搭桥。

第五章

市场职业发展
对毕业生素质和能力的要求

学习目标

1. 认识学生角色和职业角色的转变。
2. 了解大学生初入职场需要注意的几大问题。
3. 满足企业对毕业生素质和能力的要求，加快职业适应和发展。

案例

美国哲学家金·洛恩说过这么一句话："成功不是追求得来的，而是被改变后的自己主动吸引来的。"

在1930年的一个初秋的早上，一个只有不足一米五的矮个子年轻人从东京某公园的长凳上爬了起来，然后从这个"家"徒步去上班，因为拖欠了房租，他已经被迫在公园的长凳上睡了两个多月了。他是一家保险公司的推销员，虽然每天都在勤奋地工作，但收入仍少得可怜。

有一天，这位年轻人来到了一家寺庙，拜见住持。寒暄之后，他便滔滔不绝地向住持介绍起投保的好处来。住持很有耐心地听他把话讲完，然后平静地说："听完你的介绍之后，丝毫没有引起我对投保的兴趣。"

这时候，年轻人愣住了，住持接着又说："人与人之间，像这样相对而坐的时候，一定要具备一种强烈吸引对方的魅力，如果你做不到这一点，将来就没什么前途了。"住持最后说了一句："小伙子，先努力改造自己吧！"

从寺庙里出来，年轻人一路思索着住持的话，若有所悟。接下来，他每月举行一次对自己的"批评会"，每次请5个同事或投保客户吃饭，为此，他不惜把衣物送去典当，目的只为让他们指出自己的缺点。

每一次"批评会"后，他都有一种被剥了一层皮的感觉。他把自己身上的那一层劣根性一点点剥落了下来。随着劣根性的消除，他感觉到了自己在逐渐进步、完善、成熟。

这个人后来成为一名著名的推销大师。

第一节　毕业生素质

素质一直是国人谈论的热点，大学生素质更是全社会关注的问题。当代大学生不仅是实现中华民族伟大复兴历史进程的亲历者，更应成为这一历史的创造者。作为高职毕业生，应紧紧追随社会发展的步伐，深入了解产业结构的动态，及时完善自己的综合素质，适应市场对人才素质的要求。

一、毕业生素质的含义

（一）对素质的理解

《辞海》对素质一词的定义为：①白色的质地；②本质；③素养；④在心理学上，指人的先天的解剖生理特点，主要是感觉器官和神经系统方面的特点。

这里讨论的素质，是指一个人后天通过环境影响和教育训练所获得的稳定的、长期发挥作用的基本品质，包括人的思想、知识、技能、身体、品格、气质、修养、风度等综合特征。素质可以分为三类八种：三类素质是指自然素质、心理素质和社会素质；八种素质是指政治素质、思想素质、道德素质、业务素质、审美素质、劳技素质、身体素质、心理素质。

（二）对高职毕业生素质的理解

高职毕业生素质可以理解为在高职院校接受系统的教育学习期满，并达到高职院校设定目标的学生身上体现出来的思想、知识、技能、身体、品格、气质、修养、风度等方面的综合特征，可以用以下四方面要求来说明。

1. 有知识的同时还有文化

知识和文化不同，知识仅仅是专业知识，而文化是综合人文素质，决定了一个人对知识的运用程度，可以说，知识是物，而文化是舟。有的大学生在社会上因素质不高而被批评为"有知识没文化"。

2. 有文化的同时还有能力

能力表明运用知识和文化的技巧与灵活程度，解决具体问题的能力。死读书、读死书都将被时代淘汰。

3. 有能力的同时还有品位

品位是一种社会认同的综合价值观。品位低下会使个体失去发展的空间。

4. 具备综合素质

综合素质决定了高职毕业生今后的发展趋势和潜力。

二、市场对毕业生素质的要求

案例参考

深圳信息职业技术学院“市场人才需求调研组”访谈了多位企业总裁、人力资源部长，以了解就业市场对人才的需求。下面是部分摘录。

问：企业需要什么样的人才？

唐漆陵（深圳华丰顺实业有限公司）：公司对人才的选择坚持两大标准，对公司核心价值观的认同；人岗匹配，不一定要找最优秀的人，而要找最合适的人，这种适合不是学历或资历上的要求，而在于能够胜任岗位要求。

李杰（深圳银宝山新实业发展有限公司）：一个优秀、合格的人才除了具有很强的专业能力之外，还要有耐得住寂寞的思想准备，如模具工程师，每天面对电脑 8～10 个小时，很少有和外界交流的机会，所以一定要踏实对待每一天的工作，耐得住寂寞。此外，非常欢迎精通技术同时又具备复合型才能的人才。复合型才能包括与人沟通、外语、市场开拓等方面的能力，在国际化程度越来越高的今天，企业非常需要既精通技术、会外语，又懂得成本核算、经营管理的复合型人才。

问：怎样打造高职人才培养模式？

赵盛华（深圳市科鼎实业有限公司）：感觉现在招聘的人员主要是素养不够高。高职院校应强化对学生职业素养的培训，内容应当包括职业道德、技能知识、对行业的敏感度、职业工作规范等，这样才能尽快成为本行业的专家。

吴斌（中兴集成电路设计有限责任公司）：公司不太喜欢招聘个性张扬、另类的人，而是很注重团队的合作，个性过于突出的人可能会影响到别人，给团队带来不稳定、不和谐因素。

问：怎样恰当求职？

简狄（深圳西奥科技有限公司）：紧张地说不出话的人显然是不行的，但太能“说”、夸夸其谈把自己说得无所不能也不行。学习能力也是需要的。

姚颖（深圳市科鼎实业有限公司）：主动提问说明会思考，有自己的思想，同时也说明他对企业的关注，这类人是比较受欢迎的。

【案例启示】

从上述案例可以看出，一个具有良好文化素质的专门人才，不管是学什么专业的，都必须具有良好的知识结构、深厚的文化底蕴和高雅的文化气质。当代大学生必备的核心素质是踏实、学习能力、责任心、自信心、人际交往能力、口头表达能力等。

(一)思想道德要求

在工业化进程中，对就业者的技能要求无疑是需要提高的，但如果高职学生的文化素质和道德素质起点不高、发展不够全面，将在很大程度上导致其就业时远不能满足企业和社会需求。无论从企业和社会的要求，还是从学生自身发展来看，高职院校学生的文化素质和道德素质都不应成为“短板”。

企业要发展、要壮大，就需要有良好社会公德、职业道德的员工，不仅对国家和社会有强烈的责任感，还要对企业有信心、有感情，忠诚于企业，踏踏实实对待岗位工作。先学做人，再学做事，才能会做事、做成事，这是用人单位对高职毕业生最根本的态度和要求。

(二)知识储备要求

精通专业理论+娴熟的专业技能=流水线上合格的技工，这样的技工可以为用人单位节省大量的培训费用和时间。但仅有这些还不够，新科技、新能源源源不断地为企业开辟新的发展空间，也对企业员工提出了更高的要求，考验着员工的自信心和学习发展能力。

(三)职业能力发展要求

每种职业都有特殊的职业要求，有的要求耐得住寂寞，有的要求能说会道，还有的职业考验人的毅力。职业能力所必备的心理素质是市场对高职毕业生的又一要求。心理素质是一个人综合素质的基础，心理的健康发展是最基本的人生课题，高职毕业生应着重注意以下两个方面的心理素质：

1. 正确面对自我和挫折

真正站在顶峰的总是少数人，因此成功总是相对的，人生难免遇到很多挫折。面对挫折，必须做到以下两点：

(1)正视自己，接纳自己。如果不能接受自己，就不能真正地发展自己。

(2)要有正确的行为模式，集中精力去做手头的事并尽力争取最好的结果；当在某个问题上无进展时要有一种补偿能力，开辟新的领域；当处在下滑阶段时，一定要稳住。一个人受挫之后，一定要保持沉着和理智，即“平常心”。因为有竞争就有失败，无论如何都要输得起。

2. 重视培养成就动机

“动机+智商=成功”。现在不少大学生缺乏“巅峰经验”，原因是没有全力以赴去做某些看起来不可能的事情。这个可以参考心理学家麦克里兰提出的“成就需求论”。

知识链接

市场对大学生素质能力要求倾向

经过对全国各地三百多家企业随机取样，对在校大学生最重要的素质和能力培养进行市场调研发现：市场对毕业生素质的要求成了高职学生就业前自我完善的风向标。按照“非常重要”选择比例排序(%)，分别如下所示：

(1)思想道德素质、价值倾向	79.4
(2)勤恳、踏实、敬业奉献精神	71.0
(3)发现和解决问题的探索能力	62.0
(4)心理素质	61.0
(5)获取知识的学习能力	60.9
(6)创新意识和能力	53.3
(7)团队合作能力	50.0
(8)积极追求进步的热情	47.6
(9)动手操作能力	46.0
(10)文明礼貌，亲和力强	39.9
(11)人际交往能力	37.3
(12)基础理论、专业知识水平	36.3
(13)身体素质	35.7
(14)组织管理能力	27.1

对职场新员工最需要培养和具备的职业素质和职场行为的调查结果显示，按照“非常重要”选择比例排序(%)，分别如下所示：

(1)具有责任心，懂得承担	77.6
(2)为人正直、诚实，心理素质好，稳定性强，工作自觉性高	68.8
(3)勤快、能吃苦，具有敬业奉献精神，在做事中懂得做人	64.5
(4)进取心强，有激情，工作主动	58.4
(5)忠于职守	56.3
(6)懂得感恩、向善，对父母有孝心，对他人有爱心	54.6
(7)会独立思考，有创新意识和能力	52.1
(8)善于学习，获取知识的能力强	51.8
(9)守时、认真	49.9
(10)承受得住挫折、压力，性格开朗坚韧	46.8
(11)具有沟通、交往能力，适应性强	43.4
(12)执着、任劳任怨、忍耐力强	41.9

(13)基础知识扎实,做事条理性强,具有组织管理潜力	32.8
(14)尊重师长、同事,具有团队合作精神,懂得配合	24.4

第二节　高职高专学生应重点培养的能力

“高职高专学生在校期间要学‘海豚’,潜得越深,跳得越高。”浙江工贸职业技术学院就业指导中心教师须云海这样说。

一、就业能力

就业能力是指从事某种职业所需要的能力。一个人想要顺利找到工作,在工作中做出成绩,就必须具备一定的就业能力。就业能力包括一般就业能力和特殊就业能力。

1. 一般就业能力

(1)一个人的态度、世界观、价值观、习惯等。

(2)处理与周围的人和工作环境的能力,如怎样进行工作、如何与人相处等。

(3)自我管理能力,如决策能力、理解能力、对资源的利用能力,以及如何把在校所学知识运用到具体工作中的能力。

2. 特殊就业能力

特殊就业能力是指某个职业和环境所需要的特殊技能,如一个会计必须具备较好的数学功底;护士需要某种特殊的护理技能;美术工作者必须具备色调感、浓度感、线条感和形象感等。

一般就业能力和特殊就业能力在职业生活中都很重要。要成功地从事某种职业,常常需要一般就业能力和特殊就业能力的有机结合。如果一个人只有一般就业能力而无特殊就业能力是很难胜任某种职业的,就像一个不精通医术的大夫又如何能给病人治病呢?同样,只有特殊就业能力而无一般就业能力的人也是很难在事业上取得成功的,就像一个缺乏团结协作精神、缺乏事业心和责任感的人,纵使有娴熟的职业技术,最终也会成为职业的失败者。

二、职业能力

职业能力是人们从事某种职业的多种能力的综合。例如,一位教师只具有语言表达能力是不够的,还必须具有对教学的组织和管理能力,对教材的使用能力,对教学问题和教学效果的分析、判断能力等。

高职高专学生就业难的最大问题是缺乏职业能力,而用人单位最注重高职高专学生的就是职业能力,而非所谓的工作经验。职业能力包括以下三个方面:

1. 专业知识或行业专业技能(不可迁移能力)

专业知识(业务知识),是指需要通过教育或培训才能获得的知识或能力,也就是个人所学的科目、所懂得的知识即专业技能。专业技能不像可迁移能力那样容易迁移到不同职业领域,比如学法律的人并不能用法律知识来理解宗教。专业技能并非只有通过正式的专业教育才能获得,除了专业课程,选修、自学等方式都可以帮助个人获得专业技能。实际上,越是大公司越看重个人的综合素质(也就是自我管理技能和可迁移技能),而不那么在意个人是否具备专业知识。

2. 自我管理能力

自我管理能力是指一个人的风格或特点,经常被看作个人素质而非技能,如敬业、负责任、自信等。良好的自我管理能力能够帮助个体更好地适应周围的环境,应对工作中出现的问题,因此也被称为“适应性技能”。它包括时间管理能力、情绪管理能力、事务管理能力等。

3. 可迁移技能(通用能力)

可迁移技能也被称为通用能力,主要指在日常生活中获得的和不断得到改善的技能。它们适应性很强,并且在许多领域都可以得到进一步的完善和增强。比如管理能力、分析能力、决策能力、信息处理能力、人际沟通能力、组织协调能力、思考能力、创新能力等。

更为重要的是,这些能力的培养往往在课堂之外,这就要求我们必须全面创新现有的课外生活管理模式,为学生职业能力的培养找到合适的平台,并不断引导其树立正确的意识,自觉提升自身的职业能力。

三、生存能力

浙江瑞立集团公司副总裁陶保健说:“在金融危机面前,企业必须转型,高职高专学生也必须一专多能。”“物竞天择,适者生存”是自然界的规律,人也是自然界的,因此也必须遵从此规律。在现实社会的大环境里,我们必须懂得如何适应它,首先要生存下去然后再求其他。

上述三个方面的各项能力中有交叉的部分,把这三项整理之后可以找出当前高职高专学生最需要培养的能力——语言表达能力、人际交往能力、沟通能力、解决问题能力、适应能力、动手能力、组织管理能力、开拓创新能力。

第三节　职业发展趋势和未来人才需求

一、职业发展趋势

(一)出现大批新兴职业

随着现代科学技术的发展而出现的职业,如高新技术研究与应用、新材料新工艺新能源开发、网络设计与管理、计算机软件开发等;随着市场经济的发展而出现的职业,如营销策划、广告策划、资产评估、商务代理等;随着一些边缘科学的开发而出现的职业,如生命科学研究、人口学研究、社会学研究、心理咨询、应用美学研究等;随着社会服务需求的扩大而出现的职业,如公益慈善事业管理、社区服务、家政服务、法律顾问、中介服务、环境设计与保护等;为适应政治体制及其管理需要而出现的职业,如公共事业管理、行政监督、司法监督等。这些新兴职业打破了传统职业的格局,需要大批具有现代科学思想、掌握现代科学知识和现代管理手段的创造型人才。人才培养必须不断适应形势发展,培养出开拓创新型、社会应用型人才,否则将不能满足职业发展的需要。

(二)技术性质也将成为各职业主题

在知识经济时代,生产工艺和管理手段日益现代化和高科技化,产品的科技含量越来越高,技术性工作将成为各行各业的先导。各种类型的科学技术人员和现代技术性管理人员将支撑起整个行业,成为企业生存和发展的决定性因素。失去科学技术的支撑,这些行业将落后甚至被淘汰,相关的职业也将会随之消失。掌握现代科学技术和现代管理手段的人才,将在竞争中显现出优势地位。为适应这种趋势,人才培养要全面树立科学理念,掌握现代科学技术、现代信息技术、现代实验技术和现代管理技术。

(三)现代行政型办公职业将得到迅速发展

随着政府机构的改革和各类办公自动化的发展,传统型文职人员需求量减少,而适应现代化信息管理与办公自动化的新型咨询参谋型文职人员需求量迅速增加。如计算机软件编程员、计算机制图技术人员、计算机辅助设计工程软件专家、计算机终端操作员、信息分析论证专家、行政助理、人事助理、外事助理、技术助理等。精通业务、熟练掌握外语和计算机技术,有较强参谋能力、策划能力、组织能力和外交能力的高级行政人员更将受到欢迎。文职人员的培养要突破传统模式,重点培养具有高深公共事业管理理论、熟悉某专业领域业务的专家型人才。

(四)服务性行业将大力发展

新时期,服务性行业将大力发展,在服务性行业就业的人员数量将逐渐超过在生产性行业就业的人员数量。服务性行业将对社会发展和人类生活产生重大影响。服务性职业主要有商业服务性、社会服务性、生活服务性和私人服务性。服务性职业的发展需要各种类型的人才,如何培养高素质的服务型人才,规范服务工作质量标准,鼓励高素质人才从事服务工作,培养更多专家型服务人才,已成为社会关注的问题。

(五)职业资格制度将促进职业的规范化

职业资格制度是指对某些责任重大、社会功能性强且关系国家或公共利益的专业技术岗位的人员依法实行控制,通过统一考试、注册管理,保证从业人员质量,以保障国家与人民财产安全和多方利益。要想成为某种职业的专业人员,就必须参加国家统一组织的资格考试,未取得相应资格的人,就不能从事相应的专业工作。职业资格考试既考核职业应具备的专业知识,也考核职业实务能力,并且科学地规范了各种职业人员的职责和权利，大大提高了职业人员的工作水平。

在完善职业资格考试制度的同时，还要加大对相关职业从业人员资格的审查监管力度。要严格执法，冲破各种人为障碍，将不具备职业资格的人坚决清理出岗位，以保证重要工作岗位的工作质量。

（六）未来职业将更加重视体现人的自我价值

职业不再仅仅把人作为一种“工具”，而是作为生产要素和创造财富的手段。它将越来越重视发挥人的智慧与潜能，在工作中满足人的安全感、归属感、自尊感和成就感，实现人的自我价值。新兴职业越来越强调人的综合素质、创新能力、合作能力和对高新技术的掌握程度，从而促使人才不断学习，更新自我，在创造社会财富的同时，促进人类自身的发展和完善。劳动者不再仅仅将职业作为谋生的手段，而是将其视为生活的重要组成部分、人生快乐的重要源泉、体现自我价值的重要途径。整个社会都要重视劳动者在工作中自我价值的体现，同时要引导劳动者将自我价值与团体价值、社会价值正确统一起来。

二、未来人才需求

（一）未来人才流向的特征

1. 高新技术产业的发展对人才流动具有强烈吸引力

以电子计算机、生物工程、光纤通信、宇宙工程、海洋开发、新材料技术和新能源技术为代表的新技术革命将在新时期广泛深入地发展，开创出许多高新技术产业。这对社会主义现代化建设，对新型人才施展才能来说既是机会，也是挑战。新技术革命涉及的领域广泛而深入，任何一类专门人才或者一个专门人才，都不太可能单独面对新技术革命的挑战，必须综合各方面的人才，合理组合，统一规划，精细分工，密切配合。客观形势要求各类人才进行合理流动和重新组合。高新技术产业对于年轻人具有强烈的吸引力，能满足年轻人追求新事物、探索新领域的时代要求。国内外大批具有高科技知识的人才往往流向这些领域。我们要加速对高技术人才的培养，制定政策鼓励海内外优秀人才向我国高新技术产业流动，这是具有战略意义的人才工程建设。

2. 政治和经济体制改革是人才流动的重要导向

第一，随着政治体制改革的深入发展，政府转变职能，精简机构，裁减人员，制定相关政策鼓励人才流动。大量优秀人才将随着改革的潮流从各级政府机关流向基层组织和各类公司和企业。如果能迅速转变观念、掌握新技能，他们的潜能将在新的领域里得到更好的发挥。第二，国家经济体制改革促使农村经济向专业化、商品化、现代化转变，吸引城市科技人才、经营人才、管理人才向乡镇流动。第三，城市正在逐步改变政企不分、条块分割的局面，新兴产业和部门大量涌现，吸引人才从东部发达地区向不发达地区流动。这些人才的流动，既有利于保证宏观经济结构的调整和社会的可持续发展，也有利于人才找到更好的用武之地。

3. 人才流向更有利于自身发展的工作环境

追求自身价值和能力被社会发现和利用，追求更理想的工作环境和生活条件是人才流动的内在因素。如果人才处在不利于其发展的工作环境中，如人际关系紧张、奖罚不明、专业不对口、工作与个人志向兴趣和性格不合等，就很难发挥其聪明才智，不仅不能取得较大成就，而且会使人才感到压抑和失望，这就会使人才流动到一个更适宜的环境中去工作；如果人才所处的组织已经老化、缺乏活力，他工作多年后缺乏信息交流，缺乏激励力量，失去新鲜感，而他工作寿命的黄金时期即将逝去，那么他就要通过流动改变环境，接受新的挑战以激发和保持自己的创造力和进取心。新时期，各类组织要重视营造良好的人事环境、文化环境、工作环境，使人才愉快舒畅地工作；要重视不断开拓新领域、新目标，使人才不断得到激励，有所创造，有所进步。只有这样才能保持人才和组织的活力。

4. 人才流动国际化趋势正在加强

人才流动国际化是全球经济一体化以及各国大力吸引短缺人才发展本国经济的迫切需要带来的必然结果。为尽快缩小我国与发达国家在教育、科技、管理等方面的差距，适应我国加入世界贸易组织的形势，我国将进一步加大改革开放力度，创造条件吸引国外高科技人才、高级管理人才、高级金融人才来我国工作。同时，国内人才向国外流动也是一个必然趋势，他们主要通过国际贸易、跨国公司经营、访问学者、劳务输出、国外定居等方式从国内流向国外。

影响人才流动的因素，除国家相关法律、法规和政策之外，还有三个因素：一是职业资格的国际互认；二是工资水平差距；三是工作环境。为了给人才的国际流动创造条件，人力资源和社会保障部正积极推动我国职业资格的国际互认，进一步扩大职业资格互认的范围和领域。国家外国专家局也正在筹划组建中国国际人才市场，为人才的国际流动提供规范化、科学化管理。目前我国工资水平普遍较低，一方面造成部分人才向国外流动；另一方面很难吸引国外高级人才到国内工作。加入世界贸易组织之后，我国加强了工资分配制度的改革，进一步提高了工资待遇，从而使我国人才的工资待遇逐步与国际接轨。为吸引国内外优秀人才，应进一步创造良好的社会环境、工作环境和生活环境，使人才能够有良好的科研条件和工作条件，有自主发挥才干的较大空间，从而更好地发挥人才的潜能，创造良好的经济效益和社会效益。

（二）21 世纪中国急需的人才

随着我国经济、社会文化和科学技术的发展，我国的产业结构发生了根本性变化。未来十年有较大发展潜力的行业和急需的人才，主要有电子技术、生物工程、航天技术、海洋开发与利用、新能源、新材料、信息技术、机电一体化、农业科技、环境保护技术、生物工程研究与开发、工商与国际经贸、律师等。

在未来十年中，我国在科学技术方面有重大发展潜力的领域有：

1. 生物技术

生物技术主要包括以基因工程、蛋白质合成工程以及生物制品开发为核心的研究领域，它将对21世纪人类社会的发展产生重大影响。生物技术的发展将促进人类从根本上解决威胁人类生命的疾病，改善人类的生产、生活水平。

2. 以信息技术为主导的高新技术

此类技术主要包括计算机和互联网技术、人工智能技术等。计算机技术和国际互联网技术在世界各国得到迅速发展，以这些技术为主的公司和企业得到了迅猛发展。

3. 材料科学

材料科学是与人们日常生活和科学技术发展密切相关的应用科学领域。人类生产、生活中需要使用各种特殊的高性能材料，如工业和高科技领域需要的各种合金材料、超导材料，用于制造各种芯片的半导体材料，生活中的各种高分子合成材料以及成为新材料技术热点的纳米技术，给人们的生活带来了便利，提高了人们的生活质量和效率。在未来的发展中，材料科学仍将成为科技发展的主导领域。

4. 新能源及相应技术开发

如果石油、天然气、煤炭等传统能源枯竭了，而人类生产、生活的主导能源仍是它们，人类将无法生存。在未来的发展中，人类必须寻找新的能源替代这些即将耗尽的能源。其中，核聚变能、太阳能、海洋能源、风能、水电能源将成为未来能源开发的主导，在此基础上，再寻找和开发新的能源。

5. 空间技术

21世纪是人类开发外太空的时代，空间技术的发展将为人类开发和利用太空资源提供技术手段。随着科学技术的发展，人类对太空的利用越来越多，效率不断提高，如遍布于地球外层空间用于通信、军事、地理遥感、天气观测等领域的各种卫星，用于做各种材料合成试验、科学实验和太空中转站的太空站，在地球以外进行空间探索的宇宙飞船等。在未来的发展中，人类还将对太空进一步开发，如建立太阳能太空发电站，建立人类居住的太空城，开发外太空中行星、天然卫星、小行星等天体上的矿物资源和能源，这一切都需要先进的空间技术支持。

6. 海洋技术与海洋资源开发

海洋资源是人类赖以生存的重要资源库，是人类食品和原材料的重要来源，而目前人类对海洋资源的开发是非常有限的。对海洋资源的合理开发和利用将对人类社会经济与技术的发展产生重要的影响。

第四节 毕业生应对“就业难”的策略

一、高校毕业生要正视面临的就业形势

高校毕业生供给紧缺的年代已成为过去，高等教育已由“精英教育”转变为“大众教

育”，高校毕业生就业也走向大众化。在社会需求总量增加不大的一段时间内，毕业生整体求职的成本和时间将增加和延长，整体的薪酬水平将有所下降，这些问题是高校毕业生必须予以正视的。

二、高校毕业生要正确地认识自我，转变观念

高校毕业生要认清需求，找准就业的社会定位。不同层次、专业的毕业生在社会需求中应有不同的客观定位。如果毕业生自我定位准确，要求的条件符合客观情况，就业就相对容易；反之，就业就较难。同时，不要苛求第一次就业就十全十美，要做好多次择业、多次就业的心理准备。特别是在毕业生就业形势紧张的时候，更应当首先考虑能否就业的问题。

1. 合理确定就业期望值

在目前的形势下，毕业生一次就业定终生的可能性越来越小，要有多次就业的心理准备。一个人的职业要经历一个探索过程，可能要换好几次工作，才能找到自己正确的职业轨道。但在就业期望上，很多毕业生还不能很好地定位。当前，毕业生在就业方面受“铁饭碗”“干部身份”思想影响还很大。手捧“铁饭碗”，职业比较稳定；具有“干部身份”，自我感觉比较好，被人羡慕。家长的期望值也是居高不下，总是希望子女比自己有出息，择业首选稳定职业，选地方首选大城市。还有对投入和产出的比较，尤其是民办高校的毕业生，每年学费万元以上，而每个月不到千元的工资，这在毕业生和家长的心里会形成强烈的落差。

其实大城市、机关单位和大企业的人才更多，竞争必然更加激烈。而在计划经济时代比较稳定的职业岗位，现在也都是择优而用、竞聘上岗。有的人虽然凭借社会关系找到一个相对稳定、起点较高的岗位，但如果自身不努力，也会在人力资源的优化中被淘汰。而选择了人才相对比较缺乏的中、小城市，或者很多人不太愿意去的岗位，反而容易脱颖而出。

2. 能力是就业的关键问题

在大学生的就业过程中，学校品牌有一定的影响，但是毕业生的能力是最关键的。在市场经济时代，薪酬待遇是衡量一个人能力的标准之一。毕业生能否在日益严峻的就业形势和激烈的竞争中脱颖而出，取得一个合适的岗位，关键在于能力。

所以，毕业生首先要正确评价自己的能力，即专业水平如何，外语和计算机应用能力如何，综合素质怎么样。评价要实事求是、客观、合理。评价过高或过低，都会影响到最终就业的质量。毕业生只有充分认识自我，正确判断，客观评价，解决好自己想做什么、适合做什么的问题，才能主动地适应市场的变化，才能有针对性地就业。其次要掌握推销自己的能力。用人单位了解毕业生的渠道除了通过学校外，更重要的是通过学生的自我介绍。因此，尤其要重视面试环节，把握机会，简洁明了地向用人单位展示自己的优势和特色。最后要有胜任工作的能力。现在的用人单位一般在签约前，都会通过就业实习的方式使

毕业生进入准就业状态，以此来考察和选拔毕业生。在这个阶段，毕业生是否符合企业的要求，能否胜任将要担任的职务而为企业所用，适应能力、工作潜力和创新能力如何，将会一览无遗。

毕业生的专业水平有高有低，就业能力有差异，但就业的机会是公平的，就业的大门对每个毕业生都是敞开的，问题在于毕业生就业准备的充分程度和选择什么样的就业道路。

三、高校毕业生要做好多方面的准备

对高校毕业生而言，进单位工作只是一条路，出国、考研、自主创业等也都是不错的选择。许多地方贯彻中央的政策，对毕业生自主创业开办的企业给予税收方面的一些优惠。高校毕业生如果能够自主创业，不仅自己解决了就业问题，还能为他人创造就业机会，更能充分地体现出自己的社会价值。

在市场经济、连续扩招、加入世界贸易组织和信息网络化的背景下，在单一的就业方式向多元化的就业方式转化过程中，毕业生要充分关注期望、能力、就业方式等就业适应问题。

从国家经济发展和就业政策看，解决高校毕业生就业问题需要多方面的协调和努力。有关部门要进一步调整学科、专业结构，避免结构性就业困难；高校要加强对学生的就业指导，鼓励学生到基层和艰苦的地方工作，积极拓展渠道，加强就业服务；社会要给予大力支持，树立正确的用人观，为毕业生就业和自主创业营造有利的舆论环境和政策环境。

有关专家表示，大学生只有转变观念，才能真正改变“就业难”的局面。大学生要客观认识就业形势，找准定位，理性调整期望值。要用长远的目光看待就业，树立“先就业求生存，后择业谋发展”的思想，特别是金融、房地产专业的毕业生，不要过分地要求专业对口。学生要客观地评价自己，低姿态求职择业，学会从基层做起，适当降低薪酬要求。同时，在城市类型的选择上，中心城市固然机会多，但变动也更大，相对而言一些有潜力的二线城市也许会有更好、更稳定的就业机会。

因此，建议毕业生“不要观望游移，尽早抢占就业先机”。因为金融危机对我国经济的影响会有一个“滞后期”，金融危机后就业形势可能会更加严峻，所以一旦有比较合适的岗位，一定要珍惜，尽快地确定求职意向，尽早签约。历史经验表明，每当金融危机出现时，在校园中停留几年往往也是很好的选择，不妨专科升本科，本科考研，硕士毕业考博士，这样“不仅规避了就业风险，也缓解了就业压力”。不管怎样，金融危机对我国及全球经济的影响终有结束之时，就业低潮总会过去，高潮迟早会来。

第六章

应聘实务指导

学习目标

1. 了解大学生求职的一般程序。
2. 学会做一份适合自己的求职材料。
3. 掌握面试的基本程序、方法和技巧。
4. 学会在求职过程中进行自我调适。

第一节　求职材料准备

求职材料是毕业生为求职成功而准备和使用的各种书面材料。准备求职材料的直接目的是引起用人单位关注，使自己最终能够被录用。用人单位出于节约人力成本和时间的考虑，大多数情况下是先收集毕业生求职材料，经过比较、筛选后再决定进入下一阶段考核的人选。求职材料作为毕业生给用人单位的第一印象，它的质量对于用人单位是否与毕业生做进一步的接触，毕业生能否成功应聘来说具有不可估量的作用。求职的书面材料主要包括自荐信、个人简历及其他证明材料等。

一、自荐信

自荐信是毕业生在获取有针对性的就业信息后有目的地针对不同用人单位的一种书面自我介绍。它是针对特定单位(岗位)而写的，主要表述求职者的主观愿望和特长，以求吸引招聘者的注意力，取得面试机会。

(一)自荐信的书写格式及内容要求

一般来说，自荐信属于书信类，因而它的格式也应符合书信的基本要求，主要包括称谓、正文、结尾、署名、日期和附录等内容。

1. 称谓

称谓要顶格写在第一行。自荐信的称谓与一般书信不同，与收信人从未谋面，因此称谓必须要恰当，郑重其事。应以收信单位或单位人事部门负责人“姓名加职务”为称谓，如“尊敬的××总经理”“尊敬的××处长”等。称谓后的问候语一般应为“您好”，而非“你好”，更不能用“你们好”。

2. 正文

正文要另起一行，空两个格开始写，正文内容如较多，应分段落写。正文是推荐信的核心部分，应阐明对用人单位或申请职位感兴趣的原因，对所谋求职位的看法，以及满足招聘者要求的能力。一般正文的开头应开门见山、直截了当地说明求职的意图，使信的主旨明确、醒目，争取在 5 秒之内抓住对方的注意力。如“我是×× 大学即将毕业的学生，想在贵单位谋求一份×××工作”。如果正文开头过于拖沓，则很可能使人产生厌恶感，立即会被淘汰。正文的中心内容有以下两项：

(1)申请的职位及信息来源。首先简要介绍基本情况——名字、年龄、性别等。接着要简明扼要地介绍自己从何种渠道得到相关信息以及写此信的目的。表达力求简洁，切忌客套问候，离题万里，让对方产生厌恶情绪。

(2)申请职位具备的条件。这是求职的关键。要着重介绍自己应聘的有利条件，突出自己的优势，并使对方信服。在说明个人能力的部分，应选择最能代表自己长处、技能和实践经历的内容，同时注意不能单纯写自己的长处和技能，而要着重说明这些长处和技能能给公司带来什么益处。在介绍时要突出重点、扬长避短、立体展示，力求简明、不落俗套，要吸引和打动对方，要让对方感到你能胜任这个工作，促进求职愿望的实现。

3. 结尾

自荐信的结尾，主要是进一步强调求职的愿望，一方面希望用人单位给予考虑回复，并盼望能够得到参加面试的机会；另一方面表达敬意与祝福。最重要的是在结尾要认真写明自己的详细通信地址和联系电话，便于用人单位联系。

4. 署名

按照中国人的习惯，直接写上自己的名字即可。

5. 日期

写在署名右下方，应用阿拉伯数字书写年、月、日。

6. 附录

自荐信一般要求和有效证件复印件一同寄出，如学历证书、职称证书、获奖证书的复印件。

案例参考

一封成功的自荐信

尊敬的经理先生：

您好！几天前，我从学校招聘会中了解到贵公司要招聘两名产品推销员的消息，很愿意一试，故大胆地给您写信应征。

我所学的专业是市场营销，今年7月将从××学院毕业。在去年暑假期间的社会实践中，我曾为贵公司做过一个月的商品促销工作，贵公司产品的良好品质和优越性能给我留下了深刻印象，我也由于促销得力受到有关人员的好评。我希望能到贵公司工作，以自己微薄之力为公司扩大销售效劳。

我是高职专科生，自知学识水平与贵公司要求有一定距离，但本人相貌端正，身体健康，能吃苦耐劳，爱好广泛，谦虚好学，乐于助人，有良好的环境适应能力和人际交往能力，这都是一名优秀推销员必不可少的基本素质。

我出身贫寒，为人朴实、正直，在小学、中学、大学多次获奖，多次被评为优秀团员、三好学生、模范学生干部。本人学习成绩优良，在外语、计算机操作方面都具有一定的实际应用能力(附上个人简历，请参考)。

以上这些表达了我真诚希望成为贵公司一员的愿望。如贵公司能给我一次锻炼机会，请拨通电话13×××××××××或来函预约面谈时间。我定会准时拜见。热诚期待您的答复。

祝您工作顺利！

张××

2015年11月1日

【点评】

这是一封比较成功的自荐信。第一，针对特定的工作岗位来写，自荐者叙述的情况与岗位要求相符合；第二，符合自荐信撰写格式的要求；第三，文字活泼，字数适宜，自我推销适度，使人读起来不觉得乏味；第四，无语法、文字、用词等错误。

(二)自荐信内容常见问题

1. 过度自信

部分毕业生在自荐信中过分流露出盛气凌人、非我莫属的气势，这种过度自信很容易引起招聘者的反感。因此，在自荐信中不要出现“我的能力之强将超出你的意料”“如被录用定能大大扩展公司业务”等。

2. 过分谦虚

自荐信中实事求是的自谦固然可以，但如果不能够公正准确地评估自己的实力，则很可能让别人误会。求职者在自荐信中应该更多地强调自己的长处，若不可避免要在信中说明缺点，也应客观评价，不要谦虚过头，给人留下能力不足、不自信的印象。

3. 称颂不当

在众多的自荐信中，这种例子比比皆是，如“贵公司愿意接受，本人当效犬马之劳，与贵公司共荣辱同进退”“这个职位对我具有难以抵抗的诱惑力”或“如您在百忙中赐予面试良机，本人不胜感谢”。写求职信者必须了解阅读者的职责，没有实质内容，只会阿谀奉承将适得其反。

4. 限定答复时间

如“本人于×月×日外出，敬请贵公司务必于×月×日前给予答复”或“现有多家公司与本人联络，故请贵公司从速回答”，前面那句表面挺客气，可实际上，是限定时间要求给予答复，好像给招聘人员下达命令，容易使人生厌；后一句则更生硬，如同“威胁”对方一般。实际上，求职者与用人单位处于不对等关系，任何有损对方权威的字句，都要尽量避免。

二、个人简历

个人简历主要是针对想应聘的工作，将相关经验、业绩、能力、性格等简要地列举出来，以达到推荐目的的文字资料。在通常情况下，用人单位从求职者的个人简历中能够看出该求职者在业绩、能力、性格、经验方面的综合表现，从而确定求职者能否参加下一轮的面试。

(一)个人简历的基本内容

个人简历并没有固定的格式，通用的个人简历主要应该包括以下内容：

1. 求职意向

求职意向即求职者所希望从事的工作。最直接的方式就是写出职务名称。写这部分内容时要注意自己的求职意向与职位相符，要写出自己的真实想法。这一部分内容一般写在简历的最前边。

2. 个人资料

一般应列出自己的姓名、性别、出生日期、民族、籍贯、政治面貌、身体状况(如健康状况、身高、体重、视力等)、联系方式等。

3. 教育背景

用人单位通过教育背景主要了解求职者的专业能力水平，因此，要按时间顺序列出高中至最高学历、学校、专业、主要课程、所参加的各种专业知识和技能培训。如果成绩突出，可以着重描述专业排名等情况，反之则无须多写。辅修的课程与专业实训等也可以列在后面。

4. 实践经历

用人单位对毕业生的综合素质要求不断提高，非常注重毕业生的实践经历，渴望招聘到参与过社会实践活动，并且具备一定应变能力、能够从事各种不同性质工作的毕业生，所以一定要认真对待、重点写明自己参加社会实践及社团活动的时间、地点和效果，包括参加勤工助学的经历等。

5. 专业能力与特长

这部分内容主要包括专业技能、外语、计算机水平等。如果还有其他技能，如已取得驾驶证，也应当一并写上。

6. 获得荣誉

这部分内容主要包括在校期间获得的奖学金或荣誉称号。如三好学生、优秀团员、优秀学生干部、各种奖学金等，这些都是闪光点，并标注荣获的具体时间、颁发部门。

7. 兴趣爱好

如游泳、羽毛球、旅游等。

8. 自我描述

介绍自己的性格、特点、优势，有助于用人单位对求职者的进一步了解，可以起到锦上添花的作用，增加自己的求职砝码。

知识链接

一般简历模板

<table>
<tr><td colspan="8">一、求职意向</td><td rowspan="5">相片
1 寸：
2.5cm×3.6cm
或 2 寸：
3.6cm×5cm</td></tr>
<tr><td>应聘职位</td><td colspan="2"></td><td>希望待遇</td><td colspan="4"></td></tr>
<tr><td colspan="8">二、个人资料</td></tr>
<tr><td>姓名</td><td></td><td>性别</td><td></td><td colspan="2">民族</td><td colspan="2"></td></tr>
<tr><td>出生日期</td><td></td><td>身高</td><td></td><td colspan="2">体重</td><td colspan="2"></td></tr>
<tr><td>毕业院校</td><td></td><td>专业</td><td colspan="3"></td><td colspan="2">学历</td><td></td></tr>
<tr><td>联系电话</td><td></td><td>籍贯</td><td colspan="3"></td><td colspan="2">政治面貌</td><td></td></tr>
<tr><td>家庭住址</td><td colspan="5"></td><td colspan="2">邮政编码</td><td></td></tr>
<tr><td>电子邮箱</td><td colspan="8"></td></tr>
<tr><td colspan="9">三、教育背景</td></tr>
<tr><td>教育阶段</td><td>学校名称</td><td>专业</td><td colspan="2">时间
（自　至　）</td><td colspan="2">获奖情况</td><td colspan="2">担任班级工作</td></tr>
<tr><td></td><td></td><td></td><td colspan="2"></td><td colspan="2"></td><td colspan="2"></td></tr>
<tr><td></td><td></td><td></td><td colspan="2"></td><td colspan="2"></td><td colspan="2"></td></tr>
</table>

（续表）

四、实践经历			
时间	服务单位	职位	工作内容
五、专业能力与特长			
六、获得荣誉			
七、兴趣爱好			
八、自我描述			

(二)个人简历的制作标准

要制作一份成功的简历，需遵循四项制作标准。

1. 全面展示、重点突出

在全面展示个人情况的基础上，应积极表现出自己的优点、专业特长，应针对用人单位的岗位、职位要求，突出强调自己能力与职位相符合的部分，这样就能够让用人单位在较短的时间里了解到他们所想要了解的内容，而且会让他们知道求职者是一个很用心的人，为进入第二轮竞争提供有利的条件。需要特别提醒的是，个人特点的叙述要避免泛泛而谈，空洞的自我评价效果并不好，应该用事实证明自己的能力和特点。

2. 真实诚信、避免平庸

个人简历在内容上必须真实，这既是大学生诚信素质的表现，也是获得求职成功的首要条件。有的同学为了得到用人单位的青睐，使自己在众多求职者中脱颖而出，虚构了自己在大学期间的社会实践和获奖情况，有的甚至将其他优秀学生的简历直接换成自己的名字，这些做法往往适得其反。高职高专毕业生的学习经历、实践经历、个人工作成就、培训经验、成功经验等都是个人价值的直接体现，因此，要真实、诚信介绍，虚构和欺骗必然会带来惨痛的教训。

3. 设计美观、简洁有序

一份好的个人简历其实并不需要有太复杂的内容，因为用人单位在招聘过程中往往会收到很多份个人简历，他们没有足够的时间细细翻阅每一份简历。因此，毕业生在制作简历时不仅要注意内容还要保证简历外观简洁有序，应特别注意设计应该美观、大方，用词要得体恰当，只有这样才能在很短时间内吸引用人单位的眼球。

4. 认真细致、杜绝错误

制作个人简历非常重要的一个注意事项就是要认真细致，杜绝一切错误，无论是文字上的、语法上的还是打印上的，甚至是一个小小的标点符号。虽然错误是小事情，但用人单位会更在意，由此折射出来的求职者的水平及做事的严谨与认真程度。

（三）个人简历制作注意事项

1. 制作简历前的准备工作

在制作简历前，需要先做好准备工作，回忆、收集、核实相关基本信息，并列出其中相对重要的内容，简历的基本内容全部收集好后，再开始制作。

2. 简历中注重礼仪

简历中的称呼应严肃庄重，无须过分亲昵，避免给人留下行为不端、阿谀奉承的印象。

3. 妥善处理弱点

应届毕业生是求职择业中的“新手”，所以在缺乏相关经验的背景下，应该重点介绍与所谋求职位相关的专业技能及课程，并表明自己可以将所学知识直接运用到工作中去，也可以适当表达自己善于学习新知识的能力，以此说明自己能迅速熟悉新的工作。对于比较敏感的问题，建议在简历中尽量避免提及，防止引起不必要的误解。如薪资等问题，可以在面试过程中，选择合适的时机与用人单位进行恰当沟通。

案例参考

虚构简历内容，自酿苦果！

小王2003年大学毕业后，一直没有找到一份称心如意的工作，后经亲戚介绍进入某国有银行做临时工，在工作期间接触到了一些金融信贷业务，发现很多企业都存在融资难的问题，都在高薪聘请有金融学背景，具备融资工作经验的职业经理人。在虚荣心和利益的驱使下，小王找人办了一份假金融学硕士毕业证书并虚构了自己的工作经历，谎称在金融机构已工作五年，精通投融资业务。

就这样，小王堂而皇之地进入了一家叫利达（化名）的电子高科技企业工作，公司高层因为看重其专业学历及工作背景，立刻与小王签订了劳动合同，让其进入公司管理层，在他入职伊始就委以重任，全权负责本公司与另一家投资公司的融资谈判。

在工作中，因小王不具备这方面的专业知识，经常在真刀真枪的实战谈判中犯一些低级错误，使自己供职的公司和对方投资公司都产生了疑心。投资公司在对利达公司进行商业背景调查时，意外发现小王的学历及工作经历实属伪造，立刻终止了与利达公司的投资谈判，理由是利达公司用人审查制度不严，如果继续合作，可能会导致无法估量的投资风险。

因投资公司突然单方面终止谈判，利达公司一时陷入被动。当初，为保证谈判成功，利达公司已经先期投入了五十多万元的项目启动费，颜面尽失的利达公司为了最大限度地挽回损失，马上对小王提起劳动仲裁，要求仲裁委员会判定双方劳动关系解除，小王向公司赔偿50万元。在案件审理过程中，利达公司出示了小王入职时提供的简历，经仲裁庭审查，小王虚构学历及工作经历的情况属实，“注水简历”成为认定小王使用欺诈手段获取工作的铁证。在事实面前小王哑口无言，承认了虚构学历、工作经历的事实，并主动向利达公司承认了错误。最终在仲裁庭主持调解下，利达公司与小王之间的劳动关系被确认无效，小王自愿向利达公司支付10万元作为赔偿金。

【点评】

该案例说明，求职者从提交“注水简历”那一刻开始，就注定要为自己的愚蠢行为付出代价。大多数员工无法意识到“注水简历”对劳动关系意味着什么，他们认为简历造假最多算不诚信的行为。简历一般由学历和经历两部分构成，然而，公司在和员工发生劳动纠纷的时候，为了达到确认劳动合约无效的目的，会想尽一切办法证明简历存在虚假的情况，这时候学历与经历的真伪，就成了左右案件结果的关键证据。

第二节 面试指导

面试是大学生和用人单位双方面对面认识、了解、互动的重要环节，是求职者求职的重要阶段。很多求职者顺利通过了简历关，却在面试中铩羽而归。

一、面试的基本类型

(一)结构化面试和非结构化面试

结构化面试，是指在面试题目、面试实施程序、面试评价、考官构成等方面都按照规范面试。非结构化面试是对与面试有关的因素不做任何限定的面试，也就是通常没有任何规范的随意性面试。

知识链接

结构化面试试题举例

大连某集团控股公司需要招聘一批管理人员。人力资源经理在招聘中采用了结构化面试问题如下：

1. 请用3分钟时间介绍一下自己，重点介绍工作经验、经历和体会。

2. 你在选择工作中更看重的是什么？

3. 就你个人的理念说说你对我们公司所处行业的前景和生存途径的看法。

4. 领导给你布置了一项你以前从未触及的任务，你打算如何去完成它？

5. 你认为自己有什么能力胜任这份工作？

采用结构化面试的用人单位，在面试前对每一个题目都确定了评分标准，在面试过程中，由多位面试官独立评定，减少了主观评分的误差；面试试题与工作内容紧密结合，预测效度较为理想；面试问题统一，规定时间相同，增强了求职者的公平性。

在非结构化的面试条件下，面试的组织非常“随意”。对面试过程把握、面试要提出的问题、面试的评分角度与面试结果的处理办法等，面试官事前都没有精心准备与系统设计。非结构化面试中注重对自我评估、自信心、诚信、团队合作、成就导向、责任心、主动性等方面的测试。目前，一些小企业招聘主要采取非结构化面试。

知识链接

非结构化面试试题举例

1. 你认为怎样的沟通才是有效的沟通？

2. 请给出一个你主动了解客户需求，从而提供服务并获得认可的例子。

3. 请给出一个例子，表明你在面对情况非常复杂的局面时是如何分析和评估的。

4. 当你面对一个有着矛盾冲突的问题时，你会怎么做？

5. 如果某件事情预计需要 3 天时间完成，而其实只需要 1 天就能完成，你会如何处理？

6. 你是如何保证自己稳定地处于一种高效的工作状态的？

7. 请给出一个你提供给其他同事的不同的方式方法或看待问题的角度的例子。

8. 领导或同事指出你的缺点或问题时，你怎样对待？

9. 在与你最为亲密的同事相处时，为了确保团队目标能够完成，你在其中扮演什么角色？

10. 你在以前的工作团队中，担任什么角色？

（二）单独面试和集体面试

单独面试(又叫个人面试)，是指面试官与求职者单独面谈。这是最普遍、最基本的一种面试方式。单独面试的优点是能提供一个面对面的机会，让面试双方较深入地交流。

集体面试又叫小组面试，是指多位求职者同时面对面试官的情况。在集体面试中，通常要求求职者做小组讨论，相互协作解决某一问题，或者让求职者轮流担任领导主持会议、发表演说等。无领导小组讨论是最常见的一种集体面试方法。

知识链接

集体面试试题举例

1. 一楼到十楼的每层电梯门口都放着一颗钻石，大小不一。你乘坐电梯从一楼到十楼，每层楼电梯门都会打开一次，只能拿一次钻石，请问怎样才能拿到最大的一颗？（考查应试者的思路、方法以及解决问题的态度）

2. 能力和机遇是成功路上两个非常重要的因素，有人认为成功路上能力最重要，但也有人认为成功路上机遇最重要，若只能选择一项，你会选择哪一项？请至少列出五个支持你选择的理由。（考查应试者的团队精神、参与能力及积极思考和解决问题等的态度）

（三）压力性面试和非压力性面试

压力性面试是将求职者置于一种人为的紧张气氛中，让求职者接受诸如挑衅性的、非议性的、刁难性的刺激，以考查其应变能力、压力承受能力、情绪稳定性等。非压力性面试是在没有压力的情境下考查求职者有关方面的素质。

知识链接

压力性面试题目举例

1. 你自我感觉不错，但我们不打算录取你，你怎么想？
2. 我们觉得你根本不适合这项工作，你怎么认为？
3. 你周围的同事对你的评价如何，指出你最大的缺点是什么？
4. 这就是你的简历吗？怎么这么差？
5. 我对你的着装、打扮很不满意，你为什么要这样着装、打扮？
6. 如果在这里工作你感觉没有发展空间，你会怎样？
7. 我们给新人的工资还不够你的生活费，你有什么打算？

（四）一次性面试和分阶段面试

一次性面试，是指用人单位对求职者的面试集中于一次进行。在一般面试情况下，求职者能否通过面试，甚至是否被最终录用，取决于这一次面试。面对这类面试，面试者必须集中所长，认真准备，全力以赴。

分阶段面试一般分为初试、复试与综合测评三步。初试的目的在于在众多求职者中筛选出较好的人选。初试主要考查求职者的仪表风度、工作态度、上进心、进取精神等，将明显不合格者予以淘汰。初试合格者则进入复试。复试以考查求职者的专业知识和业务技能为主，衡量求职者对拟任工作岗位是否合适。复试结束后再由人事部门会同用人部门综合评定每位求职者的成绩，确定最终合格人选。

二、面试的注意事项

(一)面试前的准备工作

面试细节可使求职成功,也可以导致求职失败。因此,求职者应该高度重视面试工作,提前做好准备,避免因不慎而使求职功亏一篑。

案例参考

面试细节决定成败

张强是大四毕业生,在校期间学习成绩优秀,还当过学生会干部,有过专业实践经历。沈阳某邮政储蓄银行来校园招聘。对这次应聘,张强信心十足。与录用人数相比,前来应聘的人几乎超过了十倍。几位考官逐一对应聘者进行面试,没有轮到的应聘者就在走廊中等候。

张强和几个同学也站在走廊的一角,边等候边聊天。看看时间还早,张强从上衣口袋中掏出一盒香烟,抽出一支递给同学,在对方谢绝后,他径自点燃香烟,深深地吸了一口,又与同学山南海北地聊了起来。

这时考官叫到了他的名字“23号张强”。听到自己的名字,张强顾不上和旁边的同学打招呼,连忙向面试室门口快步赶过去。走到门口,他才意识到自己嘴里还叼着烟,赶忙把烟取下,随手扔在墙边的地上,一步跨进了面试室。

张强递上了自己的简历,然后在考官的面前坐定,不知为什么,这时他竟感到一丝慌乱。一位考官要看看他的实习鉴定,张强赶紧打开资料袋,由于资料事先没有分类,在寻找时他心里一慌,将资料散落一地,张强一边连声道歉,一边把好不容易找到的实习鉴定交上去。谁知这时另一位考官要查看他的毕业证原件,张强又在资料袋中翻找起来。文件被弄得一团糟,等他找出毕业证时,已经足足花费了一分半钟。

看着考官沉下来的面孔,张强心中不禁暗暗叫苦,后悔没有早一点为资料分类,接下来的情景张强已经记不清了,面试就这样结束了。

【点评】

每个招聘单位都希望招到高素质的人。但面试的时间很短,因此,招聘方会从应聘者的一言一行中对他做出判断。一些小事或一些不经意的细节往往会暴露一个人的内心世界,显示其内在素质。张强在求职中忽略了两个细节:一个是吸烟细节,一个是材料准备细节,这两个细节导致他最后求职失败。

细节决定成败。尽管有的细节并不起眼,但一个人的能力和素质往往会因这些细节而被提升或被降低。想要避免因细节问题而使自己在面试中失分,要在平时养成良好的习惯。

1. 心理准备

心理素质的强弱是求职者在面试中成败的关键性因素之一。面试心理会经过迷茫—紧张—思考—整合的过程。因此，面试前要做好心理调整，保持一个良好心态，既不能妄自菲薄，也不能高傲自大，认清自己，保持自信，迎接面试的挑战。

2. 求职材料准备

面试时，用人单位可能还要收取一份或几份简历。准备完整的简历有两个目的：第一，在公司填写申请表时，可随时取出作为参考；第二，面试后可直接留给公司。除此之外，还要带上相关能力证书与获奖证书的原件及复印件等，这样也可以表现出求职者的细心。

3. 了解公司发展信息

“知己知彼，百战不殆”。在面试前应搜集面试单位的资料，对其有一定的了解，如单位的规模、性质、开办年月、在行业中的排名等，在面试中适时应用会引起用人单位的关注。现在单位都拥有自己的网站，所以搜集信息不是难事，只要用心，就可以将自己打造成一个用人单位的“内部员工”，了解得越清楚，面试成功率也就越高。

4. 了解求职岗位信息

面试前，毕业生应对求职岗位信息有一定的了解，如岗位名称、部门名称、任职名称、工作内容、基本工作流程及岗位对能力的要求等，以便在面试时有针对性地回答问题。

(二)面试中的注意事项

1. 善于倾听

任何人都希望别人重视自己，面试官也不例外。因此，一定要认真倾听面试官的问题。首先，要紧跟面试官的思路，保持高度集中，认真倾听，不要急于回答，不要停留在自己的“思维圈子”里。其次，要细心思考，有经验的面试官往往会用不同的面试方法和问题，有的问题可能是了解求职者的工作经验和能力，有的问题则是考验求职者的分析能力、思考能力、反应、思路等，因此，要经过思考后再回答问题。

2. 重视自我介绍

自我介绍是面试中的重要环节，恰当的自我介绍往往能给考官留下深刻的印象。介绍自己的时候一定要用很客观的语言，力争能够得到对方最大限度的认同。不要夸大或者谦虚，很坦然地介绍自己的优势在哪里，自己的特长是什么就可以了。

3. 尽量不要提及熟人

用人单位组织面试的目的是录用优秀人才，为单位服务。遵循公正、公平的原则，“熟人好办事”的观念并不可取。所以，求职者不顾场合地说“我认识你们单位的某某”“我和某某是同学，关系很不错”等，会让面试官产生反感。如果求职者说的那个人是他的顶头上司，面试官会觉得求职者在以势压人；如果面试官与求职者所说的那个人关系不良，甚至有矛盾，那么对求职者非常不利。

4. 不要急于问薪酬

薪酬待遇问题是面试中的一个敏感性问题，一般都放在面试的尾声。在求职中，有些学生对自己的期望很高，对工作环境、报酬、工作强度、休息权等问题很关注，但是对自身价值缺乏了解。所以，有些求职者一见面就急着问“你们的待遇怎么样”“你们管吃住吗”“电话费、车费报不报销”等，这会让用人单位反感。谈论报酬待遇是求职者的权利，这无可厚非，关键要看准时机。一般在双方已有初步聘用意向时，再委婉地提出来。

5. 实事求是、突出重点

大学生在面试时，一定要实事求是回答问题，没有的实践经历不要编造，不切合实际的编造很容易被面试官揭穿。诚恳地意识到自身差距能给面试官留下良好的印象。同时，回答问题时要突出重点，该说的说，不该说的不要说；懂的就说懂，不懂的地方要勇于承认。

案例参考

薪酬待遇怎么谈

张宇毕业于辽宁某高职学院化工专业，第一次参加沈化集团招聘面试时，在面试中当人力资源经理问他期望薪酬多少，他脱口而出3000元至4000元，人力资源经理紧接着问：“你凭什么拿这个薪酬?”他瞬间发了呆，心里想：“也是啊，我凭什么拿这个薪酬呢?”在对自己的具体工作还不清楚的情况下，贸然回答这个问题显然是掉进了面试官的某种“圈套”中。有了这次经验后，他在面试香港亚非集团时就回答：“员工的薪酬应该是与他的业绩挂钩的，我无法确知自己可能的业绩，所以薪酬就不好量化。”这样面试官也就无法再追问下去，也就避免了上次面试时的尴尬。

【点评】

应届毕业生在面试中谈薪酬是个大忌。在一般大公司看来，没有经验的大学生没有资格谈薪酬。况且新人的起薪都一样，即使谈了，人家也不会给你加薪，反而会招致反感。即使对方问求职者对薪酬的期望，求职者也应该谨慎应对，或者干脆用“我相信公司会给我相当于我工作价值的薪酬”之类的话搪塞过去。在职场中，有的员工会说给我多少钱，我干多少活，而企业老总的要求是你干多少活决定你能挣多少钱。因此，对于初入职场的大学生来说，在求职面试中不要急于问待遇，而是要积累职场经验。

（三）面试后的注意问题

1. 写邮件表示感谢

感谢信旨在加深招聘人员的印象，增加求职成功的可能性。感谢信的开头应提及自己的姓名及简单情况以及面试的时间，并对招聘人员表示感谢等。

2. 不要过早打听结果

一般情况下，招聘单位最后确定录用人选可能需要三五天时间。求职者在这段时间内一定要耐心等候消息，不要过早打听面试结果。如果求职者在面试的两周后，或主考官许诺的时间到来时，还没有收到对方的答复，可以写信或打电话给招聘单位，询问面试结果。

3. 收拾心情

如果同时向几家公司求职，在一家公司的面试结束后，则要注意调整自己的心情，全身心投入到第二家单位的面试中，不应该放弃其他机会。

4. 做好再冲刺的准备

如果在竞争中失败了，千万不要气馁，要及时总结经验教训，并针对这些不足重新做准备。

知识链接

成功面试的21法则

1. 足够的简历备份。
2. 面试礼仪的充分准备。
3. 不要准时到达——要提早到。
4. 把你碰到的每一个人都当成面试的重要人物。
5. 留心你的身体语言，尽量显得精力旺盛有活力，对面试官全神贯注。
6. 完整地填写公司表格。
7. 牢记每次面试的目的都是应聘成功。
8. 展示你勤奋工作及追求团体目标的能力。
9. 将你的所有优势推销出去。
10. 给出有针对性的回答和具体的结果。
11. 不要害怕承认错误。
12. 若时间允许，阐述和过去业绩、成就相关的故事。
13. 面试前要弄清楚潜在雇主的一切信息。
14. 面试前，先自己预演一下。
15. 知道怎么回答棘手的问题。
16. 将你的长处转换成与工作业绩和效益相关以及雇主需要的用语。
17. 说明你的专长和兴趣。
18. 清楚自己的交际用语。
19. 用完整的句子和实质性的内容回答问题。
20. 用缓解紧张的方法来减少你的不安。
21. 一定要准备问题向面试者询问。

三、面试礼仪

(一)面试前的礼仪

由于面试的时间比较短暂,所以面试中易受首因效应影响。在面试前,大学生要做好自身的形象设计,减少学生气,增强职场气息。面试时要衣冠整洁、大方得体,恰当的着装能够弥补自己条件的不足,树立起自己的独特气质,利于在面试中脱颖而出。

1. 着装准备

(1)男士着装。男士注意脸部清洁,胡子一定要刮干净,头发梳理整齐。查看领口、袖口是否有脱线和污浊的痕迹。最好穿正式的西装。夏天要穿衬衫,系领带,不要穿休闲衬衫。穿深色的袜子、黑色的皮鞋。皮带要和西装相配,一般选用黑色。皮鞋、皮带、皮包颜色要一致。眼镜要和自己的脸型相配,镜片擦拭干净;钢笔一定不要插在西装上衣的口袋里,因为西装上衣的口袋是起装饰作用的。

(2)女士着装。女士着装要简洁、大方、合体。职业套装是最简单也是最合适的选择。裙子不宜太长,这样显得不利落,但是也不宜穿得太短。低胸、紧身的服装,过分时髦和暴露的服装都不适合面试时穿。色彩要表现出青春、典雅的格调,不宜穿抢眼的颜色。

如果习惯随身携带包,那么包不要太大,款式可以多样,颜色要和服装的颜色搭配。化淡妆,如果用香水,应该以清新、淡雅为宜,头发要梳理整齐,前额刘海不要超过眉毛。

出发前,从头到脚再检查一遍,看看扣子、拉链是否扣好、拉好,领子袖口是否有破损,衣服是否有褶皱,鞋子是否干净光亮。

2. 守时

守时是对职场人员职业道德的基本要求,提前 10～15 分钟到达面试地点效果最佳。

案例参考

迟到的后果

卢雨是 2012 届毕业生,为自己的工作奔波。一天,学校老师给她打电话,说沈阳某事业单业要招聘一名合同制员工问她有没有意向。卢雨表示自己十分愿意去。于是老师要求她第二天 9:30 在该事业单位门口等候,准时进入。等到了 9:30,卢雨还没到,于是该事业单位人事处的相关人员给她打电话,电话里卢雨说由于堵车,自己刚上车,还需要半个小时。这样又过了半个小时,她还没有到,于是人事处相关人员又一次打了电话,电话里卢雨说还没有找到地方,可能是下错了站,这样直到 10 点多才匆匆忙忙赶过来。等她赶到的时候该事业单位的第一轮面试已经结束了。就这样,卢雨因为没有守时而与该事业单位擦肩而过。

【点评】

如果第一次应聘不遵守时间，那么会给面试官留下一个不好的印象。宁可自己早点来，也不能让主考官等自己。平时老师可以等你，但职场中老板却不能等你。

实训策略

6个同学一组，2人担任面试官，1人担任评论员，其他3人扮演应聘者，轮流进行面试训练。所有人都准备好自己的个人简历，布置好面试的场所，按约定的时间开始面试。面试过程中，要求每一个人都按照真实的招聘岗位来扮演好自己的角色。面试结束后，评论员、面试官、求职者一起讨论，指出求职者在模拟面试中的优点和不足，并共同探讨改进的方法。一次模拟之后，可互相变换角色，重新进行。

(二)面试中的礼仪

面试中，当自己的名字被喊到时，要有力地答一声“是”，然后再进门。如果门关着的话，就要以里边听得见的力度敲门，听到回复后再进去。开门、关门尽量要轻，向招聘人员行过礼后，清楚地说出自己的名字。

1. 眼神

说话时不要低头，要看着对方的眼睛或眉间，不要回避对方视线。不要直勾勾地盯着对方的眼睛。做出具体答复前，可以把视线投在对方身上两三秒钟做思考，不宜过长，回答问题时，应该把视线收回来。

2. 握手

当面试官的手主动伸过来之后，握手应该坚实有力，双眼要直视对方。不要太使劲，不要摇晃。

3. 坐姿

不要紧贴着椅背坐，一般坐满椅子的三分之二为宜，坐下后身体要略向前倾。

4. 小动作

在面试时不可以做小动作，比如折纸、转笔等，这样会显得很不严肃。不要乱摸头发、胡子、耳朵，这可能被理解为求职者在面试前没有做好个人卫生。

5. 谈吐

语言是求职者的第二张名片，它客观地反映了一个人的文化素质和内涵修养。面试时对所有问题要对答如流，恰到好处，不夸夸其谈，不夸大其词。一般情况下不要打断主考官的问话，否则，会给人留下急躁、鲁莽、不礼貌的印象。问话完毕，听不懂时可以要求重复，当不能回答某一问题时，应如实告诉主考官，含糊其辞和胡吹乱侃会导致面试失败。

知识链接

冰山原理与面试

有一个摄像师，他在海底用一种特殊的镜头拍到了一个冰山整体的图形，他拍到的那座冰山是透明的，他发现海平面上冰山露出来的那个角特别小，但是海平面下的冰山绵延很长。其实，公司与此相似，海平面上的东西，就是别人能看到的东西，就是公司的主要业务产品、技术、组织结构、财务状况等，都是硬件，露在海平面上。海平面下的冰山就是公司内部隐蔽的交往模式，包括个人与群体的相处能力、团队合作能力、与人沟通能力、团队和团队的交往、每个人的个性、发生冲突的处理模式、应对压力的承受力、适应变化的能力等都是不能量化的东西，这些软性的东西就像海平面下的冰山，在组织的内部。

在面试过程中，考官往往通过 STAR 方法来评价求职者的能力，即考查求职者能否通过回答问题将他过去曾做过的事情还原情境、时间、地点、人物、中心思想。因此，对于大学生来说不是具有某种能力就能达到用人单位的要求，而是由考官运用这种方法来判断你是否具有岗位所需的能力。

第三节　求职择业心理指导

严峻的就业形势使大学生面临较大的心理压力。毕业前的忧虑、烦躁、不安困扰着众多学生，易诱发心理问题。因此，大学生要做好就业心理准备，及时调整不良的就业心态，顺利地走出心理困境。

一、常见择业心理问题

(一)认知类心理问题

1. 自负心理

自负是个体对自己估计过高，不切合实际，自恃清高的心理状态。由于受传统就业观念的影响，有些大学毕业生在求职中好高骛远，期望过高，不能摆正自己的位置，没有清楚地认识到自己只是一名刚出校门的学生，不愿意从最基层做起。一部分大学毕业生对用人单位挑挑拣拣，出现了"高不成低不就""脚踩几只船"的不良现象，最终导致就业受挫，产生心理失衡。

2. 自卑心理

自卑是个人对自己的不当认识，是一种自己瞧不起自己的消极心理。有些学生认为自己没有考上重点大学，高职专科院校是迫不得已的选择，因此，他们往往自责、贬低或惩罚自己，潜意识中有自卑和压抑心理。对前途担忧，对未来丧失信心，缺乏自信，不敢主动向用人单位推销自己，不敢主动参与就业竞争，最终陷入不战自败的困境之中。

3. 矛盾心理

大学生在择业时，遇到多重选择，会产生迷茫感，总是担心自己的选择不是最优的，无论选择哪一个用人单位都会有失落感，如他们认为到机关、事业单位工作待遇稳定风险较小，但又嫌收入不高；自己创业成功收入较高，但又觉得太辛苦，于是举棋不定，总是处于矛盾中。

（二）情绪类型心理问题

1. 冷漠心理

一些大学生在择业中因受到挫折而感到无能为力，会出现得过且过、不思进取、情绪低落等反应。他们心灰意冷，决定听天由命，任凭发落。冷漠心理的一种特殊表现是逃避，他们不再想主动争取择业机会，不再去努力，认为去哪家单位都无所谓，这种心理与就业的竞争机制和社会环境是不相适应的。

2. 不满心理

根据大学生个人的关注点及实际情况不同，其不满的对象可以是周围的人、事和人群。如对学校管理不满、教学质量不满、就业推荐制度不满；对现行的国家政策不满；对家庭成员不满；对周围同学不满。不满情绪的产生导致大学生的消极心理和不健康行为，影响求职和就业。

3. 焦虑心理

焦虑心理产生的重要因素是大学生期望过高和社会就业压力大。部分学生不顾自身条件与社会对高职专科院校学生的市场定位，过分看重初次就业对一生的重要性，往往不自觉地加大自己的心理压力，精神过于紧张，一旦条件达不到，就会导致就业焦虑。部分家长不顾学生的兴趣、爱好、特长、专业等特点，硬是把自己的职业理想间接地强加于子女，导致学生负担过重，产生严重的焦虑心理。

（三）社会类心理问题

1. 从众心理

部分高校毕业生在择业时随波逐流。“大多数人选择哪里，自己就选择哪里；大多数人往哪里挤，自己就往哪里挤。”他们认为，大多数人钟情的工作一定是好工作，大多数人选择的一定没错。这些人毫无主见，缺乏开拓精神，没有客观分析自身专业基础、经济状况等各方面因素，忽视自身的个体特异性与自我创造性，盲目跟风，随波逐流，最终一事无成。

案例参考

小刘想到就业就非常紧张。看见别人在制作简历，自己也赶紧制作；听别人说公务员待遇好，他也和同学一起报了名，准备参加公务员考试；看见别人跑招聘会，他也一起去，只要是某个职位特别吸引人，也不管自己是否符合用人单位要求就去应聘，只要看到很多人挤在哪儿，自己的脚步就不由自主地往哪挪动。

【点评】

事实上，像小刘这样的求职者还有很多，毕业生就业盲目从众的现象非常突出。很多人不了解自己的情况，没有清晰地认识自己，目标不明确，方向不清晰，什么都想做，不能集中精力应付一件事情，最后在职场上横冲乱撞，很不如意。

2. 依赖心理

有些高校毕业生由于家庭条件、社会关系优越，在择业过程中把希望寄托在学校、父母或朋友之上，寄托在拉关系、走后门之上，有的甚至由家长出面与用人单位洽谈。这样做的结果往往适得其反，用人单位会认为毕业生缺乏开拓能力、独立生活和工作能力。当今社会，挑战与机遇并存，只有在择业之初就树立自信，少点依赖，敢于竞争，才能在众多求职者中脱颖而出。

3. 攀比嫉妒心理

有些毕业生在求职择业中认为“我不能比别人差”“我不能不如人”“过去我一切顺利，现在我依然会顺利”。即使有些单位非常适合自身发展，但因某个方面比不上其他同学的就业单位就会心里不平衡，彷徨放弃。这种攀比嫉妒心理常常会耽误时机，也不利于自身价值的实现和长远发展。

案例参考

小王是某高职院校的中文系毕业生，大学期间他刻苦勤奋，表现优秀，曾担任学生会副主席。大多数学生的就业意向是留在高校从事学生工作或宣传工作。他看见有的学生干部都找到了不错的工作，觉得自己比他们强，但高校要求至少是本科生或研究生学历。到了四五月份，看见其他同学都签约了，自己还无着落，这时才慌了神。

【点评】

不积跬步，无以至千里，小事情也能磨砺大意志，小职位也能成就大事业，凡事要量力而行，先积累经验、充实自己，才能在未来的职业道路上有更多选择。

二、择业心理调适方法

（一）认知心理问题调适

1. 正确认识自我，客观评价自我

正确面对自己的长处和短处，从自己的外表、爱好、特长入手，善于发现自己的长处，肯定成绩和优点，不要把别人看得过高，把自己看得过低。要学会把负面的评价化作自己奋发向上的动力，把它理解成对自己的鞭策和督促，在进取中弥补自身的不足，这样才能有效解决自卑心理问题。

2. 社会比较

要将自己与社会上其他人做比较，通过社会上其他人对自己的态度来认识自己。如果一个人对自己的评价与从其他处所获得的反馈信息基本一致，那就可以认为他的自我认识比较好，比较客观；如果不一致，差距太大甚至相反，就表明他的自我认识不全面，不够客观，缺乏自知之明。

3. 自我反思

通过反思应当明确自己的专业发展方向是什么，自己的优势和劣势是什么，自己的爱好是什么，自己的性格气质是什么，自己最适合干什么工作，等等，使自己在择业过程中处于积极主动的位置。

4. 心理测验

大学生可根据自己的需要选择质量可靠的心理测验，如能力测验、人格测验、兴趣测验等，对自己的能力倾向、性格和兴趣做一个客观的评估，以帮助自己正确认识和评价自己。

（二）情绪心理问题调适

1. 树立积极的求职观念

大学生要有意识地挖掘生活中美好的事物，与自己原有观念相抗衡。必须认识到“条条大路通罗马”，与世隔绝的生活，就是自我毁灭，是绝无快乐可言的。要强迫自己以热情的方式待人，逐步敞开自己的心灵。多与大自然接触，多进行社会交往，和同学们一起积极参加求职应聘活动。在求职过程中敞开心扉、互相鼓励、互相理解、互相关心、彼此帮助，从而使自己树立积极的求职观念。

2. 树立竞争意识

要克服焦虑、急躁的心理，就要打破事事求稳、求顺的想法，增强竞争意识，求职过程本就是一种竞争、一个优胜劣汰的过程。而且，有竞争必定会有风险和失败，确立了竞争意识，就不怕风险和挫折，焦虑的心理必定能得到缓解或克服。同时，大学生还应克服择业心切、急于求成的思想，越急越容易失败，而失败的体验又会强化沮丧和焦虑的情绪。因此，要客观地分析自己，合理地设计求职目标，尽量减少挫折，这样也会减轻焦虑的程度。

(三)社会心理问题调适

1. 认清自己的职业价值观

在就业问题上,客服从众心理从根本上说还是要认清自我,了解自己的价值观,弄清自己的优势和劣势,摆正自己的位置,根据自己的实际情况,脚踏实地而不是随波逐流。克服从众心理需要适当表现自己,做回自己,跨越"从众"的矮墙,告别平庸,走向卓越。

2. 增强求职主动性

要克服依赖心理,一方面,要充分认识到依赖心理的危害,提高自己的动手能力,不要什么事情都指望别人,遇到问题要做出属于自己的选择和判断,增强自主性和创新性,学会独立思考问题;另一方面,要在生活中树立行动的勇气,自己能做的事一定要自己做,自己没做过的事要锻炼做,不断积累,强化主动的责任意识。

案例参考

做主动的求职者

谢静,从大学二年级开始就一直做兼职,发传单、做促销员或小时工,每周过得都非常充实。她家庭条件不错,每个月父母都给她零花钱。她在校外做兼职就是锻炼自己,积累社会经验。做兼职的时候特别累,但是也特别锻炼人。当面对一个个陌生的面孔时,她第一感觉当然是恐惧和紧张,为了应付这种心理,她必须拿出更多的勇气和信心。每次看到自己独立完成一份兼职工作时,就特别有成就感。面对出现的各种复杂情况,她也能轻松应对。通过实践积累了社会经验,为步入职场做好准备。

【点评】

达尔文的"生物进化论"告诉我们,能活到最后而不灭亡的,不是"能者"而是"适者"。强悍凶猛的恐龙灭绝,"缩头"的乌龟却繁衍至今。适者生存,因此学生要摆脱对父母和老师的依赖,增强自己的独立性,成为真正的"职场人"。在大学期间,大学生不要做圈养的羊,而是要做飞翔的鸟。

3. 克服攀比嫉妒心理

首先,要克服攀比嫉妒心理,最好的方法是提高自己的能力。

有这样一个故事:一位老师在地上画了一条直线,问他的学生:"你怎样才能把这条直线变短呢?"学生用手把直线擦掉一部分。老师摇了摇头,在旁边又画了一条更长的线,说:"与这条线相比,刚才的那条线就变短了,做人也是如此啊!"学生明白了老师的用意,从此改掉了自己喜欢嫉妒别人的毛病。由此可见,要使自己比别人"长",最好的办法不是把别人"擦短",而是让自己更"长"。

其次,克服攀比嫉妒的心理还要学会与人协作。一个人的能力总是有限的,别人的长处不可能自己全都具备。所以,有的时候应该承认自己技不如人,在向他人学习的同时应该学会与人协作。只有这样，才会克服攀比嫉妒的心理，提高自己在集体里的人缘，提高自己的综合能力。好的人缘也会为自己求职带来更多的信息和途径。

最后，克服攀比嫉妒心理需要树立正确的竞争观，化攀比嫉妒为动力。一个人在攀比嫉妒时，总是注意到别人的优点，却不能注意到自己的优势。当个体有意识地思考一下自己比对方强的地方，就会使自己失衡的心理天平重新恢复到平衡状态。总之，对别人产生了攀比嫉妒心理并不可怕，关键是要看个体能不能正视攀比嫉妒，能不能升华这种攀比嫉妒之情，把攀比嫉妒转化为成功的动力。

三、培养健康择业心理

(一)培养积极的自我认识

1. 清楚认识自我，客观悦纳自我

认清自我，就是要有一个清楚的自我意识，能够正确地评价自我，辩证地看待自身的优缺点。学会从周围的世界中提取有关自我的真实反馈，避免主观偏差。在此基础上，还要悦纳自我。悦纳自我也就是既承认自己的优点，又接纳自己的缺点，既能承受自己的成功，也能接受自己的失败。

2. 科学地塑造自我

根据自己的实际情况确立理想自我，即把远大理想分解成一个一个远近高低不同的子目标，从而由近及远、由低到高，循序渐进，逐步加以实现。大学生要培养顽强的意志和坚强的品质，增强挫折耐受力。在求职择业过程中选择适合自己的人生道路，尽最大努力，扬长避短，充分实现自己的人生价值。

(二)培养健康情绪

1. 改变自我，发现快乐

情绪低落时，通过合理宣泄、转移注意力、积极的自我暗示和自我安慰等方式，将不良情绪引导释放出来，并积极消化掉。例如，可以向亲朋好友倾诉烦恼，当得到别人的理解和同情时，自己也会感到轻松。停止抱怨，不要向同学喋喋不休地发牢骚，别为他人的过失耿耿于怀，不要抱怨自己的弱点，要从积极的方面看问题。

2. 培养兴趣，增加快乐

当人们做自己感兴趣的事达到忘我境界时，是最快乐的时刻。在大学生活中多培养一些兴趣爱好，把注意力转移到自己的兴趣爱好上来，分散不良情绪，把烦恼埋没在忙碌中。例如，每天运动20～30分钟，常听音乐，说说笑话，快乐会常伴左右。

3. 关爱他人，分享快乐

在别人需要帮助的时候，给予别人关爱和帮助，在别人获取快乐的同时自己也能分享快乐。大学生要学会自我调适，控制自己的不良情绪，要学会分享别人的快乐，体验别人高兴的事情，也要适度把自己高兴的事情拿出来和别人分享。

(三)培养良好的社会适应能力

1. 锻炼坚韧不拔的意志

意志是指一个人自觉地确定目的,并根据目的来支配、调节自己的行为,克服各种困难,从而实现目的的心理过程。大学生应该以具备一种积极向上、不畏艰险的“阳光心态”去面对生活、面对工作,以一种“杂草精神”(无论地面上的石头再大、再硬,都会迎着阳光弯弯曲曲地成长)勇往直前、茁壮成长,在平时生活中养成吃苦耐劳、不拈轻怕重、脚踏实地的好习惯。

案例参考

坚韧不拔的求职者

松下幸之助年轻的时候,因为家境贫寒,不得不外出打工,挣钱谋生,这也养成了他坚韧不拔、吃苦耐劳的个性。有一次,他按照报纸上的招聘广告到一家电器工厂去谋职,又瘦又高的松下幸之助向工厂人事主管介绍一番自己的情况后请求到,“请给我一份工作做吧,哪怕是最危险、最低微的工作”。

人事主管瞧瞧其貌不扬的松下幸之助,根本不想聘用他,便对他说:“真不凑巧,我们刚刚聘用了一位。要不,你过一个月后再来看看。”

一个月后,松下幸之助准时出现在这位主管面前,这位主管心里在嘲笑他:从未见过这种不会领会辞退话的“傻老冒”,不妨随便打发他走人。于是,这位主管对他说:“年轻人,你总是不凑巧,我们的老板出去开会了,得过两三天才能回来。”

到了第三天,松下幸之助又来了,这次这位主管真的有点不耐烦了,直接说出他不想聘用松下幸之助的原因:“瞧你穿的,这样破旧是进不了我们厂的。”

松下幸之助什么话也没有说,下午去借钱买了一套新衣服穿上,找到那位主管说:“你看现在我够条件吗?”

主管打量他一下,说:“从你的履历介绍,看不出你有任何有关电器方面的知识,我们厂是从不用这种人的。”

“没关系!我不会但是我会学,一个月以后见!”松下幸之助说完果真回去自学了一个月的电器知识,又跑来找那位人事主管。

这位主管说:“一个月能学到什么知识呢?”

松下幸之助说:“一个月不行,我用两个月,两个月不行,我用三个月……”

话未说完,这位人事主管再也坐不住了,他拉起松下幸之助的手说:“你是我遇到的最有韧性的求职者,我已被你打败,从今天起,你来工厂上班吧!”

【点评】

松下幸之助凭借着坚韧不拔的毅力终于谋得一份工作,并一直保持这种精神直至走向成功。在人生的道路上,只有一种失败叫轻易放弃。

2. 提升社交能力

各种纷繁复杂的人际关系是大学生求职时所必须面对的现实问题，因此，人际关系能力是一个优秀大学生应具有的基本能力，而交往能力则是促成人际关系和谐的必由之路，要学会建立和谐的人际关系，掌握人际交往的技巧，提升自己的社交能力。

3. 树立正确的职业价值观

职业价值观是个体对职业重要性的看法。正确的职业价值观不但是健康人格的一个基准点，更是大学生必须面对的现实问题。社会是多姿多彩的，也是纷繁复杂的，大学生必须树立正确的择业观，学会适应，保持心理平衡，从自身实际出发选择工作，踏踏实实做好。

案例参考

摆正求职心态

辽宁某学院园林系园林专业的毕业生张明很想去上海闯荡一下，所以一直等待上海的园林公司来招聘，也经常去学院就业处询问。刚开始老师对他的勇气比较佩服，但随着聊天的深入，老师发现到目前为止，他们系的很多男生都已经去一些小的园林公司实习去了，而他的理想必须是上海的正规大园林公司，并且必须专业对口，他一直认为小公司不正规，所以一直等学院的招聘会。前几天北京东方园林来招聘，但没细化具体专业，所以他就没去。

就业指导老师建议他不要等，应该主动出击联系，去人才市场看看，结果他说去了，可是园林公司都是要有实践经验的。结果他一直从 9 月份等到 12 月份。园林系的招聘定在第二年的 3 月份，就业指导老师问他如果上海公司不聘用你，那你就这么一直等下去吗？如果上海公司也要有经验的人怎么办？

【点评】

张明的就业心态没有摆正，死守着一个非得和自己对口的专业就业。盲目地定位到大城市就业，主动放弃其他就业机会，使自己失去了很多就业的机会。他的同学现在在小的园林公司不但进行项目施工积累经验，而且还明确了职业方向，可他每天在校园内晃荡，畅想着非上海不“嫁”，耽误了大好时光。

学习思考题

1. 笔试有哪些类型？答题时应注意哪些事项？
2. 面试有哪些类型？每种类型题目应如何应对？
3. 如何培养健康的求职择业心理？

第七章

就业权益的法律保护

学习目标

1. 增强大学生择业过程中的权利意识。
2. 了解大学生求职择业的基本权益。
3. 了解大学生求职择业相关法律法规，维护自身权益。

第一节　就业协议及其相关法律问题

《全国普通高校毕业生就业协议书》(简称就业协议)是明确毕业生、用人单位、学校三方在毕业生择业、就业工作中各自权利和义务关系的书面表现形式，是高校毕业生与用人单位确立劳动关系的法律文书，也是明确当事人之间权利与义务关系的基本依据，是保障签约各方权利的合法依据，是毕业生办理就业手续的主要依据。

一、就业协议的主要内容

就业协议的主要内容有以下几方面：

(一)规定条款

1. 签约各方共同遵守的规定

签约各方必须遵守国家的有关法律、法规和教育部的有关规定，坚持公开、公平、公正和诚实信用原则。

本条款规定，毕业生、用人单位和学校三方在签订就业协议的过程中必须遵守国家法律和教育部门的相关规定，应当坚持公开、公平、公正和诚实信用原则，遵守社会公德。不得采取欺诈、损人利己等不正当手段或做出违背诚实信用原则的不文明行为。

2. 毕业生应遵守的规定

毕业生应按国家和省毕业生就业政策规定就业，向用人单位如实介绍自己的情况，了解用人单位的用人意图，表明自己的就业意愿和对用人单位的要求，可在“毕业生对用人单位约定”一栏注明。

本条款要求毕业生在签订就业协议时，本人的情况应当符合就业政策的相关规定，要了解国家对毕业生就业工作的方针政策，同时应当遵守有关的程序规定，并实事求是地向用人单位介绍自己在德、智、体等方面的实际情况，表明自己的就业意向。在签订就业协议前，毕业生还应当了解用人单位对毕业生的用工意图和拟提供的工作岗位，并结合自己所学专业和实际情况综合考虑是否选择到该单位就业。如毕业生对用人单位在工作期限、劳动保护、工作条件、工资报酬和福利待遇及违约责任等方面有特殊约定，应在“毕业生对用人单位约定”栏注明并经用人单位盖章后生效。

3. 用人单位应遵守的规定

用人单位要如实介绍本单位的情况，明确对毕业生的要求及用人意图，做好各项接收工作。凡取得毕业资格的毕业生，用人单位不得以学习成绩为由提出违约；未取得毕业资格的结业生若与用人单位签订本协议，用人单位应同时出具同意接收结业生的证明。用人单位对毕业生有其他要求可在“用人单位对毕业生约定”一栏注明。

用人单位与毕业生洽谈时，要如实介绍本单位的情况。应当将用人单位的工作地点、单位性质、生产规模、产品内容、工作条件和工资待遇，以及对毕业生所学专业的要求、具体的工作岗位等情况实事求是地向毕业生介绍，不得做虚假介绍，并应明确对毕业生的要求及用人意图。毕业生与用人单位签订就业协议后，持《就业报到证》到用人单位时，用人单位要做好接收毕业生的各项工作，如为毕业生办理人事关系、户口关系、档案关系的转入手续，介绍工作的具体安排、生活饮食住宿以及单位的规章制度等方面的情况。

4. 对学校的要求

要求学校如实向用人单位介绍毕业生的情况，做好推荐工作。用人单位签订协议后，由学校审核汇总并报省毕业生就业主管部门或教育部批准，列入就业方案下发执行，学校负责到省毕业生就业主管部门办理派遣手续。

本条款要求：一是学校作为签约的一方实事求是地向用人单位介绍毕业生的情况，做好推荐工作；二是学校要对毕业生与用人单位签订的就业协议进行审核。主要审核就业协议是否符合国家的有关政策和学校的规定。学校将符合政策规定的就业协议汇总报省毕业生就业主管部门，主管部门审核批准后，列入就业方案下达给学校执行，由学校正式为毕业生办理就业手续。

5. 体检要求

本条款是针对毕业生的身体情况提出要求的。学校应在学生毕业前为毕业生安排一次体检，并做出结论和意见。体检不合格的，学校不予派遣，同时，就业协议自行取消，由学校通知用人单位。如果用人单位对毕业生的身体条件有特殊要求，原则上应在签订协议前单独体检,否则,以学校体检为准。体检不合格的毕业生,学校将要求其回家休养治病,待身体痊愈后重新派遣。

6. 履行和违约责任

就业协议经各方签字盖章后生效。三方均应严格履行就业协议,签约的一方因特殊情况提出变更协议,须经另两方同意,并由违约方承担相应的违约责任。承担违约责任方式有赔礼道歉、赔偿损失、支付违约金等。

7. 就业协议的持有

本条款是对就业协议的数量和持有人的规定。本协议一式四份,毕业生、用人单位、学校、毕业生就业主管部门各执一份,复印无效。此协议签订后方可纳入就业方案,予以派遣。

(二)签署意见与签字盖章

这部分包括两方面内容:

1. 毕业生的情况及应聘意见

必须由毕业生本人填写,包括姓名、性别、年龄、民族、政治面貌、培养方式、健康状况、专业、学历、联系电话、应聘方式和家庭地址等。在“毕业生应聘意见”一栏中,由毕业生填写自己的应聘意见,并表明是否愿意到用人单位就业。

2. 用人单位的情况及接收意见

这部分内容由用人单位填写,其中包括单位名称、单位隶属、联系人、联系电话、毕业生档案转寄详细地址等。在“用人单位意见”一栏内包括用人单位意见和用人单位上级主管部门的意见。

(三)用人单位对毕业生的约定和毕业生对用人单位的约定

这是为毕业生、用人单位双方共同约定的其他条款所设定的,毕业生与用人单位约定的条款不违反国家法律法规和有关政策、不违反学校的有关规定,且约定只在毕业生与用人单位之间产生效力,学校不应予以干涉。用人单位对毕业生的约定通常包括以下内容:

1. 工作期限

此条款包括服务期、见习期或试用期。毕业生可以与用人单位约定具体的服务期及相应的见习期或试用期的时间。服务期是指劳动者和用人单位在协商一致的基础上约定的,由用人单位给予劳动者一定的特殊待遇,劳动者向用人单位提供特定劳动的特定期间。见习期是指毕业生在参加工作的开始阶段所经历的接受考察和熟悉本职业务的实习期限。实行见习制度是为了使毕业生熟悉工作岗位,为以后工作打下基础。在见习期内,只发给毕业生临时工资,见习期满后符合用人单位规定要求的即可转正,并从见习期满后的第一个月起享受正式职工的待遇。对见习期内表现不符合规定要求的毕业生,用人单位可以适当延长见习期,延长期限为半年至一年。

试用期是用人单位和毕业生在建立劳动关系后为相互了解、选择而约定的考察期限。

试用期的规定便于用人单位了解毕业生的全面情况，也有利于毕业生了解用人单位的情况。按照我国《劳动合同法》的规定，试用期最长不得超过6个月，并且不可延长。试用期满后，毕业生符合录用条件的可以转正，不符合录用条件的则可以解除劳动关系。

2. 劳动保护和工作条件

这是对用人单位设定的义务条款。毕业生可以按照相应的法律规定，与用人单位约定具体的工作条件及相应的劳动保护。用人单位为毕业生提供的工作条件和劳动保护应当符合国家有关法律的规定。同时，毕业生也应遵守相关法律，不得向用人单位提出无理要求。

3. 工资报酬和福利待遇

此条款是对毕业生履行劳动义务后应享受的劳动成果，同时也是用人单位依法支付给毕业生工资、奖金等方面的约定。这既是毕业生的权利条款，同时也是用人单位的义务条款。

4. 违反就业协议的责任

该条款强调毕业生和用人单位必须履行就业协议规定的义务并对违约承担相应的责任。

5. 就业协议终止的条件

这是签约双方依实际情况认为需要添加的约定条款，如毕业生升学的处理方法；工作后是否可以继续升学；毕业生调离用人单位的条件等约定。

（四）学校审核意见

学校审核意见包括院系意见和学校意见：院系意见是毕业生所在学校的基层初步审核意见，由院系在就业协议上签署意见并签字盖章。学校意见是学校对就业协议进行实质性审核，在就业协议上签署意见并签字盖章。

二、就业协议的签订和解除

（一）就业协议订立的原则

1. 主体合法原则

签订就业协议的当事人必须具备合法的主体资格。对毕业生而言，就是必须要取得毕业资格，如果学生在办理就业手续时未取得毕业资格，用人单位可以不予接收而无须承担法律责任。对用人单位而言，必须具有从事各项经营或管理活动的能力，应有录用毕业生计划和录用自主权，否则，毕业生可解除协议而无须承担违约责任。对高校而言，必须要发挥监督作用，对签约双方的主体资格进行审查。

2. 平等协商原则

双方在签订就业协议时法律地位是平等的，一方不得将自己的意志强加给另一方。

学校不得采用行政手段要求毕业生到指定单位就业(不包括有特殊情况的毕业生),用人单位亦不应在签订就业协议时要求毕业生交纳过高数额的风险金、保证金。双方当事人的权利义务应是一致的。除就业协议规定的内容外,双方如有其他约定事项可在双方约定栏目内加以补充确定。

(二)就业协议订立的程序

(1)要约。毕业生持学校统一印制的就业推荐表参加各地供需洽谈会(人才市场)进行双向选择,或向各用人单位寄发书面材料,视为要约邀请,用人单位收到毕业生材料,对毕业生进行考察后,表示同意接收并将回执寄到高校毕业生就业工作部门或毕业生本人,视为要约。

(2)承诺。毕业生收到用人单位接收函或收到用人单位答复后,从中做出选择,与用人单位签订协议,即为承诺。

(3)毕业生和用人单位达成协议并在就业协议上签名盖章,用人单位应在就业协议上注明接收毕业生档案的准确名称和地址以及邮政编码。

(4)用人单位招聘如需经主管部门同意,则应报上级主管部门批准

(5)用人单位或毕业生将签订的就业协议送到学校毕业生就业工作部门。

(6)学校审核同意后,应上报就业主管部门并及时将就业协议反馈给用人单位和毕业生。

(三)就业协议的解除

就业协议的解除分为单方解除和双方解除。

(1)单方解除包括单方擅自解除和单方依法或依协议解除。单方擅自解除协议属违约行为,违约方应对另外两方承担违约责任。单方依法或依协议解除是指一方依法或依协议解除就业协议,如学生未取得毕业资格,用人单位有权单方解除就业协议;或依就业协议规定,若毕业生考取研究生后,可解除就业协议;等等。此类解除各方无须承担法律责任。

(2)双方解除是指毕业生、用人单位经协商一致取消原订立的协议,使协议不再发生法律效力。此类解除应是双方当事人真实意思表示一致的体现,双方均不承担法律责任。解除就业协议应办理解约的相关手续,在办理完解约手续后,毕业生才可以重新选择。

(四)办理解约的程序

就业协议生效后一般不允许解约。但因特殊情况,其中一方提出解约,需经过另外两方同意后方能办理解约手续,如解约行为给另外一方造成损失,应承担相应责任。办理解约的程序是:

(1)原签约单位出具同意解约的公函(又称退函),它体现出对用人单位知情权的尊重。公函要注明解约的原因以确认解约方的责任。

(2)毕业生持单位公函(如毕业生解约,须同时持本人的解约申请书,注明申请事由及是否愿意承担违约责任)到学校就业主管部门审核批准后,换发新的就业协议。

三、就业协议争议解决

就业协议一经毕业生、用人单位、学校签署即具有法律效力。毕业生和用人单位都应认真履行,任何一方不得擅自解除,否则,违约方应向权利受损方支付协议条款所规定的违约金,并承担相应的违约责任。

(一)明确违约责任

实践中,通常引起就业协议争议的主体是毕业生和用人单位。对于违约责任的确定,应结合就业协议双方的特殊主体及当前的就业环境,以遵循公平原则为主,适当考虑保护相对处于弱势地位的毕业生一方。

1. 毕业生违约

从实际情况来看,就业协议违约多为毕业生违约。毕业生与用人单位签订就业协议后,由于某些特殊原因和情况,不能或不适合到已签约的用人单位工作,本人可以提出解约。

但是,违约权利的行使要依照就业协议中违约条款的规定进行。因为违约条款对违约的行为有约束,毕业生违约必须遵守违约条款,不能随意违约。

毕业生违约,除本人应承担违约责任、支付违约金外,往往还会造成其他不良的后果,主要表现在:

(1)用人单位花费人力、物力、财力,参加人才交流会等,做了大量工作,录用人员的后期工作已做安排,一旦毕业生违约,一切工作付之东流,全得另起炉灶,造成工作被动。

(2)用人单位往往将毕业生违约当成学校管理不严的结果,影响学校和用人单位的长期合作关系,以后可能不会再到学校挑选毕业生。

2. 用人单位违约

用人单位发生不可抗力或出现致使就业协议全部或部分条款无法履行的其他情况时,如企业迁移、被兼并、企业资产转移、有的工作岗位取消等,可以提出解除协议。用人单位单方撤销就业协议,使毕业生不仅失去了来之不易的工作机会,也错过了再找工作的好时机,蒙受了巨大的损失。因此,用人单位应当承担相应的违约责任,向毕业生进行赔偿。

另外,采取欺骗等违法手段签订的就业协议无效,如用人单位未如实介绍本单位情况,根本无录用计划而与毕业生签订就业协议。无效协议产生的法律责任应由责任方承担。

(二)就业协议争议的解决办法

目前,关于大学毕业生就业协议争议问题时有发生,国家和各省还没有明确的法律规定。在实践中解决争议的主要办法有:

1. 毕业生与用人单位协商解决

折中办法一般适用于因毕业生的缘故引起的争议。当违约责任在毕业生一方时,毕业生应采取主动态度，坦诚、真挚地向用人单位道歉，争取得到用人单位的理解和原谅，从而达成新的意向。

2. 由学校或当地省、市毕业生就业主管部门出面，与用人单位协商

此法常用于因用人单位的缘故引起的争议。毕业生在就业市场中势单力薄，同用人单位交涉难度较大。而如果能由学校及其上级部门领导出面帮助调解，往往更有利于在短时间内得到令人满意的结果。

3. 法律诉讼

对调解不成的，毕业生可以在法定期限内直接向有管辖权的人民法院提起诉讼，由法院依法裁决。

第二节　劳动合同及相关法律问题

《劳动合同法》明确规定了劳动合同的订立、履行和变更、解除和终止、监督检查、法律责任等。它是调整劳动合同双方当事人权利和义务关系的基本法律。《劳动合同法实施条例》是劳动合同法的配套法规。

一、《劳动合同法》的内容

（一）劳动合同概念和种类

1. 劳动合同的概念

劳动合同是劳动者和用人单位（企业、事业、机关、团体等）之间关于确立、变更和终止劳动权利和义务关系的协议。

2. 劳动合同的种类

《劳动合同法》规定："劳动合同分为固定期限劳动合同、无固定期限劳动合同和以完成一定工作任务为期限的劳动合同。"

（1）固定期限劳动合同，是指用人单位与劳动者约定劳动终止时间的劳动合同。用人单位与劳动者协商一致，可以订立固定期限劳动合同。

（2）无固定期限劳动合同，是指用人单位与劳动者约定无固定终止时间的劳动合同。用人单位与劳动者协商一致，可以订立无固定期限劳动合同。有下列情形之一，劳动者提出或者续订、订立劳动合同的，除劳动者提出订立固定期限劳动合同外，应该订立无固定期限劳动合同：

①劳动者在该用人单位连续工作满十年的，连续工作满十年的起始时间应当自在用人单位工作之日起计算，包括劳动合同法实行前的工作年限。

②用人单位初次实行劳动合同制度或者国有企业改制重新订立劳动合同时，劳动者在该用人单位连续工作满十年且距法定退休年龄不足十年的。

③连续订立两次固定期限劳动合同，且劳动者没有本法第三十九条和第四十条第一项、第二项规定的情形续订劳动合同的。用人单位自用工之日起满一年不与劳动者订立劳动合同的，视为用人单位与劳动者已订立无固定期限劳动合同。

(3)以完成一定工作任务为期限的劳动合同，是指用人单位与劳动者约定以某项工作的完成为合同期限的劳动合同。用人单位与劳动者协商一致，可以订立以完成一定工作任务为期限的劳动合同。

(二)劳动合同的条款

劳动合同的条款是指劳动者与用人单位双方通过平等协商所确立的双方各自的权利和义务具体内容的条款。劳动合同条款可分为法定必备条款和约定必备条款。

1. 法定必备条款

《劳动合同法》第十七条规定，劳动合同应当具备以下条款：用人单位的名称、住所和法定代表人或者主要负责人；劳动者的姓名、地址和居民身份证或者其他有效身份证件号码；劳动合同期限；工作内容和工作地点；工作时间和休息休假；劳动报酬；社会保险；劳动保护、劳动条件和职业危害防护；法律、法规规定应当纳入劳动合同的其他事项。

2. 约定必备条款

《劳动合同法》第十七条第二款规定，劳动合同除前款规定的必备条款外，用人单位与劳动者可以约定试用期、培训、保守秘密、补充保险和福利待遇等其他事项。

(三)劳动合同与就业协议的异同

毕业生在择业过程中和就业后，先后与用人单位签订就业协议和劳动合同，两者既有联系又有区别。

1. 两者的相同点

毕业生与用人单位签订的就业协议与劳动合同都具有法律效力，受我国有关法律的保护，任何一方违约都要承担违约责任。

2. 两者的不同点

(1)主体范围不同：就业协议是专指高校毕业生与用人单位签订的工作协议；劳动合同则无此限制，既可以是高校毕业生，也可以是其他劳动者同用人单位签订合同。

(2)内容不同：就业协议是确定用人单位录用毕业生的书面协议，体现了双向选择的结果；劳动合同是明确劳动者与用人单位之间具体权利和义务的书面协议，一些具体条款应当体现在合同里。

(3)签订时间不同：大学毕业生没有到用人单位报到前，还不是法律意义上的劳动者，只能同用人单位签订就业协议；大学毕业生到用人单位报到后，应该以一名劳动者的身份同用人单位签订劳动合同。因此，签订就业协议在前，签订劳动合同在后。

依据《劳动法》的规定，大学毕业生到用人单位报到后，应及时同用人单位签订劳动合同。但是，有些用人单位在毕业生报到后，以已经签订就业协议为由，拒绝与毕业生签订劳动合同，这是没有法律依据的；也有个别用人单位在辞退毕业生时，以没有签订劳动合同，不存在劳动关系为由，逃避应承担的责任。大学毕业生应明确：只要签订了就业协议，毕业生与用人单位的事实劳动关系就已经确立，毕业生可以据此维护自己的权利。

（四）订立劳动合同的原则

1. 平等自愿原则

劳动合同双方当事人订立合同的法律地位平等，意思表示真实。凡是采取欺诈、胁迫等手段把自己的意愿强加于对方，或者所订条款与双方当事人的真实意思不一致，都不符合平等自愿原则。

2. 协商一致原则

双方当事人应进行充分协商，在双方意思表示一致的基础上签订劳动合同。

3. 公平原则

劳动合同内容的确定应当遵循公平原则。合同主体应本着公平原则订立劳动合同，实施民事法律行为，司法机关应根据公平原则处理劳动合同纠纷。

4. 诚实信用原则

诚实信用是指双方当事人应诚实，讲信用。要求当事人在订立劳动合同过程中尊重他人利益，以诚实、善意的态度行使权力和履行义务。

5. 合法原则

订立劳动合同应当遵循合法原则，其基本要求是：

(1)目的合法。当事人不得以合法形式掩盖非法目的。

(2)主体合法。即双方当事人必须具备法律规定的主体资格。

(3)内容合法。双方当事人在劳动合同中约定的权利、义务应符合国家法律的规定。

(4)形式合法。

(5)程序合法。

（五）订立劳动合同的程序

1. 签订劳动合同建议

在签订劳动合同前，劳动者或用人单位提出订立劳动合同建议，一般由用人单位提出并草拟劳动合同草案，称为要约。接受提议是指另一方接受建议并表示完全同意，称为承诺。

2. 双方协商

双方当事人对已提出的劳动合同建议进行认真磋商，充分讨论。用人单位应向劳动者如实告知本单位的情况，以使劳动者能够对用人单位提出的劳动合同草案充分表达自己的意见。

3. 双方签约

双方当事人意见表示一致后，用人单位的法定代表人和劳动者在合同上签字、盖章并注明日期。如果用人单位法定代表人不能亲自参加，应以书面形式委托有关人员代理。劳动合同经双方当事人签字、盖章生效，报送劳动鉴定机关办理鉴定手续。

（六）无效劳动合同

劳动者与用人单位订立违反劳动法律的合同为无效合同。根据《劳动合同法》第二十六条规定，下列劳动合同无效或者部分无效：

(1)以欺诈、胁迫的手段或乘人之危，使对方在违背真实意思的情况下订立或者变更劳动合同。欺诈，指当事人一方故意捏造、歪曲事实，掩盖其非法目的，使另一方当事人误以为事实而造成人身伤害或财产损失；胁迫，指当事人一方迫使对方屈服其压力，违反自己真实意思表示而签订合同。

(2)用人单位免除自己的法定责任、排除劳动者权利的劳动合同。

(3)违反法律、行政法规强制性规定的劳动合同。

对劳动合同的无效或者部分无效有争议的，由劳动争议仲裁机构或者人民法院确定。劳动合同部分无效，不影响其他部分效力的，其他部分仍然有效。劳动合同被确认无效而劳动者已付出劳动的，用人单位应向劳动者支付劳动报酬。劳动报酬的数额参照本单位相同或者相近岗位劳动者的劳动报酬确定。

（七）劳动合同形式

订立书面劳动合同是签订劳动合同的法定形式。《劳动合同法》第十条规定："建立劳动关系，应当订立书面劳动合同。已建立劳动关系，未同时订立书面劳动合同的，应当自用工之日起一个月内订立书面劳动合同。"

（八）劳动合同变更、解除和终止

1. 劳动合同变更

劳动合同订立后，用人单位与劳动者应当按照劳动合同的约定，全面履行各自义务，任何一方当事人不得擅自变更劳动合同的内容。但是，在合同订立后或者履行过程中，由于客观条件的变化，可以变更劳动合同。《劳动合同法》第三十五条规定："用人单位与劳动者协商一致，可以变更劳动合同约定的内容。变更劳动合同，应当采用书面形式。"

2. 劳动合同的解除

(1)劳动者解除劳动合同

《劳动合同法》及《劳动合同法实施条例》规定，劳动者解除劳动合同的情形有：

①劳动者提前三十日以书面形式通知用人单位，可以解除劳动合同。

②劳动者在试用期内提前三日通知用人单位，可以解除劳动合同。

③用人单位未按照劳动合同约定提供劳动保护或者劳动条件的，可以解除劳动合同。

④用人单位未及时足额支付劳动报酬的，可以解除劳动合同。

⑤用人单位未依法为劳动者缴纳社会保险费的，可以解除劳动合同。

⑥用人单位的规章制度违反法律、法规的规定，损害劳动者权益的，可以解除劳动合同。

⑦用人单位以欺诈、胁迫的手段或者乘人之危，使劳动者在违背真实意思的情况下订立或者变更劳动合同的，可以解除劳动合同。

⑧用人单位在劳动合同中免除自己的法律责任、排除劳动者权利的，可以解除劳动合同。

⑨用人单位违反法律、行政法规强制性规定的，可以解除劳动合同。

⑩用人单位以暴力、威胁或者非法限制人身自由的手段强迫劳动者劳动的，或者用人单位违章指挥、强令冒险作业危及劳动者人身安全的，可以立即解除劳动合同。

(2)用人单位解除劳动合同

《劳动合同法》及《劳动合同法实施条例》规定，用人单位可以解除劳动合同的情形有：

①劳动者在试用期间被证明不符合录用条件的，可以解除劳动合同。

②劳动者严重违反用人单位规章制度的，可以解除劳动合同。

③劳动者严重失职，营私舞弊，给用人单位造成重大损害的，可以解除劳动合同。

④劳动者同时与其他用人单位建立劳动关系，对完成本单位的工作任务造成严重影响，或者经用人单位提出拒不改正的，可以解除劳动合同。

⑤劳动者以欺诈、威胁的手段或者乘人之危，使用人单位在违背真实意思的情况下订立或者变更劳动合同的，可以解除劳动合同。

⑥劳动者被依法追究刑事责任的，可以解除劳动合同。

⑦劳动者患病或者非因公负伤，在规定的医疗期满后不能从事原工作，也不能从事由用人单位另行安排的工作的，可以解除劳动合同。

⑧劳动者不能胜任工作，经过培训或者调整工作岗位，仍不能胜任工作的，可以解除劳动合同。

⑨劳动合同订立时所依据的客观情况发生重大变化，致使劳动合同无法履行，经用人单位与劳动者协商，未能就变更劳动合同内容达成协议的，可以解除劳动合同。

⑩用人单位依照企业破产法规定进行重整的，可以解除劳动合同。

⑪用人单位生产经营发生严重困难的，可以解除劳动合同。

在企业转产、重大技术革新或者经营方式调整，经变更劳动合同后，仍需裁减人员的情况下，单方解除劳动合同，应当事先将理由通知工会。用人单位违反法律、行政法规规定或者劳动合同约定的，工会有权要求用人单位纠正。用人单位应当研究工会的意见，并将处理结果书面通知工会。

(3)用人单位应提前通知劳动者解除劳动合同的情况

《劳动合同法》第四十条规定:有下列情形之一的,用人单位提前三十日以书面形式通知劳动者本人或者额外支付劳动者一个月工资后,可以解除劳动合同。

①劳动者患病或者非因工负伤,在规定的医疗期满后不能从事原工作,也不能从事由用人单位另行安排的工作,可以解除劳动合同。

②劳动者不能胜任工作,经过培训或者调整工作岗位,仍不能胜任工作的,可以解除劳动合同。

③劳动合同订立时所依据的客观情况发生重大变化,致使劳动合同无法履行,经用人单位与劳动者协商,未能就变更劳动合同内容达成协议的,可以解除劳动合同。

④由于经济原因裁减人员,用人单位按照法定程序与被裁减人员解除劳动合同。

(4)用人单位不得解除劳动合同的情形

《劳动合同法》第四十二条规定,劳动者有下列情形之一的,用人单位不得解除劳动合同:

①从事接触职业病危害作业的劳动者未进行离岗前职业健康检查,或者疑似职业病病人在诊断或者医学观察期间的,不可以解除劳动合同。

②在本单位患职业病或者因公负伤并被确认丧失或者部分丧失劳动能力的,不可以解除劳动合同。

③劳动者患病或者因公负伤,在规定的医疗期内,不可以解除劳动合同。

④女职工在孕期、产期、哺乳期的,不可以解除劳动合同。

⑤在本单位连续工作满十五年,且距法定退休年龄不足五年的,不可以解除劳动合同。

⑥法律、行政法规规定的其他形式。

3. 劳动合同的终止

劳动合同期满或者当事人约定的劳动合同终止条件出现,劳动合同即行终止。依据《劳动合同法》第四十四条规定,劳动合同终止情形有:

(1)劳动合同期满的。

(2)劳动者开始依法享受基本养老保险待遇的。

(3)劳动者死亡,或者被人民法院宣告死亡或者宣告失踪的。

(4)用人单位被依法宣告破产的。

(5)用人单位被吊销营业执照、责令关闭、撤销或者用人单位决定提前解散的。

(6)法律、行政法规规定的其他情形。

二、违反《劳动合同法》的法律责任

(一)用人单位的法律责任

依照《劳动合同法》及《劳动合同法实施条例》的规定,用人单位的法律责任主要有:

(1)用人单位的规章制度违反法律、法规规定的;提供的劳动合同文本未载明《劳动合同法》规定的劳动合同必备条款或者用人单位未将劳动合同文本交付劳动者的,由劳动行政部门责令改正;给劳动者造成伤害的,应当承担赔偿责任。

(2)用人单位自用工之日起超过一个月不满一年未与劳动者订立书面劳动合同的,违反《劳动合同法》规定不与劳动者订立无固定期限劳动合同的,应当向劳动者每月支付两倍的工资。

(3)用人单位违反《劳动合同法》规定与劳动者约定试用期的,由劳动行政部门责令改正;违法约定的试用期已经履行的,由用人单位按已经履行的超过法定试用期的时间向劳动者支付赔偿金。

(4)用人单位扣押劳动者居民身份证等证件的,由劳动行政部门责令限期退还劳动者本人,并依照有关法律规定给予处罚。以担保或者其他名义向劳动者收取财物的;劳动者依法解除或者终止劳动合同,用人单位扣押劳动者档案或者其他物品的,由劳动行政部门责令期限退还劳动者本人,并以每人五百元以上两千元以下的标准处以罚款;给劳动者造成损害的,应当承担赔偿责任。

(5)用人单位有下列情形之一的,由劳动行政部门责令期限支付劳动报酬、加班费或者经济补偿;劳动报酬低于当地最低工资标准的,应当支付其差额部分;逾期不支付的,责令用人单位按应付金额百分之五十以上百分之一百以下的标准向劳动者加付赔偿金:

①未按照劳动合同的约定或者国家规定及时足额支付劳动者劳动报酬的。

②低于当地最低工资标准支付劳动者工资的。

③安排加班不支付加班费的。

④解除或者终止劳动合同,未依照本法规定向劳动者支付经济补偿的。用人单位违反《劳动合同法》规定解除或者终止劳动合同的,应当依照经济补偿标准的两倍向劳动者支付赔偿金。

(6)用人单位有下列情形之一的,依法给予行政处罚;构成犯罪的,依法追究刑事责任;给劳动者造成损害的,应当承担赔偿责任:

①以暴力、威胁或者非法限制人身自由的手段强迫劳动者的。

②违章指挥或者强令冒险作业危及劳动者人身安全的。

③侮辱、体罚、殴打、非法搜查或者拘禁劳动者的。

④劳动条件恶劣、环境污染严重,给劳动者身心健康造成严重损害的。

(7)用人单位违反《劳动合同法》有关建立职工名册规定的,由劳动行政部门责令限期改正;逾期不改正的,由劳动行政部门处两千元以上两万元以下的罚款。

(8)用人单位招用与其他用人单位尚未解除或者终止劳动合同的劳动者,给其他用人单位造成损失的,应当承担连带赔偿责任。

(二)劳动者的法律责任

《劳动合同法》规定:

(1)劳动者违反与用人单位约定的服务期和竞争限制协议的,应按约定向用人单位支付违约金。

(2)劳动者违反《劳动合同法》规定解除劳动合同的,或者没有履行劳动合同中约定的保密义务或者竞业限制给用人单位造成损失的,应当承担赔偿责任。

(3)劳动者与原用人单位尚未解除或者终止劳动合同,又与其他用人单位建立劳动关系,给原用人单位造成损失的,由劳动者与其他用人单位承担连带承担责任。

(三)劳务派遣单位的法律责任

依照《劳动合同法》和《劳动合同法实施条例》的规定,劳务派遣单位违反本法规定的,由劳动行政部门和其他有关主管部门责令改正;情节严重的,以每人一千元以上五千元以下的标准处以罚款,并由工商行政管理部门吊销营业执照;给被派遣劳动者造成损害的,劳务派遣单位与用人单位承担连带赔偿责任。

(四)劳动行政部门和其他有关主管部门的法律责任

《劳动合同法》规定:劳动行政部门和其他有关主管部门及工作人员玩忽职守、不履行法定职责,或者违法行使职权,给劳动者或者用人单位造成损害的,应当承担赔偿责任;对直接负责的主管人员和其他直接责任人员,依法给予行政处分;构成犯罪的,依法追究刑事责任。

三、社会保险及其法律问题

(一)社会保险的概念及功能

社会保险是国家通过立法强制征集专门资金,用于为保障劳动者在丧失劳动机会时提供基本生活需求的一种物质帮助制度。它既是保证劳动力再生产的必要条件,也是提高劳动生产率、均衡企业负担的有利因素。同时,它也为企业改善经营管理和搞好劳动保护工作提出了统一的规范,为解决一系列社会问题创造了条件。

(二)社会保险的种类及内容

根据《宪法》和《劳动法》及有关社会保障法规的规定,我国当前实施的社会保险制度主要包括五种社会保险和住房公积金,简称“五险一金”。

1. 养老保险

养老保险,是指在劳动者工作期间,由劳动者和用人单位缴纳一定的社会保险费用,在劳动者退休以后,由社会保险机构定期支付养老金,以保障劳动者的基本生活。我国对养老保险制度的规定及相关改革内容主要有《国务院关于企业职工养老保险制度改革的决定》《国务院关于完善企业职工基本养老保险制度的决定》等。

2. 医疗保险

医疗保险,是指劳动者在患病时依法得到物质帮助的社会保险制度。在劳动者工作期间,由劳动者和用人单位缴纳一定的社会保险费用,在劳动者患病时,由社会保险机构承担一定的费用，以免影响劳动者的正常生活。目前，我国对养老保险制度的规定及相关改革内容可参见《关于建立城镇职工基本医疗保险制度的决定》。

3. 失业保险

失业保险制度由劳动者和用人单位缴纳一定的社会保险费用，保证劳动者失业后仍然可以从社会保险机构获得一定的收入以维持基本生活。我国对失业保险制度的规定及相关改革内容可参见《失业保险条例》《关于事业单位参加失业保险有关问题的通知》。

4. 工伤保险

工伤保险，是指劳动者在工作中或在规定的特殊情况下，遭受意外伤害或患职业病导致暂时或永久丧失劳动能力以及死亡时，劳动者或其遗属从国家和社会获得物质帮助的一种社会保险制度。

5. 生育保险

生育保险，是指向法定范围内的劳动者，尤其是部分或全部妇女提供怀孕、生产、哺育期间的医护费用，保证产假和哺育假期间的经济来源，使其不至于因生育而导致基本生活需求没有保障的社会保险项目。我国的相关规定有《关于发布〈企业职工生育保险试行办法〉的通知》。

6. 住房公积金

住房公积金，是指用人单位应根据《住房公积金管理条例》为职工办理住房公积金。住房公积金是用于职工购买、建造、翻建、大修自住住房使用的。单位录用职工的，应当自录用之日起 30 日内到住房公积金管理中心办理缴存登记。新参加工作的职工从参加工作的第二个月开始缴存住房公积金，月缴存额为职工本人当月工资乘以职工住房公积金缴存比例。住房公积金由单位和职工共同缴纳，职工个人缴存的住房公积金由所在单位每月从其工资中代扣代缴。

（三）社会保险纠纷的种类

社会保险纠纷是在社会保险关系的建立、社会保险金征缴、保险待遇获得过程中发生的纠纷，就是社会保险纠纷。司法实践中，社会保险纠纷越来越多，最常见的社会保险纠纷有三种：

1. 社会保险损失赔偿纠纷

社会保险损失赔偿纠纷，是指保险事故发生后，劳动者按照法律法规，要求用人单位赔偿因其不缴、少缴或迟缴社会保险费的行为所带来的社会保险待遇损失纠纷，司法实践中比较常见的有工商损害赔偿纠纷和医疗保险赔偿纠纷。

2. 参保纠纷

参保纠纷，是指用人单位依法应当参加社会保险而未参加，劳动者要求建立社会保险关系的纠纷。

3. 不缴、少缴或迟缴社会保险费纠纷

不缴、少缴或迟缴社会保险费纠纷是指社保关系建立后，用人单位不积极履行缴费义务而引发的纠纷。

（四）社会保险纠纷的处理

根据社会保险纠纷的性质及相互间的联系，社会保险纠纷可以采取两种处理方式，即行政处理方式和民事诉讼处理方式。

1. 行政处理方式

《劳动法》第 100 条规定："用人单位无故不缴纳社会保险费的，由劳动行政部门责令其限期缴纳；逾期不缴纳，可以加收滞纳金。"

《社会保险费征缴暂行条例》第 4 条第 1 款规定："缴费单位、缴费个人应当按时足额缴纳社会保险费。"第 13 条规定："缴费单位未按规定缴纳和代扣代缴社会保险费的，由劳动保障行政部门或者税务机关责令限期缴纳；逾期仍不缴纳的，除补缴欠缴数额外，从欠缴之日起，按日加收千分之二的滞纳金。滞纳金并入社会保险基金。"第 26 条规定："缴费单位逾期拒不缴纳社会保险费、滞纳金的，由劳动保障行政部门或者税务机关申请人民法院依法强制征缴。"

因此，为劳动者办理社会保险手续并按时、足额缴纳社会保险费，是用人单位按照法律规定应尽的义务。若单位不缴纳社会保险费，劳动者可以依行政法的规定向劳动行政部门或者税务机关申诉，由行政机关依法处理。

2. 民事诉讼处理方式

用人单位不缴、少缴或迟缴社会保险费，致使劳动者在发生工伤、生病、残疾、年老、死亡、失业、生育等情况下，无法得到社保机关相应的社会保险待遇时，造成该损失的直接原因就在于用人单位的过错，用人单位应该承担赔偿责任。同时，此类社会保险纠纷是在劳动合同履行过程中产生的，也属于劳动争议案件，根据《劳动争议调解仲裁法》的规定，先行仲裁，对仲裁不服的可以向人民法院提起民事诉讼。

案例参考

就业协议不是劳动合同

2004 年 4 月，临近毕业的小程与某股份公司及学校签订就业协议，并约定违约金为 2 万元。同年 6 月 2 日，小程被派遣到该股份公司在上海的子公司工作，后双方签订了为期三年的劳动合同。2005 年 11 月 9 日，小程提出辞职。在上海子公司的要求下，他支付了 2 万元违约金。之后，小程将该股份公司和上海子公司告上法庭，认为就业协议是自己与该股份公司签订的，上海子公司无权按照该协议向他收取违约金，因此，要求退还这笔违约金。

法庭上，该股份公司称，小程提前离职违反就业协议，理应支付违约金，上海子公司代母公司收取违约金并无不当，要求驳回小程的诉请。

法院审理后认为：高校毕业生在签订劳动合同前，不需缴纳社会保险费，不纳入失业登记，不享受失业救济，因此不具有《劳动法》中劳动者的主体身份；毕业生的就业协议并非劳动合同，而是一般的民事协议，应适用《民法通则》而非《劳动法》。

法院认为就业协议的功能在于确保协议一方当事人按照协议的约定地点工作。本案中，小程毕业后，该股份公司将他派遣到上海子公司工作，因此小程与该股份公司之间的协议已履行完毕。此后该股份公司再要求小程依照协议支付违约金，缺乏依据。

【点评】

通过劳动合同与就业协议的区别可以看出，就业协议与劳动合同有着很大的不同。由于种种原因，有些毕业生到用人单位报到后没有及时和用人单位签订劳动合同，以致出现诸多争议和纠纷。当发现实际工作情况与用人单位的招聘宣传差距太大，致使自己的劳动报酬、工作内容、社会保险、劳动条件、劳动保障等合法权益受到侵害时，往往因为没有及时签订劳动合同而得不到法律的保护。所以，毕业生一定不能将就业协议和劳动合同简单地等同起来，就业协议和劳动合同是不能互相替代的，要充分认识到签订劳动合同的重要性和必要性。

不将承诺写入合同，求职者落入“合同陷阱”

在一次人才招聘会上，小王与一家房地产公司的人事经理交谈后，对方表示对他很满意，希望能当场签下合同。因为对方许诺，去了后有住房，而且月薪 3000 元以上。已失业多年的小王经不起高薪的诱惑，毫不犹豫当场签约。

到公司上班后小王才知道，所谓的月工资 3000 元以上完全是一个子虚乌有的数字。销售人员的工资上不封顶、下不保底，与销售额直接挂钩。销售部有十几名销售员，只有一位业绩突出的销售员曾拿到过 3000 多元的月工资。对方许诺的住房其实是一间破旧的小仓库，不到 30 平方米，挤住着 10 个人。这一切与对方的许诺相距甚远。他找出当初与公司签订的合同，在工资条款里只写着“工资待遇高”，在住房条款里用词更是模糊“由公司提供住处”。再往下看，却看出了一身冷汗。合同规定，聘用期为三年。应聘方如毁约，需按毁约时间缴纳违约金，违约金为每年 5000 元。也就是说，如果他要求解除合同，必须向公司交纳 1.5 万元违约金。

【点评】

小王的经历告诉求职者，在与用人单位签订劳动合同时，一定要对合同内容细细琢磨与甄别，看看合同是否存在陷阱。

第三节　常见求职侵权行为

一、招聘阶段的侵权行为

(一)歧视行为

1. 性别歧视

性别歧视是最常见的歧视行为。一些企业在招聘中不聘用女性或提高同一岗位对女性的学历、技能等方面的要求,变相给女性设置就业障碍。《劳动法》规定,女性劳动者和男性劳动者都享有平等的就业权利。例如,一些路桥集团、监理公司、汽车维修部门、物流部门、路政部门等招聘毕业生,首先提出的条件就是只要男性,不要女性,声称这是由单位的工作性质决定的,这就是招聘过程中明显的歧视行为。

2. 学历歧视

用人单位在招聘人员时往往把学历放在第一位,要求毕业生具有较高的学历层次。对于一个工作岗位,高职专科生完全能胜任的,却只要本科生;本科生能胜任的,却非研究生不要。

3. 经验歧视

有些用人单位经常向求职者提出具备工作经验的要求,并把有经验者作为优先考虑的对象,造成众多应届毕业生成为经验歧视的受害者。

4. 形象歧视

在同等条件下,有些用人单位往往选择相貌较好的大学生,而不考虑工作的性质。那些相貌一般的毕业生只能被拒之门外。

此外,还有年龄歧视、身高歧视、地域歧视等。

(二)虚假广告

有些用人单位为了招到素质较高的毕业生,往往会发布虚假广告,夸大或隐瞒自己的一些情况。而毕业生在这种企业上浪费了时间,可能会错失良机,错过真正适合自己的好的公司或岗位,甚至导致财产和生命危险。

1. 坐收渔利的虚假广告

招聘单位通过招聘,获得大量报名费、培训费、服装费、手续费等。这类招聘广告往往以非常优厚的待遇做诱饵,致使一些不在乎 10 元、20 元报名费的人受骗上当。还有人猎取一轮又一轮的廉价劳动力(试用期内付低薪,期满辞退,再行招聘),既坐收招聘之利,又降低工资成本,可谓“一箭双雕”。

2. 剽窃智力的虚假广告

有的公司以招聘的名义,以高薪引诱无偿地占有他人的劳动成果。招聘时给应聘者备出所谓“考卷”一张，实为某研究项目的一部分或工艺方案，应聘者在不知情的情况下，努力完成招聘方发放的“考卷”，还唯恐不合格。待“考卷”交回后，招聘自然也无消息了。

3. 制造热点的虚假广告

不少企业大张旗鼓地摆出招聘阵势，用意不在招聘合格的人员，而在于制造热点产生新闻效应，扩展企业形象，提高企业知名度。

4. 拐卖人口的虚假广告

有些单位利用大学生求职心切、渴望能得到挣钱机会的心理，在骗取信任之后，将大学生弄到外地贩卖或骗入传销窝点。

（三）侵犯知情权

面试时用人单位提出各种问题了解学生的情况，而当学生询问用人单位情况时，用人单位往往会回避问题甚至迁怒于学生，“双向选择”变成了“单向通道”。用人单位因为掌握毕业生的详细资料而能从容筛选，而求职若渴的毕业生却因信息不准很难做出正确的选择。这种在招聘过程中用人单位和毕业生之间信息不平等的状况，不仅有悖双向选择的初衷，更是侵犯了大学生享有知情权的正当权益。

在省内某交通专科学院的校内招聘会上，某保安公司欲聘用交管系的几名学生。面试的问题很具体，如家庭情况、个人情况、有无疾病史等，而当学生想了解公司的详细情况，如工作内容、工作时间、劳动报酬、劳动条件、社会保险等关系切身利益的问题时，招聘人员的回答含糊其辞，竟然说有的问题涉及单位的秘密，拒绝回答。这就是典型的侵害学生的知情权的行为。

（四）侵犯隐私权

在求职过程中，一些单位会询问大学生一些涉及私人生活的问题，如有没有男女朋友，准备什么时候结婚等，有的问女生“是否赞成未婚同居行为，如果客户对你进行骚扰，你怎么办”等侵犯人格尊严的问题。面对这些问题，不少大学生都会觉得窘迫，但又怕不回答会失去这个就业机会。隐私权在我国法律中并没有明确的规定，最为相关的一条法律是《民法通则》第五章第四节第 101 条：“公民、法人享有名誉权，公民的人格尊严受法律保护，禁止以侮辱、诽谤等方式损害公民、法人的名誉。”因此，假如求职者认为自己被问及的问题有损个人尊严，可以拒绝回答；如果认为损害已成事实，则可以投诉、报警。

二、签约阶段的侵权行为

（一）合同必备条款缺失

劳动合同分为固定期限的劳动合同、无固定期限的劳动合同和以完成一定的工作为期限的劳动合同，不可缺失以下条款：用人单位的名称、住所和法定代表人或者主要负责人；劳动者的姓名、住址和居民身份证或者其他有效身份证件号码；劳动合同期限；工作内容和工作地点；工作时间和休息休假；劳动报酬；社会保险；劳动保护、劳动条件和职业危害防护;法律、法规规定应当纳入劳动合同的其他事项。

特别要注意的是劳动报酬条款:一些企业提供的合同上规定劳动报酬“不低于本市最低工资”,这实际上等于没做任何规定。有的单位顾及行业机密等原因略去不填劳动报酬,甚至填一个假数字;有的单位薪金本来就是浮动制,因此也回避填写;有的单位纯粹是为了吸引人,故意许诺高职、高薪,且不加任何约定,到时又以各种原因拒绝履行协议。

此外,岗位是劳动合同的重要内容,在岗位约定方面毕业生应注意避免有“用人单位可以根据需要随时变更劳动合同”的条款。

(二)违反协议或合同的违约金

违约金条款是协议或合同的重要条款,是担保协议或合同全面履行、补偿守约方的损失、惩罚违约方违约行为的重要措施。在现实生活中,确有不少用人单位滥设违约金,导致劳动者的劳动所得还不足以支付违约金,严重侵犯了劳动者的权益。违约金数额的设定要求应当遵循公平原则,根据劳动者的劳动报酬等因素合理确定。

按照相关规定,劳动合同或协议中可以规定违约金的数额,但是是有上限的。现在规定上限是 12 个月工资的总和。劳动者违反服务期约定的,应当按照约定向用人单位支付违约金,违约金的数额不得超过用人单位提供的培训费用。还要注意的是,劳动合同中只规定单方面违约是不公平的,企业违约同样要负责任。

(三)合同文本中有违法条款

部分企业利用签约之际通过文字游戏或其他手段,变相设置一些不合理甚至违法的条款,有意无意地胁迫劳动者签订一些明显不合理甚至违法违规的条款,并借此达到变相盘剥劳动者的目的。例如,有些企业规定“女员工三年内不得结婚”,这显然是违反婚姻法的。有些企业声明给予高工资,但以不给职工缴纳社会保险为条件,这也是违反社会保险法的。

如果出现违法条款,则该条款无效,但是容易导致从业者与企业间的纠纷。还有部分企业在劳动合同中预先设置一些以对企业过分有利为前提的条款,通过“劝服”甚至直接胁迫的做法,逼迫劳动者同意合同内容。

案例参考

发生伤亡真的不负责?

王某与某建筑公司签订了一份为期三年的劳动合同,合同中有“发生伤亡事故本公司概不负责”的条款。五个月后,王某在一次施工中不慎从脚手架上摔落造成腰椎粉碎性骨折,下身瘫痪,生活不能自理。建筑公司以劳动合同中规定有“发生伤亡事故本公司概不负责”的条款为由拒绝支付医疗费用,并对其家属说,以后王某与建筑公司毫无关系,不能再找建筑公司索要任何费用。王某遂向劳动仲裁委员会提出仲裁申请。订立劳动合同应当遵循平等自愿、协商一致的原则,不能违反法律、行政法规的规定。

【点评】

本案中，该建筑公司与王某签订的劳动合同从表面上看是双方自愿达成的协议，王某本人也在合同上签了字，该公司的做法似乎有理有据。其实不然，劳动合同中有关“发生伤亡事故本公司概不负责”的条款明显违反了《劳动合同法》第26条第1款第(2)项的规定，严重侵害了劳动者的合法权益，属于违法条款。

(四)其他

有些企业怕学生签订协议后反悔，收取抵押金或扣留学生有效证件，这些行为属于不合法行为。不少劳动合同的签订也流于形式。部分劳动者反映，签订劳动合同时一般只有两三分钟，基本没时间看合同内容。

曾在广东东莞某制鞋厂打工的小杨说：“上班的第一天就是签合同。人事经理给我们发了合同材料，告诉我们日期和签名的位置，然后很不耐烦地催我们马上签字。我们还没看清合同的内容，就上交了，前后不到两分钟。合同只签一份交给厂里，我们手里根本没有。”不少劳动者反映，如若流露出对合同内容不满或不愿签订的情绪，企业就会以就业形势严峻，“你不干有很多人抢着干”等，给劳动者施加压力。北京一家企业职工小周说，他们的劳动合同中有预留工作时间一项，当时签合同的时候对此并不了解。可为了这份工作还是在合同上签了字。现在才知道，所谓的预留工作时间，就是在平常生产过程中“留一部分时间”，当企业生产旺季需要加班时，就占用这部分时间，也就是说不算加班，当然也就没有加班费了。在此，大学毕业生要注意与企业签订劳动合同的形式也应该规范，即企业法定代表人签字，还要加盖企业公章，缺一不可。

三、试用期阶段的侵权行为

利用试用期骗取廉价劳动力主要有三种形式：第一种是无故延长试用期，几个月的卖力表现最终换来的还是解聘；第二种是把“试用期”变成了“剥削期”，支付超低工资，甚至不支付工资；第三种是“只试用，不录用”，即试用期结束后以各种理由告诉求职者不合格，公司解聘也是无奈之举。

(一)试用期过长

试用期是用人单位和劳动者为互相考察、了解对方当事人而约定的期限。试用期主要针对劳动合同，毕业生与用人单位签订劳动合同的时间应在试用前，而不是试用合格后。一旦试用期满，就找各种借口辞退。

根据有关规定，试用期与劳动合同的期限应一致，劳动合同期限六个月以下的，试用期不能超过15天；劳动合同期限六个月以上、一年以下的，试用期不能超过30天；劳动合同期限一年以上两年以下的，试用期不能超过60天；劳动合同期限两年以上、三年以下的，试用期不能超过90天；劳动合同期限三年以上的，试用期不能超过六个月。如果试用期过长，则是侵犯学生权益的行为。

用人单位无故延长试用期的做法：一般在面试时都能让应聘者较为顺利地通过进入试用期，然后口头告知试用期期限，而应聘者被录用后，在试用期内尽管待遇很低，仍会不懈努力，争取获得正式职位。可是试用期满后往往无人理会，当问及原因时，对方会说对你试用期表现比较满意，但还要进行了全面考察。此时应聘者还以为单位是真想留自己，于是很痛快答应再试用的口头要求。当试用期满时，公司将以种种理由辞退。

有些用人单位将试用期与大学毕业生的见习期(时间为一年)混淆，将见习期的有关规定生搬硬套到试用期上，构成对毕业生权益的侵害。在试用期中，用人单位要签订试用期劳动合同，支付试用期工资，还要为劳动者缴纳保险。

(二)把“试用期”变成了“剥削期”

职场上，有的用人单位抓住“试用期”的“试用”二字做文章，支付超低工资，甚至不支付工资，这已经成了一些无良老板逃避法定义务的惯用伎俩。他们往往以“试用”为由，想尽办法延长毕业生的试用期，在试用期内不与毕业生签订劳动合同，不为其办理养老、失业、医疗等社会保险，并在试用期快结束时把毕业生辞退，使毕业生合法权益严重受到侵害。

刚从某林业职业学院毕业的小阚应聘到某创意咨询公司工作。经理以他刚毕业经验不足为由，试用期只给了470元工资，而为了保住这份工作，小阚不得不干了一年才转正，工资调到了与其他员工同等水平。案例中小阚遭受的正是用人单位假借“试用期”对学生构成的侵害。

《关于贯彻执行〈中华人民共和国劳动法〉若干问题的意见》中规定：劳动者与用人单位形成或建立劳动关系后，试用或见习期间，在法定工作时间内提供了正常工作，所在单位应当支付其不低于最低工资标准的工资。凡是低于这个标准的，均属于侵权行为，必须纠正。另外，劳动者在试用期内享受社保福利。用人单位与劳动者建立劳动关系以后，应按月为劳动者缴纳养老、失业等社会保险费用。

劳动者除获得劳动报酬外，还应享受与其他员工相同的社会保险福利待遇。用人单位如有违反法律法规及合同约定的行为并对劳动者造成损害的，劳动者有权依法获得赔偿。大学毕业生在“试用期”，把握职场机遇的同时，也要注意了解一些劳动法律常识，以维护自己的合法权益不受侵害。在劳动合同试用期内如果发生劳动争议，可依据有关规定，到市、区、县劳动仲裁部门通过协商、调解、仲裁程序解决。

(三)“只试用，不录用”的恶意侵权行为

《劳动法》规定，“在试用期内被证明不符合录用条件的，用人单位可以解除劳动合同。”以职场惯例看，对新录用人员设置一定的试用期也属正常。可是，面对大学生们超乎寻常的求职热情，试用期竟成了企业节约人力成本的借口。所以，有些不良的用人单位在大学生试用期满之后，找出各种理由，如“你迟到了两次，说明你时间观念不强”“你生病了，说明你身体不健康”“你怀孕了，会影响正常的工作”等，理直气壮地扣上“不合格”的帽子就把毕业生打发了。

许多用人单位喜欢“试用”毕业生，最重要的原因就是省钱，同时他们还抓住了毕业生急于表现的心理，交给毕业生们超出普通工作人员一倍甚至更多的工作。另外，许多毕业生缺乏自我保护意识，对劳动法规了解甚少，这也在一定程度上让一些用人单位有机可乘。

案例参考

公开招聘走形式，骗取免费劳动力才是真

广州某高校中文专业2007届毕业生小朱称，在他最近参加的一场大型高校毕业生供需见面会上，一家广告公司一次就发布了十个“文案”“策划”和“公关”等职位，由于招聘海报上注明的工资待遇比较高，在这家公司招聘摊位前学生排起了长龙。对前来应聘的求职大学生，这家公司几乎都是只谈不到三分钟就给一份注明复试时间、公司地址的“面试通知单”。前几天，他去了这家公司面试，但这家公司的经理几乎一句话也没说，只提供一些资料，然后要求他和十几个应届大学生在1个小时内完成一份推广某保健产品品牌的广告文案，写完以后告诉他们“等通知”。据称，当时还有45个应届毕业生模样的求职者在门外等待复试。小朱气愤地说，后来他打听到这家公司是搞假招聘的，因为一家员工还不到十个人的公司怎么可能一次就招聘十名大学生呢？一位广告行业的师兄告诉他，像这种公司都是打着招聘的幌子，其实是从应聘大学生中征集大量的免费文案，而代价不过是参加一场招聘会的摊位费，还可以借人头攒动的招聘会宣传公司的“形象”，可谓一举两得。

【点评】

这家公司的招聘行为显然是违法的，不仅扰乱了正常的招聘秩序，更让毕业在即的大学生白白浪费时间和精力。作为求职者，大学毕业生处于弱势地位，一旦被企业以某种诱惑或合同钳制住就十分被动。因此，在确定去某单位之前，应提高自我保护意识，最好先四处收集信息，做到多选、多看、多问，避免落入各种招聘陷阱。

具备以下三个特点的招聘广告很有可能是不真实的广告。首先，招聘广告一般对应聘者的学历、工作经验都没有要求，但提供的工资待遇却很高，如应届毕业生、退伍军人优先，提供住宿等。其次，这一类公司招聘的职位种类繁多，人数也多，但几乎都是初级职位，如文员、迎宾、服务员、洗碗工等。最后，不遵循约定俗成的“投简历一筛选一通过面试”的招聘流程，往往只留下一个地址，让求职者直接前去面试，办公地点可能设在某个住宅小区内，而不是正规的写字楼。

用人单位可不可以延长劳动者的试用期？

2007年年初，小范发现某科技软件公司欲招聘一名电脑动画设计员便前去应聘，经考核合格被录用。双方签订了三年的劳动合同，合同中约定：试用期为两个月（自

3月12日起至5月11日止)。试用期内,小范工作热情很高,但由于他刚接触此类工作,加之经理一直分给他一些很复杂的设计任务,他做得一直不太好,为此,小范心里暗暗着急。5月11日,经理对他说:“今天是你试用期的最后一天,公司要对你的水平进行一下考核,我现在给你一个活儿,你必须在今天做出完整的动画设计。如果你能保质保量地完成,就说明你符合公司录用条件所规定的技术水平要求;否则,就说明你不符合要求。”小范整整干了一整天,总算勉强把设计做完了。他怀着忐忑不安的心情,把完成的动画设计交给了经理。

第二天经理将小范叫到办公室告诉他技术水平还有待提高,如果小范想继续在这个单位工作的话需要延长试用期,小范迫于工作不好找的压力同意了单位将试用期两个月延长至四个月的决定,后来小范通过和同事聊天发现单位对每位新员工都采取这种做法延长试用期。他们打算一致要求单位对延长期的试用期的待遇进行补偿。

【点评】

本案例争议的焦点是用人单位可不可以延长劳动者的试用期?试用期是用人单位和劳动者为相互了解、相互选择而约定的一定期限的考察期,一般对初次就业的劳动者可以约定。

同一用人单位与同一劳动者只能约定一次试用期。对于试用期的长短,《劳动合同法》规定,在试用期内,如果有证据证明劳动者不符合用录用条件,用人单位可以解除劳动合同,在这种情况下,用人单位不用支付经济补偿,但应向劳动者说明理由,除此之外用人单位不能以其他任何理由随意解除劳动合同和延长试用期。在本案例中,用人单位与小范签了三年的劳动合同,他的试用期不应超过两个月,用人单位以技能水平尚需提高为由将试用期延长到四个月,这种做法违反了《劳动合同法》的规定,劳动者可以依法向用人单位要求补偿。

学习思考题

1. 就业协议有哪些内容?
2. 就业协议的签订、解除程序是什么?
3. 就业协议与劳动合同有什么异同?
4. 劳动合同的内容和签订步骤是什么?
5. 如何解决就业协议或劳动争议?
6. 社会保险包含哪些内容,如何解决社会保险纠纷?

第三部分
创业指导

第八章

高职学生创业与创业准备

我国正向着一个全新的发展阶段迈进，各方面都需要有新的发展和提高。党的二十大报告指出："完善促进创业带动就业的保障制度，支持和规范发展新就业形态。"创业成为缓解就业压力的一个良好途径。创业者不仅可以解决自己的就业问题，还能给他人提供就业机会，发挥自己的专长，通过奋斗创造美好生活。大学生可以通过拓展自己的创业视域，深入思考创业的本质，领悟创业精神。

第一节　创业与人生

案例参考

范同学，是一个从大山里走出来的孩子，一个通过实际行动改变命运的企业家。上大学的那年，父母为了省钱并没有来送他，这一切让他感到心酸。他创业的初衷是为了减轻家庭负担，解决每个月几百块钱生活费的问题，但随着时间的推移和团队的发展，他的目标变成了为团队三年买车和五年买房。而如今，他的目标已经超出个人利益，致力于为行业和社会创造更大的价值。

以下为他的创业历程自述。创业这件事从来都不是规划好的，那时候没有什么卓识远见，只是希望日子能过好点，家里能少为几百块钱的生活费发愁。2010 年，我走进了大学校门，来到辽宁轻工职业学院，那时候一个月的全部生活费只有 800 块钱，所以我就开始做兼职，布置婚庆会场，发传单，当服务员，画墙绘，直到大二的下学期，学了软件之后，我赚到了改变命运的第一笔钱，就是在设计行业的 QQ 群里，接到了第一张效果图，当时收到 100 块钱。真的很兴奋，因为我深刻知道了，用技术赚钱要远远好于干体力活。

拼命学软件成了我当时最重要的事，课上跟老师学，课下去网上自学，毕业前，就通过作图赚了不少钱。毕业以后，和大多数同学一样，我选择去装修公司实习，一个月 600 块钱的实习工资是我万万没想到的。为了多赚点，白天努力上班跑业务搞设计，晚上回来就研究去淘宝接点私活，补贴生活费，淘宝接单让我赚了人生的第一桶金，一个月时间赚了9600元。于是在2013年底，我选择了辞职，自立门户，找了两个同学，租了一个$86m^2$住宅楼，吃、住、办公一体，开始了我的第一个设计工作室。这个阶段为企业开局阶段。如果问我创业的初心是什么，不是因为伟大的梦想，而是希望让自己和家里日子过得好一点。

创业之初并不是很顺利，因为没有社会关系，只能在淘宝开店接一些图纸设计的订单，维持当时的基本收入。就在淘宝开店接图的过程中，突然有一天，一个客户，问我们能不能给做实物模型，这事突然让我想起来，大学毕业设计做的模型，我们感觉这是机会，于是开了第一个沙盘模型的淘宝店。很意外的是第三天的时候，就接了一个2200元的订单，于是我们开始给这个客户做模型，遗憾的是，做了十多天，客户说我们做得不好，不要了。我们无奈地把钱退给了客户。但是这事让我们明确了两件事：第一，好产品才是硬道理。第二，做沙盘模型是一个不错的市场。就这样，我们既搞设计，也接沙盘模型，一边赚钱一边投入，先后5年时间，换了4个场地，从$86m^2$的住宅楼，到$109m^2$的住宅楼，再到$300m^2$的小厂房，队伍也从5个人，到了30多人。这一切似乎都很顺利，但是只有经历的人才知道，当时问题越来越多，业务模式问题，薪酬分配问题，团队管理问题，产品质量问题，七七八八的问题，让我意识到了发展瓶颈。于是2017年，我果断地选择走出去学习，当时学习花了我大部分的积蓄，但也正因为不断地出去学习，让公司规模发生了变化，队伍从30人，发展到了80人，业绩从300万/年发展到了1800万/年。所以，我称这个阶段为，让企业活下来的阶段。

今天的稳定发展，排在第一位的，一定是持续学习，让我们不断有新的思路，新的认知。但是让公司能保证新冠疫情三年持续增长更重要的原因是，我们先后研发行业的ERP软件、营销系统、图纸共享网站、庞大的行业知识库、先进的分配体系、考核体系、培训体系以及与行业完全不一样的组织结构，我们是真正用到了供给侧结构改革方法，而收获了成本优势红利。因为做了无数的创新，才让我们走到今天。所以，我称这个阶段为稳下来的阶段。

从公司管理角度，我们会更加注重系统流程打造，不依赖于人。加强数字化建设，用软件赋能队伍，提高效率。加强AI的学习，让AI赋能每个环节。

从战略角度，我们会深挖行业本质，聚焦价值创造，围绕核心能力来建构护城河。会围绕客户需求发展第二曲线，为客户提供系统的解决方案。

聚焦使命，帮助企事业单位一站式解决产品展示、服务讲解、传播品牌的使命。

一、创业精神

（一）人生能有几回搏

人的生命是生生不息的，其意义就在于占领自己生命的制高点。什么是生命的制高点呢？制高点是一个军事术语，意指能够俯视和控制周围的高地或建筑物。从人生角度占领生命的制高点，就是掌握自己生命的主动权，选定自己事业的目标，缴发出创造的灵感,创造出辉煌的事业来。这样的人生才是积极的人生,才是有价值的人生。

人进入了拼搏时期,也就进入成熟时期,也可以说是进入生命的收获时期。“成熟”意味着什么呢?它意味着人不仅“立”起来了,超越了“不惑”,而且掌握了自己的“天命”。一个人有了家庭,有了稳定的事业,有了成就感,这些都可以看作是成熟的标志。人的拼搏时期是创业成功与否的关键期。

(二)设计好自己的人生

胡适曾说:“人生固然不过一梦,但一生只有这一场做梦的机会,岂可不努力做一个轰轰烈烈像个样子的梦!岂可糊糊涂涂懵懵懂懂过这几十年吗?”人的生命只有一次,而且是短暂的。怎样才能在有限的生命里做出轰轰烈烈的事业,的确是每一个创业者应当认真思考和进行设计的。每一个人都是自己命运的设计者、执行者,也是最后的责任者。因此,每一个有“价值感”的人,都应当把创业放在第一位。创业就是建功立业,就是创造最好最美的事物。每个人都有创造力,从平民百姓到总统,从经理到科学家,都可以开创自己的事业。问题的关键在于,能不能把握创业的最佳契机,能不能摆脱模仿的思维模式,只要肯付出,就会有成功的希望。

(三)突破就是新生命开始

突破往往发生在一瞬间,但突破之所以发生,是生生不息的生命运动的结果。这正如“十月怀胎,一朝分娩”,婴儿是可爱的,但孕妇妊娠的代价是巨大的,分娩的阵痛是难以忍受的。创业过程与生命过程是一样的,如果不汲取营养,不经过阵痛,要获得成功是不可能的。

案例分析

章光的突破

荣获多项国际勋章和奖牌的发明家赵章光,在创业的道路上也不是一帆风顺的。他为了发明毛发再生精,历时 6 个春秋,总共进行了 100 次试验,终于在第 101 次时获得了成功,因此他把这种药水命名为 101 毛发再生精。这个数字不仅记录了他数年如一日的心血,而且也表明了他“百尺竿头,更进一步”的超越自我的决心。第 101 次的试验成功,是赵章光创业的突破,也是世界医学上的一次突破。赵章光获得了巨大的成功,但是,他并没有止步不前。继 101 生发精以后,他又开发出了 101B 防秃生发精、101C 龙胆祛腐灵、101 养发香波等系列产品。

二、创业实现人生价值

(一)创业能有效实现人生价值

创业是个伟大历程,通过创业能有效实现人生价值,把握人生航向。

第一,创业可以充分发挥自己的才能。许多上班族之所以感到厌倦,积极性不高,重要原因之一是个人的创意得不到肯定,个人的才能无法充分发挥,工作缺乏成就感,而创业则完全可以摆脱原有的种种羁绊,充分施展自己的才华,发挥最大潜能,提高个人的价值。创业也能够使个人有足够的机会和潜力回馈社会,造福一方,具有极高的成就感。创业还能够使你做你喜欢的事并从中获得乐趣,创业充满挑战和风险,同时也充满克服种种困难的无穷乐趣。

第二,打开"金钱枷锁",积累财富。"工薪阶层"工资再高,也是有限的,想改变一下自己的居住生活条件往往存在困难,这就形成了人们的"金钱枷锁"。而摆脱这些烦恼的最佳途径就是开创一份完全属于自己的事业。

第三,实现和满足"权力"意愿,对于上班族来说,不管是在工厂,还是在公司或机关,都有许多约束,而创业者可以自己主宰自己,把未来握在自己的手中,可以摆脱上班的约束,摆脱受人管理、指挥和行动受控的局面,使自己的人生价值得到更完美的体现。

第四,享受过程,激励人生。在创业过程中,可以感受到无穷的变化、挑战和机遇。是一个令人兴奋的过程,在这个过程中,创业者可以不断积累经验,激励人生。

总之,创业是实现人生理想和价值、获得自身全面发展的有效途径。

(二)创业中的"拦路虎"并不可怕

创业是一件激动人心的事情,也是一件伟大的事情。但许多人总是认为创业很难:自己学历不高、智商一般,没经验、没基础、没资金、没时间……一连串的问题,往往让大家对创业望而却步。事实上,这些问题都是可以解决的。

第一,创业不一定要创造全新的生意,也不是学历"多"、知识"深"、智商"高"者的专利。据统计,美国前 500 名大企业的领导人物,绝大多数没有进过大专院校,而许许多多大学毕业的人,则都受雇于这些企业。可见,受教育和成功是不能画上等号的。实际上,每个人都有自己的长处,关键是能否挖掘、释放出来,只要大家扬长避短,完全可以将自己的长处变为创业的优势。

第二,创业的成功不取决于资金。创业是需要资金的,但创业成功与否的关键并不在于资金的投入,而在于创业者的能力、能量和素质。

第三,经验是可以学来的。可以向他人请教,更重要的是边干边学,自己摸索到的经验更可贵。许多成功的创业者都是通过为别人打工,积累经验后再去创办自己的事业的。

第四,关于时间问题,关键是要会合理安排。如果将每天看电视、读报、就餐、睡觉以及弹性工作时间相应压缩,一星期下来,何愁没有时间呢?很多人正是利用闲暇兼职创业,不但增加了收入,增加了生活情趣,而且又不会影响正业。能否学会挤时间,挖时间,全在于自己。没有合作伙伴,一个人也能创业。

(三)创业之路就在脚下

成功心理学认为,人人都有巨大的潜能,人人都可以取得成功。你认为自己是个什么样的人,你期望自己成为什么样的人,这将在很大程度上决定自己的命运。把命运握在自己手中，一个人要成功只能靠自己，也必须靠自己。人的潜能是无限的，只要唤起创业的热情，善于发挥自己的潜能，带着信心、意志投入到不懈的追求之中，成功之路就会在你脚下延伸。

一个企业、一条高速公路、一幢大楼、一个学校、一座教堂……不论任何事情，在实现以前都是个梦。对于想创业的人来说，关键是要增强自信心，克服惰性，做好充分的准备。作为大学生，更要为创业做好心理、知识和能力准备。

案例参考

温州人的创业精神——敢想、敢干、敢闯、敢为人先

温州是一个特别能创业的城市，联合国工业经济联合组织确定温州为“全球最具活力的城市”。活力何在？源于一方水土养一方人，特定的历史传统加上特定的地理环境，形成温州人特定的人文环境，从而成为温州民营经济发展的内生条件。

温州人特别能创业的精神集中体现在“四敢”：敢想、敢干、敢闯、敢为人先。

敢想。市场经济的规律告诉我们：唯思路常新才有出路。温州人能想别人不敢想、行别人不敢行、做别人不敢做的事，自然就能发现别人视而不见的商机，赚别人赚不了的钱，钱来源于头脑，钱会往有头脑的人口袋里钻。正所谓：脑袋空空口袋空空，脑袋转转口袋满满。成功与失败，富有与贫穷，只不过一念之差。温州人借力（脑）赚钱，集思广益，多想对策。正如经济学家把温州民营经济蓬勃发展现象比喻为“草根”经济，“一有土壤就发芽，给点阳光就灿烂”。

敢干。“不唯书，只唯实”。温州人兴办企业，做生意赚钱，不看伟人讲了没有，也不看别人做过没有，只看实践中需不需要，实践中能不能做得通。只要实践中需要的而且又能做通的，是法律明文没有禁止的，他们都会千方百计地去做。温州人思维中，没有“等、靠、要”这些概念，白手起家，生意从国内做到国外，能做别人不愿做的事，能吃别人不愿吃的苦，能忍别人无法忍受的事。

敢闯。温州人血液中流淌的都是“时间就是金钱”“时间就是效率”“时间就是商机”等信条，因而其创业意识与众不同：敢闯敢试。不管做什么生意，只要能使企业生存发展，只要能赚钱，不管别人怎么讲，都要试一试、闯一闯。特别是，温州人生活观念与众不同：把吃饭睡觉叫生活，把做工创业叫“做生活”。这种原始的主观能动性无疑就是推动温州民营经济发展的内在动力。

敢为人先。温州人认为，创业本身就是一项冒险活动，需要有胆量，有赚钱的强烈意愿。也要有不怕输的心理素质，敢拼的人最适应创业。凭着“胆大敢为，高人一等”的见识，温州人先后创造了一个又一个“全国第一”。随着企业的发展和新时期不断有新要求，很多成功企业家都在抓紧时间充电，更新知识，提升能力。

第二节 创业的基本知识

一、创业的概念

关于创业的定义很多,《辞海》中给出了如下的定义:“创业,创立基业。”这里的“基业”是指广义的“事业的基础、根基”(《辞海》),既可以是“帝王之业”“霸王之业”,也可以是百姓的家业和家产。“创业”指开拓、创造业绩和成就,与“守成”相对应,“守成”是指保持前人已有的成就和业绩。

从现代汉语用法和使用习惯来看,“创业”这个概念一般在以下三种情况下使用:(1)强调开端和草创的艰辛和困难;(2)突出过程和开拓创新的意义;(3)侧重于在前人的基础上有新的成就和贡献。

我们可以对创业做如下定义:创业是一个发现和捕获机会并由此创造出新颖的产品或服务和实现其潜在价值的过程。它包含四个基本方面。

(1)创业包括一个创造的过程,创造某种有价值的事物。这种新事物必须有价值,不仅对企业家本身有价值,而且对其开发的某些目标对象也是有价值的。

(2)创业需要贡献必要的时间,付出极大的努力。要完成整个的创业过程,要创造有价值的新事物,需要大量的时间和努力。

(3)承担必然存在的风险。创业的风险可能有各种不同的形式,根据创业的不同领域,一般情况下的风险有财务风险、精神方面的风险和社会领域的风险等。

(4)给予企业家创业的报酬。作为企业家,最重要的回报是其自我价值的实现及对社会的贡献。

二、创业的要素

创业包含四个方面的要素,即创业者、商业机会、组织和资源。

(一)创业者

创业者是置身于创业过程中核心的个人或团队,是创业的主体。创业者常常独自创业。但在许多情形下创业团队是十分重要的。不同的团队成员扮演不同的角色并分担相应的责任。创业者承担个人钱财和声誉上的风险,从事创业活动,在创业过程中起着关键的推动和领导作用,包括商业机会的识别、企业组织的创立、融资、产品创新、资源的获取和有效配置及运用、市场开拓等。

创业的成功与失败,在很大程度上取决于创业者和创业团队的素质和经验。创业者和创业团队在创业中的作用比创意、机会、资源等更加重要,因为创意能否转化为机会,机会能否实现其价值,资源能否得到有效利用,都取决于创业者和创业团队的素质和经验。美国风险投资家,被誉为“风险投资之父”的乔治·多里特有一句名言:我更喜欢拥有二流创意的一流创业者和团队,而不是拥有一流创意的二流创业团队。这个观点如今已成为风险投资界的一个标准投资原则。著名风险投资家阿瑟·洛克总结其经验时说:"如果你选择了优秀的人,他们总是能够改变产品,几乎,我犯的每件错误都是选错了人,而不是选错了创意。"实际上,风险投资家选择投资项目时,首先评价的要素就是创业者和创业团队,接着才是技术先进性、产品独特性和市场潜力及盈利前景等。

(二)商业机会

商业机会是市场缺口,它意味着顾客能得到比当前更好的产品和服务的潜力,商业机会就是创业机会。创业是市场驱动的,没有被满足的市场需求,就是商机。而利用这种商机,是创业者进行创业的主要驱动力量。利用商业机会将其转化为价值的过程就是创业的过程。

创业者往往从发现和识别商业机会开始创业,努力以与现在不同的方式来做重要的事情,并且做得更好。这种改进的做事方式是创业者带给市场的创新。如果市场认同这种改进,并且创业者可以有效地提供这种创新并且盈利,那么就可以创造价值。

机会具有可利用性、永恒性和适时性等三个特点。机会的可利用性是指机会对创业者具有价值,创业者可以利用它为他人和自己谋取利益,体现在为购买者和最终使用者创造和增加价值的产品或服务及赚取的利润上。机会的永恒性是指机会永远存在,看你能否发现和识别。变化的环境、经济转型、市场机制不完善、信息不对称、市场空白等,都孕育着无限的商机。机会的适时性是指一个机会转瞬即逝,如果不及时抓住,可能就永远错过了。因此,及时地发现、识别和抓住有价值的创业机会,是成功创业的第一步。

(三)组织

组织是协调创业活动的系统,是创业的载体。创业活动是在组织中进行的,离开了组织,创业活动就无法协调,创业的资源就无法整合,创业者的领导作用也就无从谈起。创业型组织的显著特征是创业者的强有力领导。在结构和制度方面它们还不够成熟,但这并不构成其成长的障碍。它们接受新事物快,并能迅速地对变化做出反应。在此过程中它们得以发展壮大和走向成熟。

人们现在以更广义的观点来看待创业型组织,即它是以创业者为核心形成的关系网络,不仅包括正式新创企业内的人,还包括这个企业之外的人或组织,如顾客、供应商和投资者。这一扩展的组织概念有利于决定如何创建组织,确定和保持竞争地位。

(四)资源

资源是组织中的各种投入,包括人、财、物。资源不仅包括有形资产,如厂房、机器、设备等,也包括无形资产,如品牌、专利、企业声誉等。所有这些资源都属于投资。创业者的关键职能之一就是吸引这些投资,将其转化为市场需要的产品和服务,实现商业机会的价值。

创业者需要组织企业内外的资源,包括资源的确定、筹集和配置。创业者创立的企业是一个投入、产出系统,即投入资源、产出产品与服务,创业的过程就是不断地投入资源以连续地提供产品与服务的过程。能否以最小的资源获得最大的产出,使得企业具有竞争力并盈利，是衡量创业活动成效的标准之一。

在创业初期，创业者拥有的资源有限，因而寻求的是控制资源而不是拥有资源。他们可能更愿意租借资源，例如，发现和适当地利用外部资源，包括律师、注册会计师、银行家、管理咨询专家、外部董事及其他专家，而不是自己拥有这些资源。利用外部资源可以节约创业成本，加快企业成长速度和提高创业的成功率。这是创业者面临的最容易被忽视的挑战之一。一些创业者倾向于试图拥有所有所需资源，不仅提高了创业的难度和成本，而且也降低了成功的概率，因为等一切准备就绪时，可能机会也错过了。

综上所述，创业是创业者、机会、组织和资源相互作用、相互匹配，去创造价值的动态过程。创造价值是创业的主要目的，创业者创业的个人动机不尽一致，但成功的创业者主要是为了创造价值，将商业机会转变为社会需要的产品和服务。因此，那些盲目地、纯粹地以个人利益为目的创业的人，往往最后是以失败而告终。

案例参考

Levi's 的创业神话

世界上第一条牛仔裤的诞生，并非是为了时髦，也不是要表现时装设计的新颖观念，它原本是100多年前，北美加州的一名裁缝为矿工所缝制的帆布裤。

1848年1月，有人在加州东北部的苏特坊发现黄金后，消息很快就被传开了。同年8月，加州发现金矿的消息传到了东部的纽约，各地许多怀着一夜致富梦想的人开始涌入旧金山港口。1849年起，加州淘金潮真正展开，从美国各地和其他国家搭船或者是从内陆来到加州梦想实现淘金梦的人络绎不绝。船上的旅客、水手甚至船长下了船马上就前仆后继地前往苏特坊。当时，旧金山港口的帆船到处可见，市区人口一时暴增。

1853年，犹太人青年商人李维·施特劳斯东拼西凑地筹了一笔钱，买了一大捆帆布带去旧金山，准备卖给淘金的矿工，供其制作帐篷或马车篷之用。“假如有一条非常耐穿的裤子，那该多好啊！”有一次，李维·施特劳斯在街边卖帆布时，听到一个矿工这么说。他灵机一动，试着做了一批低腰、直筒、臀围紧小的帆布裤子，将它们卖给旧金山的淘金工人。由于这种裤子比棉布裤更结实耐磨，因而大受欢迎。于是，李维·施特劳斯索性开了一家专门生产帆布工装裤公司，并以自己的名字“Levi's”作为品牌名称，Levi's 的创业神话也由此开始。Levi's 牛仔裤如今已成为时装发展史上最成功、知名度最高和被模仿最多的产品，缔造了时装界创新与经典的不朽传奇。

三、创业的类型

了解创业类型是为了在创业决策中做比较，选择最适合自己条件的创业类型。

（一）根据创业动机分为机会型创业与就业型创业

(1)机会型创业指创业的出发点并非是谋生，而是为了抓住、利用市场机遇。它以市场机会为目标,能创造出新的需要,或满足潜在的需求。因而会带动新的产业发展,而不是加剧市场竞争。世界各国的创业活动以机会型创业为主,但中国的机会型创业数量较少。

(2)就业型创业指为了谋生而自觉地或被迫地走上创业之路。这类创业是在现有的市场上寻找创业机会,并没有创造新需求,大多属于尾随型和模仿型,因而往往小富即安,极难做大做强。

虽然创业动机与主观选择相关,但创业者所处的环境及其所具备的能力对于创业动机类型的选择具有决定性作用。因此,通过教育和培训来提高创业能力,可以增加机会型创业的数量,不断增加新的市场,减少低水平竞争。

(二)根据创业起点分为创建新企业与企业内创业

(1)创建新企业指创业者个人或团队从无到有地创建出全新的企业组织。自主型创业充满挑战和刺激,个人的想象力、创造力可得到最大限度的发挥,但风险和难度也很大,创业者往往缺乏足够的资源、经验和支持。

(2)企业内创业指一个已经存在的公司,由于产品、市场营销及企业组织管理体系等方面的原因,需要进行重新创建的过程。企业流程再造本质上也是一种创业行为。企业内创业是动态的,正是通过二次创业、三次创业乃至连续不断的创业,企业的生命周期才能不断地在循环中延伸。

(三)根据创业者数量分为独立创业与合伙创业

(1)独立创业指创业者独立办自己的企业。其特点在于产权是创业者个人独有的,企业由创业者自由掌控,决策迅速。但它需要创业者独自承担风险,创业资源准备也比较困难,还受个人才能的限制。

(2)合伙创业指与他人共同创办企业。其优势劣势正好与独立创业相反。

(四)根据创业项目性质分为传统技能、高新技术和知识服务型创业

(1)传统技能型创业指使用传统技术工艺的创业项目,它具有永恒的生命力。尤其是酿酒、饮料、中药、工艺美术品、服装与食品加工、修理等与人们日常生活紧密相关的行业,独特的传统技能项目表现出了经久不衰的竞争力,许多现代技术都无法与之竞争,国内外均是如此。

(2)高新技术型创业指知识密集度高,带有前沿性、研究开发性质的新技术、新产品项目。

(3)知识服务型的创业指为人们提供知识、信息的创业项目。当今社会,信息量越来越大,知识更新越来越快,各类知识性咨询服务的机构将会不断细化和增加,如律师事务所、会计事务所、管理咨询公司、广告公司等。这类项目投资少、见效快。如北京有人创办剪报公司,把每天主要媒体上与该企业有关的信息全部收集、复印、装订起来,有的年收入达 100 万元,且市场十分稳定。

(五)根据创业方向或风险分为依附型、尾随型、独创型和对抗型创业

(1)依附型创业可分为两种情况:一是依附于大企业或产业链而生存,为大企业提供配套服务。如专门为某个或某类企业生产零配件,或生产、印刷包装材料。二是特许经营权的使用。如利用麦当劳、肯德基等的品牌效应和成熟的经营管理模式,减少经营风险。

(2)尾随型创业即模仿他人创业,“学着别人做”。其特点:一是短期内只求能维持下去,随着不断成熟,再逐步进入强者行列;三是在市场上拾遗补缺,不求独家承揽全部业务,只求在市场上分得一杯羹。

(3)独创型创业指提供的产品或服务能够填补市场空白。大到商品独创性,小到商品的某种技术的独创性。如生产的洗衣粉比现在市场上卖的环保性好且去污力强。但其也有一定的风险性,因为消费者对新事物有一个接受的过程。独创型创业也可以是旧内容、新形式,比如产品销售送货上门,经营的商品并无变化,但在服务方式上改进了,从而更具竞争力。

(4)对抗型创业指进入其他企业已形成垄断的某个市场,与之对抗较量。这类创业风险最高,必须在知己知彼、科学决策的前提下,抓住市场机遇,乘势而上,把自己的优势发挥到淋漓尽致。如针对 20 世纪 90 年代初外国饲料厂商在中国市场大量倾销合成饲料的情况,希望集团运用对抗型创业,建立了西南最大的饲料研究所,与外国饲料竞争市场,从而取得成功。

(六)根据创新内容分为基于产品、市场营销模式与组织管理体系创新而创业

(1)基于产品创新而创建企业指基于技术创新或工艺创新等非技术创新的成果,产生了新的消费者群体,从而导致创业行为的发生。

(2)基于市场营销模式的创新而创建企业指采取了一种有别于其他厂商的市场营销模式,因而有可能给消费者带来更高的满足感。例如美国联邦快递公司所提供的邮包服务。

(3)基于组织管理体系创新而创建企业指采取了一种有别于其他厂商的企业组织管理体系,因而能够更高效地实现产品的商业化和产业化。如 20 世纪 80 年代国内乡镇企业的大量创立与成功来源于组织管理体系的创新。

第三节　创业环境分析

创业要有创业的环境或创业的土壤。创业环境是影响创业的各种外部因素的总和,包括政治、经济、社会、科技、自然等环境。在良好的环境里,创业者可以获得“阳光雨露”的滋润,汲取创业所需要的各种养分,从而实现创业目标;如果环境中存在太多的制约因素,好像手脚被无形绳索束缚住了,难以施展开来,那创业将难乎其难。因此在策划创业时,需要分析所处环境是否适合你创业。

一、创业宏观环境分析

(一)政治环境分析

政治环境分析就是分析国内外政治形势和法律、法规、方针和政策等是否适合创业，政局是否稳定，国外政治形势的变化等。国家对所从事的行业是鼓励还是限制，是否需要许可证，申请到许可证有多少可能性等，这些都涉及创业的门槛问题。国家鼓励的行业，机会多些，门槛就相对低些；国家限制的行业或产业，创业的难度更大，投资更大，门槛更高，但获利的机会可能更多。

国家的产业政策、技资政策、税收政策、融资政策，以及知识产权保护、关税、环境保护、外贸等政策都对创业产生重要的影响。《就业促进法》颁布实施以后，国家有促进大学生创业发展的政策措施，创业的政策环境得到较大的改善，有利于创业。

(二)经济环境分析

经济环境分析就是分析国内外经济形势和市场需求。可以从经济增长率、通货膨胀率、失业率、股票市场、外汇市场等来判断经济环境，并以此判断是否适合创业。

(1)市场环境分析就是分析市场需求是否活跃，市场秩序是否正常有序，物资供应是否充裕，存在哪些非市场因素等。通过市场环境分析，关注创业所需的原材料供应是否有保证，研究是否存在没有满足需求的客户，如何避免或降低非市场因素的干扰等。

(2)市场竞争情况分析进入的行业竞争情况如何？有哪些大企业？他们的市场份额有多少？是否存在大企业垄断？小企业是否有发展空间？小企业有多大的发展空间？等等。通过市场竞争分析，关注竞争对手是谁，合作伙伴是谁等。

(3)资金市场分析创业所需要的资金是否可从资金市场上获得。资金市场的变化，如银根收紧或松动、贷款利息提高或降低、借款渠道多或少等都将影响创业。因此需要关注贷款利率和贷款条件的变化。

(4)劳动力市场分析就是分析国企改革、人才流动的合理与否、大学生毕业、农村劳动力流向城市等，这些都会影响劳动力的供求，对能否招聘到合适的员工及劳动力支出有重要的影响。

(三)技术环境分析

技术环境分析主要分析所从事行业的科技发展水平及趋势，包括新技术、新工艺、新材料、新设备、新能源等的采用。科技进步速度的快慢、技术市场的发育与否、技术创新水平的高低等，都对创业有重要的影响，直接关系到对技术开发的投入、技术开发的方向和采用何种形式保护知识产权。

(四)社会环境分析

创业要有社会的支撑，因此需要进行社会环境分析。社会环境分析主要分析人口、居民的收入水平和文化教育水平。这些因素决定了产品的需求和发展方向。人口的数量、分布和构成不同，需求也不同。

分析人口增长及其构成，有利于细分消费群体，从而细分目标市场。例如，农民的需求与城镇居民的需求不同，大人的需求与小孩的需求不同。年轻人追求时尚，中老年人更注重保健。生活水平高的地方对服装、文化娱乐等的需求较多一些，对花色品种、商品的质量要求更高；生活水平低的地方食物类的支出更多一些，对时尚的需求就少多了。因此应关注社会的变化，以便创业能够及时跟上社会发展的步伐。

二、大学生创业有关优惠政策和简化就业手续

根据《国务院办公厅关于进一步支持大学生创新创业的指导意见》(国办发〔2021〕35号)的有关规定，对高校毕业生自主创业，从事个体经营实行以下有关优惠政策，是党中央、国务院鼓励高校毕业生自主创业、灵活就业的又一重大举措。

1. 推动落实大学生创新创业财税扶持政策

继续加大对高校创新创业教育的支持力度。在现有基础上，加大教育部中央彩票公益金大学生创新创业教育发展资金支持力度。加大中央高校教育教学改革专项资金支持力度，将创新创业教育和大学生创新创业情况作为资金分配重要因素。(财政部、教育部等按职责分工负责)落实落细减税降费政策。高校毕业生在毕业年度内从事个体经营，符合规定条件的，在 3 年内按一定限额依次扣减其当年实际应缴纳的增值税、城市维护建设税、教育费附加、地方教育附加和个人所得税；对月销售额 15 万元以下的小规模纳税人免征增值税，对小微企业和个体工商户按规定减免所得税。对创业投资企业、天使投资人投资于未上市的中小高新技术企业以及种子期、初创期科技型企业的投资额，按规定抵扣所得税应纳税所得额。对国家级、省级科技企业孵化器和大学科技园以及国家备案众创空间按规定免征增值税、房产税、城镇土地使用税。做好纳税服务，建立对接机制，强化精准支持。(财政部、税务总局等按职责分工负责)

2. 加强对大学生创新创业的金融政策支持

落实普惠金融政策。鼓励金融机构按照市场化、商业可持续原则对大学生创业项目提供金融服务，解决大学生创业融资难题。落实创业担保贷款政策及贴息政策，将高校毕业生个人最高贷款额度提高至 20 万元，对 10 万元以下贷款、获得设区的市级以上荣誉的高校毕业生创业者免除反担保要求；对高校毕业生设立的符合条件的小微企业，最高贷款额度提高至 300 万元；降低贷款利率，简化贷款申报审核流程，提高贷款便利性，支持符合条件的高校毕业生创业就业。鼓励和引导金融机构加快产品和服务创新，为符合条件的大学生创业项目提供金融服务。(财政部、人力资源社会保障部、人民银行、银保监会等按职责分工负责)引导社会资本支持大学生创新创业。充分发挥社会资本作用，以市场化机制促进社会资源与大学生创新创业需求更好对接，引导创新创业平台投资基金和社会资本参与大学生创业项目早期投资与投智，助力大学生创新创业项目健康成长。加快发展天使投资，培育一批天使投资人和创业投资机构。发挥财政政策作用，落实税收政策，支

持天使投资、创业投资发展，推动大学生创新创业。（发展改革委、财政部、税务总局、证监会等按职责分工负责）

3. 简化优化求职就业手续

稳妥有序推进取消就业报到证。《国务院办公厅关于进一步做好高校毕业生等青年就业创业工作的通知》（国办发〔2022〕13 号）明确，从 2023 年起，不再发放《全国普通高等学校本专科毕业生就业报到证》和《全国毕业研究生就业报到证》（以下统称就业报到证），取消就业报到证补办、改派手续，不再将就业报到证作为办理高校毕业生招聘录用、落户、档案接收转递等手续的必需材料。各地要制定落实取消报到证的工作方案。各省级教育部门和高校要加强与组织、公安、人力资源社会保障等部门的工作协同，做好相关工作的衔接，向用人单位和毕业生开展解读宣传，耐心细致做好指导咨询，帮助毕业生顺利完成就业报到、落户和档案转递。

第四节　创业者素质

在经济转型的背景下，新型高学历企业家不断出现，对当代大学生产生了一定的示范效应。不少大学毕业生或即将毕业的大学生试图开始自己的创业生涯。然而，几年的实践显示，学生的创业并不尽如人意，创业的成功率也相对较低。创业成功与否，取决于创业者创业素质的高低，同样的环境下，创业素质越强的人，抓住机遇、成功创业的可能性就越大。因此，大学生应该增强创业意识，提高创业的能力与水平。

一、创业者的知识与能力储备

（一）创业者应储备的知识

1. 合法开业相关知识

创业者首先需要了解的是合法开业相关知识。关于合法的开业知识主要有以下一些内容：有关私营及合伙企业的法律法规；怎样进行验资；怎样申请开业登记；哪些行业的经营需办理有关行业管理手续；怎样办理税务登记；工商管理部门怎样进行经济检查；行业管理部门如何进行行业管理和检查等。

2. 营销知识

创业者无论是创办大公司或是开小店，都需要了解相关营销知识，主要有：市场预测与调查知识；消费心理、特点和特征知识；定价知识和策略；销售渠道和方式相关知识；营销管理知识等。

3. 资金及财务知识

作为创业者，掌握公司的资金运转知识非常重要，因此必须了解资金和财务方面的知识，如货币金融知识、信用及资金筹措知识、资金核算及记账知识、财务会计基本知识等。

4. 行业知识

常言道：行有行规，对行业知识的了解将有助于在行业中立足。作为创业者应对行业管理的法律法规和行业规则、相关业务知识进行认真了解。

5. 其他知识

除了上述几个方面知识需要创业者重点了解外，创业者还需对经济法常识、劳动用工及社会保障知识、公关及交际基本知识等相关知识进行广泛了解。

上述知识的获取，可通过专业培训、就业指导咨询、广播电视媒体讲座、自学或向别人请教等多种方式；亦可以边干边学，边学边干，带着问题学，学以致用，逐渐了解和掌握。

（二）创业者应具备的能力

创业能力是创业者必须具备的基本素质，也是创业成功的基本保证，创业的过程是一个发现和捕获机会，并由此创造出新颖的产品、服务以实现其潜在价值的过程。创业能力是在知识不断积累、社会实践活动不断丰富和深入的基础上获得的，一般我们把它分为专业能力、方法能力、社会能力三个方面。创业能力在创业的基本素质中具有非常重要的地位，是创业基本素质的核心，创业能力与创业意识、创业心理品质、创业的社会知识等创业其他要素紧密相连，相互促进，共同影响着创业实践活动的进行。

1. 专业能力是创业的基础

在现代创业活动中，创业者为了应付各种复杂的局面，必须掌握一定的专业技术知识。专业技术能力是指掌握一定的专业技术知识，并运用这些知识解决创业实践中遇到的专业技术难题的一种能力。

创业者是以自己的产品和服务为社会做贡献的，其劳动价值要得到社会的承认，当然要以精通专业操作为基本前提，所以，在创业能力中专业技术能力是最基本的本领和能力。

(1)专业基本能力。人类社会步入知识经济时代，创业者良好的高等教育背景和合理的专业知识结构在创业中愈加显得重要。在创业过程中，项目引进、市场开拓、技术创新、产品维护都是创业者必须迈过的一个又一个的门槛。没有一定的专业知识积累和较为完善的知识结构，创业者将无法施展和发挥其经营管理能力。

(2)专业创新能力。创业过程最突出的特点就是“创”，就是要从无到有、从小到大，创出一番业绩，创出一片新天地来。所以，一方面，创新与挖潜能力在创业能力中占有非常重要的地位；另一方面，在今天，人们的消费需求独特化和多样化已成为一种普遍趋势，只有在产品质量、功能、服务等方面不断地锐意创新，满足人们独特化和多样化的需要，创业者才能在激烈的市场竞争中永远立于不败之地。

2. 经营管理能力是创业的关键

在创业能力中，经营管理能力是一种较高层次的能力，它从以下几个方面直接影响创业实践活动。

一是它涉及创业实践活动的每一个环节:规划、决策、实施、管理、评估、反馈,影响到创业实践活动的全过程。所以,有人认为经营管理就是控制和调节的艺术。

二是它涉及创业实践活动中人的选择、使用、组合和优化,涉及群体控制的各个方面,如群体内聚力、群体规范和价值等。所以,有人说经营管理就是人才的发现和使用的艺术。

三是它涉及创业实践活动中资金的分配、使用、流动、培植等环节和过程,从而影响实践活动的规模和效益。所以,有人说经营管理就是资金的运筹艺术。

由此可见,经营管理的能力是创业能力中的运筹能力,能直接提供效率和效益。

3. 社会综合能力是创业的保证

在创业过程中,综合性能力是一种高层次的能力,它主要包括社会交往公关能力、持之以恒的适应能力、团队协作能力等,具有强烈的社会实践性和综合性,从整体上影响和作用于创业实践活动。

(1)社会交往公关能力。创业者的创业过程是了解社会、认识社会,充分利用社会给予自己的一切条件去开创事业的过程。在这个过程中,创业者要与方方面面的人打交道,包括与政府机构打交道,与那些对自己的事业有各种影响的人打交道,争取他们对自己的了解、支持与帮助。因此,交往公关能力也是影响创业成就的重要方面。成功的社会交往是促使创业成功的推进器。

(2)持之以恒的适应能力。创业过程不可能一帆风顺,没有克服困难、战胜逆境的艰苦奋斗精神,就不可能有创业的成功。因此,迎着困难和逆境而上的决心与韧劲是取得成功的关键。一方面创业者要有为了达到既定目标顽强拼搏,在苦难面前百折不挠的精神;另一方面要有始终如一、坚持到底的精神。创业过程是一个长期坚持奋斗的过程,立竿见影、迅速见效的事是极少的,创业者在方向目标确定之后,就要朝着既定的目标一步一步走下去,纵有千难万险、迂回挫折,也不轻易改变初衷、半途而废。由于社会环境是在不断发展变化的,因此,创业者都必须以极强的信息意识和对市场走向的敏锐洞察力,不失时机地、灵活地进行调整。

(3)团队协作能力。在创业过程中,创业者仅靠个人的力量是很有限的,必须利用团队的力量来经营企业,只有与合作者友好相处、互相配合、协调一致,使他们相互沟通、相互信任、相互协作,劲往一处使,心往一处想,才有可能实现既定的目标。在团队协作中,创业者又是一个管理者,需要跟各种各样的人打交道,而这些人的身份、地位、交往需求、心理状况和掌管的工作性质是不尽相同的。这就需要去妥善处理、协调好与各方面的复杂人际关系,要求创业者能"大事讲原则,小事讲风格",严于律己,宽以待人,关心同志,善于听取各方面意见,特别是与自己不同的意见,团结各方力量,共谋大局发展。

二、创业者应具备的素质

随着信息化和全球经济一体化的快速发展,新一轮的资源再分配及高新技术的不断拓展，未来的管理不确定因素将更为复杂，更具瞬时性和挑战性。对于一个创业者或管理者来说，必须具备优秀的创业素质，才能开创生命力旺盛的宏伟事业。

我国《科学投资》杂志在研究了国内上千例创业者案例后提出，“中国成功创业者的十大素质”是：欲望、忍耐、眼界、明势、敏感、人脉、谋略、胆量、与他人共享的愿望、自我反省的能力。西安交通大学张悦月、高山行等人曾于2002年对在校大学生进行创业素质的抽样调查，提出大学生创业的8种基本素质是：创业意识、冒险精神、创新意识、敬业精神、自制能力、管理意识、竞争意识和应变能力。

案例参考

12种创业者需具备的素质

美国国家创业指导基金会的创办者史蒂夫·马若堤在他的著作《青年创业指南》中指出：创业素质可以培养，其中12种素质是创业者需具备的，即：

适应能力——应付新情况的能力，并能创造性地找到解决问题的方法；

竞争性——愿意与其他人相互竞争；

自信——相信自己能做计划中的事；

纪律——专注并坚持计划的能力；

动力——有努力工作实现个人目标的渴望；

诚实——讲实话并以诚待人；

组织——有能力安排好自己的生活，并使任务和信息条理化；

毅力——拒绝放弃，愿意明确目标，并努力实现，哪怕有障碍；

说服力——劝服别人明白你的观点并使他们对你的观点感兴趣；

冒险——有勇气使自己面临失败；

理解——有倾听并同情他人的能力；

视野——能够在努力工作实现目标时，看清最终目标并知道努力方向。

创业者的表现形形色色，成功的途径各有千秋，有关创业者素质的界定也不尽相同。但纵观中外成功创业者走过的路径，下列基本素质应该是共同具备的。

(一)创造性思维素质

创造性思维是指能够以较高的质量和效率获取知识，并能根据市场需求灵活运用所学知识开发出新产品和新技术的思维方式。创造性思维素质不仅注重学习知识的能力，更强调发现问题和解决问题的能力。

(二)经济与管理素质

创业者不仅要精通本专业的知识，更需要具备经济头脑和管理素质。科技必须应用于生产，生产出的产品或服务必须适应市场需要，在这一过程中产品的开发、生产和销售必须符合市场原则和机制，创业企业才有生存和发展的可能，这必然涉及资源配置、预测决策、经济分析、经济核算、成果转让、成本费用等一系列经济问题。同时，在激烈的市场竞争中，企业要追求利润最大化，在这一目标引导下，企业不仅要靠产品、技术来追求效益，更要靠科学管理来提高效益，正所谓“管理出效益”。因此，创业者必须掌握现代管理的理念和方法，从系统整体观念出发，统筹、协调、控制和优化各项资源。

（三）法律意识和素质

市场经济本质上就是法治经济。随着市场经济的逐步成熟与完善，相关法律规范已经渗透到经济领域的生产、交换、分配、消费各个环节和层面。与国际市场接轨、风险投资、企业股份制改造、法人治理结构的建立，以及各类新型市场的培育与发展都离不开法律，具备法律素质、懂法并善于用法已是人才素质结构中不可或缺的重要元素。

创业者必须熟悉和了解市场、社会和企业等内外部环境的法律法规及其运行机制，更为重要的是要能以法律为武器，规范自己和企业的行为，保护自己和企业的合法权益。

（四）道德修养与心理素质

创业者还必须具备良好的道德修养与心理素质，具体表现为：富有理想、乐观与自信、有紧迫感、勇于面对风险、有坚韧的毅力等，这些潜质在校学习期间就应当得到培育与塑造，其意义不可估量。心理健康可以使人心情愉快、精力充沛、头脑敏锐、想象力丰富、行为协调，可以从根本上提高工作效率，激发创造性。

案例参考

成功创业者的心理与行为特征

众多学者对大量成功创业者进行了多方面的持续研究，发现成功的创业者在心理与行为上具有许多共同的特征，可归纳为下述 9 条：

（1）强烈的欲望，积极的心态。强烈的成功欲望是创业的最大推动力，心态尤其是关键时候的心态，会把你引向不同的人生道路。

（2）充分自信，敢于冒险。古今中外，凡是智能上有所发展、事业上有所成就的人，都有一条成功的秘诀——对自己、对前途充满自信。自信带来冒险的胆量，敢于冒险，富有胆识，是每个成功的创业者都有的一种特质。

（3）坚韧的毅力，足够的耐心。创业之路充满风风雨雨，在成功之前，要忍受种种困苦，但他们都有锲而不舍的精神。纵观每一个成功企业的创业史，都是在创业者的领导下，经历了一次次的失败后走向成功的。

（4）开阔的眼界，敏锐的反应。广博的见识，开阔的眼界，可以使创业活动少走弯路。创业者开阔眼界的方法包括职业接触、阅读、行路和交友。在这些过程中，他们凭借自己敏锐的感官，迅速捕捉外界的变化，从而对商业机会做出快速反应。

（5）把握趋势，明确方向。顺势而为会事半功倍。成功的创业者都很注意研究政策，这是为了“明大势”；市场的潮流脉动是“中势”，它直接决定了创业成败；个人的能力、性格、特长是“小势”，也直接影响创业方向的选择。

(6)善借资源，懂得分享。创业者的素质与能力的外在表现在其建立和拓展资源的能力方面，其中最重要的一点是构建人际网络或社会网络的能力。为此，他们都懂得与他人分享，即算大账的人做大生意，干大事业；算小账的人则永远只能做小生意，干小事情。

(7)坚持学习，经常反省。反省其实是一种学习能力，反省的过程就是学习的过程。大部分创业成功者在智力上并没有什么出类拔萃之处，但他们有一个共同之处，就是都非常善于学习，非常勇于进行自我反省。

(8)勇于创新，出奇制胜。创业者的智慧可归结为不拘一格，出奇制胜。他们永远不满足现状，总是追求更好的产品、服务和更低的成本，总是能够采取一些常人意料之外的行动来战胜竞争对手。

(9)健康的体魄，健全的心理。面对从肉体到精神上的全面损耗，他们不仅修身，而且修心，训练出一种宠辱不惊的“定力”与“精神力”。

第九章

高职学生创业实践

创业是一个企业创建的过程，选择行业、发现机会、筹集资金、营业开张、承担风险，这些都需要一步一步、脚踏实地地去奋斗。在新的经济浪潮中，大学生们利用自己的智慧，借助资本市场的能量，完全有可能打造属于自己的事业方舟。

第一节 创业项目的选择

创业项目的选择，是一个需要经过排列组合“运算”后才能得出结果的问题。一个或几个人合作投资，一家公司或几家公司联合再投资，都会首先碰到选择投资项目的问题。如果项目选择失误，将造成投资失败的后果，不可不慎重对待。

一、选定创业项目需要考虑的主要因素

选定创业项目是每个创业者首先面临的一个重要的抉择问题。创业成功者的经验告诉我们，创业项目选定合适与否在很大程度上决定着创业的成败。选定创业项目通常要考虑以下主要因素：个人兴趣与特长、对拟选行业的熟悉程度、市场机会、能够承受的风险、国家相关政策与法律。

（一）个人兴趣与特长

当决定个人创业后，必须首先问自己这样一个问题：在这个世界上我喜欢做什么事情？我能够做什么事情？一个人只有选择了他喜欢做又有能力做的事情，他才会自觉地、全身心地投入到工作中去，并忘我地工作，才有可能在遇到困难和挫折时，百折不挠、勇往直前，千方百计克服困难，实现创业目标。看一看、想一想自己身边的创业成功者，你会发现，他们无不是在从事着自己感兴趣、有特长的项目，这也是创业成功的基础。

（二）对拟选行业的熟悉程度

选择创业项目不仅要考虑个人的兴趣与特长，还要考虑自己对拟选行业的熟悉程度。一般来说，创业者应在自己熟悉的行业里选择创业项目，这样才能提高创业成功的把握。被誉为“经营之父”的松下幸之助，创业之初之所以选择生产电器插座项目，是因为他在这一行当过学徒，对这一行熟悉并且有特长；被誉为“领带大王”的企业家曾宪梓之所以选择

生产经营领带创业，是因为他曾在其哥哥的领带厂里打过工，对领带的生产技术和经营管理都很熟悉，而且只需少量的资金就可以开业经营。类似这样的实例不胜枚举。由此可见，创业之初选择自己熟悉的行业和项目是创业成功的关键。

（三）市场机会

选择创业项目，在考虑了个人的兴趣与特长和对拟选项目是否熟悉之后，接下来就要认真调查分析拟选项目是否有市场机会，以及你本人是否有能力利用这个市场机会。譬如准备开办服装店经营服装，经过调查发现，很多老年人喜欢穿布衫，而当地市场上没有人经营这种服装。也就是说，老年人对这种服装的需求尚未得到满足——这就是一个市场机会。

（四）能够承受的风险

创业是有风险的。给别人打工是拿工资吃饭，无所谓风险，而自己创业当老板，就时刻面临着亏损倒闭的风险。因为创业过程中存在着许多不可控因素，一旦把资金投入进去，谁也不敢保证一定能够成功，一定能够赚钱，一定能长盛不衰。因此，在选择创业项目投资之前，无论对该项目多么有把握，都必须考虑“未来最坏的情况可能是什么？最坏的情况发生时，我能不能承受”。如果以上问题的答案是肯定的，那么，只要项目的预期回报率符合你的预期目标，就可以投资。反之，如果最坏的情况发生时，你无法承受，那么，不管项目的预期回报率是多么迷人，都要断然拒绝投资。

我们讲要慎重考虑创业风险，绝不是让创业者畏惧风险，裹足不前。而是要创业者正确对待风险，既要勇于进取，又不能盲目冒险，把创业风险控制在能够承受的范围之内。

（五）国家相关政策与法律

选定创业项目必须考虑国家相关政策和法律的因素，包括两个方面：一是拟选定的项目是否属于国家政策和法律禁止或限制的范围。如果属于禁止的项目，无论预期的利润有多高都必须放弃；如果属于限制的项目，一般也应放弃，因为选择这样的项目创业往往要付出高昂的代价，而且没有发展前途。二是拟选定的项目是否属于国家政策和法律鼓励的范围。如果属于鼓励的项目，即使短期内预期利润不太高只要项目本身发展前景好也可以选定。

二、选定创业项目的方法与策略

（一）分析市场供求差异

市场需求不仅是多种多样的，而且是不断变化的，因此从宏观上看，市场需求总量和供给总量之间总是存在着一定的差距。创业者通过调查分析市场供求差异，可以从中找到创业机会，选定创业项目。有时市场供求总量平衡，但结构不平衡，仍然有需求空隙。创业者通过分析供需结构差异，可以从中发现创业机会，选定创业项目。大家知道，我国饮料市场的供求状况总体上看是供过于求的。但广东三水酒厂厂长李经纬先生，当年创业时就是在这种供过于求的市场状态中，通过分析供需结构差异发现了创业机会，开发出运动保健饮料，命名“健力宝”，一举打开市场，不断发展壮大为今天的健力宝公司。

（二）调查分析人们工作和生活中的困难

有位企业家说过：“别人的困难就是企业成功的机会。”这是很精辟的说法。因为开办企业的直接目的就是取得盈利。而企业正当合法的盈利只有通过为他人提供有益的服务、为他人解决工作和生活中的困难才能获得。

创业者只要善于调查分析人们工作和生活中的困难，就不难找到合适的创业项目。譬如，王码电脑公司的创始人王永民先生，就是为解决人们工作中汉字录入速度慢的困难发明了五笔字型汉字输入软件，一举创业成功；北大方正公司创始人王选先生为解决印刷行业困难，发明了激光照排系统，同样一举创业成功……

如果说上述创业实例属于高科技项目，一般人创业不易做到的话，那么，有人针对现在城镇中夫妻两人上班，经常为接送孩子上学和孩子吃饭的事发愁这一困难，开办托教服务项目创业，不仅投资少、见效快，而且有生命力，也取得了成功。还有人针对城镇双职工上班时间紧，不愿为做饭和厨房清洁多花费时间的现实，开办净菜商店或清洁公司，也获得了成功……这样的实例不胜枚举。因此，只要创业者能够掌握这一选定创业项目的基本策略，并能灵活运用这一策略，可以说，就处处有创业项目，时时有创业项目。

（三）分析市场上热销商品背后隐藏的商机

有不少创业者选择创业项目，往往是看市场上什么商品走俏、热销就去经营什么。其结果往往是别人赚钱、自己赔钱。因此他们常常怨天尤人，要么埋怨上天太不公道，要么埋怨自己运气不好。其实，市场机会对每个人都是公平的，关键是看是否懂得经营之道。

那么，为什么当看到市场上某种商品走俏、热销时，再去经营它往往赔钱呢？因为任何商品都有市场生命周期。所谓商品市场生命周期，是指商品从投放市场到被市场淘汰所经过的时间。它通常可分为四个阶段，即投入期、成长期、成熟期、衰退期。当你看到市场上某种商品走俏、热销时，通常情况下，这种商品已经进入成熟期。这时，你再去经营这种商品，如果是开办生产项目，从投资建厂到购买安装机器设备；从招募培训工人到购买原材料生产出产品投放市场，需要较长的时间。因此，当你的产品生产出来投放市场时，这种产品往往已经进入衰退期，所以销售每况愈下，回天无力，最后以失败而告终。如果是开办商业项目，虽然开业准备所需时间比开办生产项目短一些，但从筹集资金、选择门面到商店装修布置；从办理一系列开业法律手续到进货开业，也需要一定的时间，因此往往是开业经营不长时间，本钱还没有收回，生意就由热转冷了，最后也以赔钱失败而告终。

因此，当你看到市场上某种商品走俏、热销时，千万不要跟风经营。如果此时你打算选项创业，正确的做法应是以热销商品为导向，认真分析热销商品背后隐藏的商机，再选定创业项目进行经营。譬如，当看到市场上鸡蛋热销时，要学会分析预测鸡蛋热销背后隐藏的商机：一是马上会兴起养鸡热，二是当养鸡热兴起后，鸡饲料将会供不应求。因此聪明的创业者，既不去卖鸡蛋也不去养鸡，而是跳过两个阶段去生产鸡饲料。这样当养鸡热兴起后，自然就会财源滚滚。

（四）调查分析市场上现销商品存在的问题

市场上销售的商品总有一些存在这样或那样的问题。如有的在功能和性能方面不够完善，有的在结构方面不够合理，有的样式呆板，有的颜色单一等。创业者经过调查分析，针对这些商品存在的问题，结合自己的兴趣、特长和熟悉的行业，选择一种有问题的商品进行改进、完善、提高，以此作为创业项目往往成功率很高。

（五）进行市场细分

所谓市场细分，就是通过市场调研，依据消费者的需求特点和购买行为及购买习惯等方面的差异性，把某种商品的整体市场划分为若干个消费者群的一种市场分类方法。通过市场细分划分出的每个消费者群就是一个子市场。每个子市场都是由具有相同或类似需求倾向的消费者构成的群体。因此，属于同一子市场的消费者对同一商品的需求极为相似；而分属于不同子市场的消费者对同一商品的需求则存在着明显的差异。因此，进行科学的市场细分有利于发现市场机会，选定目标市场，确定创业项目；有利于集中人力、物力和财力生产经营适销对路的商品；有利于制定和调整市场营销策略。

一般来说，进行市场细分、选定创业项目的基本程序分为以下几个步骤。

1. 正确选择市场范围

创业者根据自己的兴趣、特长和能力，针对人们在衣、食、住、行、学、美、娱等方面的需求，选择一个方面作为创业方向和市场范围。

2. 选择细分标志，进行市场细分

正确选择细分标志是正确进行市场细分的前提。要正确选择细分标志，必须把握以下三个基本原则：

（1）密切相关原则。即选择的细分标志应与人们对某种商品的需求特性密切相关。例如，性别、年龄等细分标志与人们对服装的需求密切相关，而与人们对面粉的需求则无相关性等。

（2）显著区别原则。即选择的细分标志能使细分出的各个子市场对同一商品的需求有显著区别。

（3）力求创新原则。即选择细分标志要有创新精神，力求创新。实践证明，选择有创新性的细分标志往往可以发现有市场机会的子市场，从而出奇制胜。

3. 调查分析，选定创业项目

对市场进行调查分析，从中找出具有市场机会的子市场作为目标市场，并为其设计开发产品或服务作为创业项目。

所谓目标市场，是指在市场细分的基础上，经过评价和筛选所确定的作为企业服务对

象的子市场。选择目标市场应把握以下四个条件:

(1)有足够的尚未满足的需求。即作为目标市场的子市场不仅要有尚未满足的需求,而且这种需求的总量要足以实现企业的经营目标。

(2)有一定的购买力,市场尚有未满足的需求。如果没有购买力或购买力很低,就不可能构成有生命力的现实市场,企业就无法实现其经营目标。

(3)有能力满足其需求。在细分出的子市场中,常常可以发现有许多有利可图的子市场,但不一定都能成为本企业的目标市场。只有企业有能力满足其需求的子市场,才能成为本企业的目标市场。

(4)有竞争优势。即在拟选择的子市场上本企业具有竞争优势。主要表现为:该市场上没有或者很少有竞争;即使有竞争也不激烈,并且本企业有足够的能力战胜对手;本企业可望在该市场上取得较大的市场占有率。

案例参考

寻找合适的产业切入

湖南浩伦农业科技有限公司总经理金敏杰:中科院管理硕士毕业,担任过国企领导,后调入湖南省冶金厅工作,后办理辞职成了彻底的创业者。一位有着如此好简历的人,却在自己下海创业的时候,选择了农业科技作为切入口。

中国是一个农业大国,中国有 14 亿人口要吃饭穿衣,中国的农业相对落后,中国的农业科技市场前景够成千上万的人奋斗一辈子又一辈子。国家和政府对"三农"的关心、投入、扶持力度之大,不入行者根本无法知晓。

事实证明金总不但选准选对了切入的行业,这个行业也以巨大的热情和回报迎接了湖南浩伦和金总。两年多企业所取得的成功,也告知我们这个道理:行业切入准了,企业才有制定战略战术的机会。因此,谈到浩伦的明天,金总更是意气风发,浩伦将进一步整合资源,成立一流的全国网络营销平台,将参与总部在上海的进出口公司的工作,扩大自身产品的出口额度。并将进一步完善浩伦的经营管理,把浩伦打造成更有投资回报的融资平台,获得更多的支持,迈出更快的步伐。

第二节 创业计划的撰写与实施

创业计划是创业者"圆梦"的决心,是开创新业绩的战表,是一份关于创业设计的冷静的战略思考,是创业者展示自身才华的一种表达和诉说,是创业者获得风险投资支持的必备要件,是脚踏实地的商业计划,是整个创业过程的灵魂,是创业崛起的行动纲领。

一、创业计划及其作用

(一)创业计划的概念

创业计划也称企业计划或商业计划，是创业者描述创业机会、创业条件、创业过程和创业前景的书面文件，主要包括企业概况、企业目标与战略、运营计划、营销策略以及财务预测等内容。

创业计划是论证企业构思的可行性分析报告，是将创意变成现实的第一步。通过制订创业计划，创业者可以更加明确创意实施的可行性，在资金运作、产品营销等方面有更清晰的认识，从而降低创业风险，取得创业成功。创业计划至少要考虑企业未来3～5年的发展情况，并在实施过程中根据需求进行相应调整。

(二)创业计划的用途

(1)创业活动的行动指南。创业计划能引导你走过公司发展的不同阶段。一份有分量的计划书能帮助你认清“挡路石”，从而绕过它，让自己更深刻地理解公司的业务到底走向何方。

(2)吸引创业资源的工具。创业计划在吸引人力资源、吸引贷款和投资方面发挥巨大的作用。没有创业计划很难吸引有实力的创业伙伴加入，投资者和贷款人也不会对你的创业项目产生投资兴趣。因此这需要你对自己公司有一个全面的了解，对每个存在的问题都有所思考，并且对可能存在的隐患做好预案。

(3)帮助创业者将创业梦想变成现实的“试金石”。制订创业计划的过程，就是确定创业项目的价值，以及如何实现这个价值的过程。因此，创业计划能帮助你跟踪、监视、度量各个阶段的业务流程，也可以说，它是帮助创业者将创业梦想变成现实的“试金石”。

二、创业计划书的内容

(一)计划摘要

计划摘要一般包括以下内容：公司介绍、主要产品和业务范围、市场概貌、营销策略、销售计划、生产管理计划、管理者及其组织、财务计划、资金需求状况等。

计划摘要中必须回答五个方面的问题：(1)企业所处的行业，企业经营性质和范围；(2)企业主要产品的内容；(3)企业的市场在哪里，谁是企业的顾客，他们有哪些需求；(4)创业的合伙人、投资人是谁；(5)企业的竞争对手是谁，竞争对手对企业的发展有何影响。

计划摘要应简明、生动，要浓缩创业计划书的精华，涵盖创业计划的各个要点，使读者在最短的时间内评审计划并做出判断。计划摘要一般应列在创业计划书的最前面。

(二)产品或服务介绍

产品介绍包括产品的概念、性能及特性；产品的市场竞争力；产品的研究和开发过程；

发展新产品的计划和成本分析；产品的市场前景预测；产品的品牌和专利。

产品介绍必须要回答的问题：(1)顾客希望企业的产品能解决什么问题，顾客能从企业的产品中获得什么好处；(2)企业的产品与竞争对手的产品相比有哪些优缺点，顾客为什么会选择本企业的产品；(3)企业为自己的产品采取了何种保护措施，企业拥有哪些专利、许可证，或与已申请专利的厂家达成了哪些协议；(4)为什么企业的产品定价可以使企业产生足够的利润，为什么用户会大批量地购买企业的产品；(5)企业采用何种方式去改进产品的质量、性能，企业对发展新产品有哪些计划等。

产品介绍是创业计划书中必不可少的一项内容，也是在进行投资项目评估时，投资人最关心的问题之一。因此，创业者应对产品或服务做出详细的说明。但需要注意的是，说明要准确，要通俗易懂，要使不是专业人员的投资者也能看明白。为此，产品介绍要附上产品原型、照片或其他介绍。

(三)人员及组织结构

人员介绍主要是对负责产品设计与开发、市场营销、生产作业管理、企业理财等方面的专业人才的概述。介绍他们所具有的能力，他们在本企业中的职务和责任，他们过去的详细经历及背景。公司结构简要介绍包括公司的组织机构图、各部门的功能与责任；各部门的负责人及主要成员；公司的报酬体系；公司的股东名单，包括认股权、比例和特权；公司的董事会成员；各位董事的背景资料。

一支有战斗力的管理队伍，应该是互补型的，而且要具有团队精神，这直接决定了企业经营风险的大小。而高素质的管理人员和良好的组织结构则是管理好企业的重要保证。因此，创业者要特别注意这方面的介绍。

(四)市场预测

市场预测包括的内容：市场现状综述；竞争厂商概览；目标顾客和目标市场；本企业产品的市场地位；市场格局和特征等。市场预测需要回答的问题：(1)市场是否存在对这种产品的需求；(2)需求程度是否可以给企业带来所期望的利益；(3)新的市场规模有多大；(4)需求发展的未来趋向及其状态如何；(5)市场中主要的竞争者有哪些；(6)是否存在有利于本企业产品的市场空当；(7)本企业预计的市场占有率是多少；(8)本企业进入市场会引起竞争者怎样的反应，这些反应对企业会有什么影响。

市场预测应建立在严密、科学的调查研究基础上。因此，创业者应尽量扩大收集信息的范围，重视对环境的预测和采用科学的预测手段和方法。市场预测不是凭空想象出来的，对市场错误的认识是企业经营失败的最主要原因之一，这对多数风险投资家来说也是不可接受的。

(五)营销策略

营销策略包括的内容：市场机构和营销渠道的选择；营销队伍和管理；促销计划和广告策略；价格决策。

营销是企业经营中最富挑战性的环节之一，创业者进行营销策略分析时，应考虑的主要因素有:(1)消费者的特点;(2)产品的特性;(3)创业者自身的状况;(4)市场环境等。当然，最重要的是要考虑营销成本和营销效益因素。

(六)生产计划

生产计划包括的内容:产品制造和技术设备现状;新产品投产计划;技术提升和设备更新的要求;质量控制和质量改进计划。生产计划应回答的问题:(1)企业生产制造所需的厂房、设备情况如何;(2)怎样保证新产品在进入规模生产时的稳定性和可靠性;(3)设备的引进和安装情况，谁是供应商;(4)生产线的设计与产品组装是怎样的;(5)供货者的前置期和资源的需求量;(6)生产周期标准的制定以及生产作业计划的编制;(7)物料需求计划及其保证措施;(8)质量控制的方法是怎样的;等等。

在寻求资金的过程中，为了增大企业在投资前的评估价值，创业者应尽量使生产计划详细、可靠。

(七)财务规划

财务规划包括的内容:创业计划书的条件假设;预计的资产负债表;预计的损益表;现金收支分析;资金的来源和使用。

财务规划需要回答的问题:(1)产品在每一个期间的发出量有多大;(2)什么时候开始产品线扩张;(3)每件产品的生产费用是多少;(4)每件产品的定价是多少;(5)使用什么分销渠道，所预期的成本和利润是多少;(6)需要聘用哪几种类型的人;(7)聘用何时开始，工资预算是多少;等等。

企业的财务规划应保证和创业计划书的假设相一致。一份创业计划书概括地提出了在筹资过程中创业者所需做的事情，而财务规划则是对创业计划书的支持和说明。因此，财务规划需要花费较多的精力来做具体分析，其中就包括现金流量表、资产负债表及损益表的制备。流动资金是企业的生命线，企业在初创或扩张时，对流动资金需要有预先周详的计划和进行过程中的严格控制;损益表反映的是企业的盈利状况，它是企业在一段时间运作后的经营结果;资产负债表则反映在某一时刻的企业状况，投资者可以用资产负债表中的数据得到的比率指标来衡量企业的经营状况及可能的投资回报率。

三、撰写创业计划书应注意的问题

(1)你的创业计划书是否显示出你具有管理公司的经验?如果你自己缺乏能力去管理公司，那么一定要明确地说明，你已经聘了一位经营大师来管理你的公司。

(2)你的创业计划书是否显示了你有能力偿还借款?要保证给预期的投资者提供一份完整的比率分析。

(3)你的创业计划书是否显示出你已进行过完整的市场分析?要让投资者坚信你在计划书中阐明的产品需求量是真实的。

(4)你的创业计划书是否容易被投资者所领会？创业计划书应该备有索引和目录，以便投资者可以较容易地查阅各个章节。此外，还应保证目录中的信息流是有逻辑的和现实的。

(5)你的创业计划书中是否有计划摘要并放在了最前面？计划摘要相当于公司创业计划书的封面，投资者会首先看它。为了保持投资者的兴趣，计划摘要应写得引人入胜。

(6)你的创业计划书是否在文法上全部正确？如果你不能保证，那么最好请人帮你检查一下。计划书的拼写错误和排印错误会很快使你丧失成为企业家的机会。

(7)你的创业计划书能否打消投资者对产品或服务的疑虑？如果需要，你可以准备一件产品模型。创业计划书中的各个方面都会对筹资的成功与否有影响。因此，如果你对你的创业计划书缺乏成功的信心，那么最好去查阅一下计划书编写指南或向专业的顾问请教。

案例参考

张桦的创业计划

张桦原毕业于某名牌大学，经过多年的业余研究，他在室内环境污染治理方面取得了一项重要突破，这项技术如果在实际中得到应用，前景非常广阔。于是张桦便辞去原来的工作，准备自己创业。但面临着资金困难，他在注册了一家公司后，已经无力再招聘员工、购买实验材料了。无奈之下，张桦想到了风险投资基金，希望通过引入合作伙伴的方式解决困境。为此，他多次与一些风险投资机构或个人投资者接洽商谈，虽然张桦反复强调他的技术多么先进，应用前景多好，并拍着胸脯保证投资他的公司回报绝对低不了，但总是难以令对方相信，而且他对于投资人问到的多数数据也没有办法提供，如市场需求量具体有多少？一年可以有多大的销售量？投资后年回报率有多高？就连招聘一些技术骨干也比较困难，这些人也总是对公司的前景缺乏信心。

这时，他的一位朋友一句话点醒了他，“你的那些技术有几个投资者搞得懂？你连一份像样的创业计划书都没有，怎么让别人相信你？投资者凭什么相信你”？于是，在向相关专家请教咨询后，张桦又查阅了大量的资料，然后静下心来，从公司的经营宗旨、战略目标出发，对公司的技术、产品、市场销售、资金需求、财务指标、投资收益、投资者的退出等方面进行了分析和论证，当然这个过程中，他还得不时搞一些市场方面的调查。一个月后就拿出了一份创业计划书初稿，经过几位相关专家的指点，又再次进行了修改和完善。凭着这份创业计划书，张华不久就与一家风险投资公司达成了投资协议，有了风险投资的支持，员工招聘问题也迎刃而解。

现在，张桦的公司经营得红红火火，年销售利润已达到500万元。回想往事，张桦感慨说：“创业计划书的编制与我搞的环境污染治理材料要求差不多，绝不是随便写一篇文章的事。编制计划书的过程就是我不断理清自己思路的过程。只有企业家自己思路清楚了，才有可能让投资人、员工相信你。”

案例参考

学生创业经典项目

1. 借助学校品牌的项目

(1)各类教育与培训。假如你所在的学校设有医学、心理学、教育学专业,便可借助大学这块牌子,学习发达国家,开展“婴儿早期教育”。

(2)成熟的技术转让特别是理、工、农、医类院校,都有一些技术课题和成熟的技术项目。老师忙于研究,放不下架子。你(们)可以把这件事做起来,为技术寻找市场,实现转化。

(3)各种专业的咨询。有经济管理学院的学生,可以成立企业咨询组织。当然,学生的影响力是不够的,请业内专家组成“诸葛亮小组”,寻找“刘备”,同他(企业)“共同成长”。

2. 利用优势的服务项目

(1)家教服务中心。可以在同学中挑选能够胜任的,组成团队,每人只能专门辅导一科。与重点中学、小学的老师合作,通过调查,选择有自己的优势,同时又有市场需求的科目。

(2)成人考试补习。可以与本校的成教学院或其他相关部门合作,以其名义独立运作。

(3)会议礼仪服务。社会上有专业的礼仪公司,其礼仪小姐中,有业余的,也有专业的。成立一家某大学的礼仪服务队,既可以与专业的礼仪公司合作,也可以直接面向各类大型会议。

(4)收出版社退书。大学中的出版社,每年都有销不完的书从发行商那里退回来,给造纸厂化成纸浆。学生完全能够以公斤计价把书收过来,用较低的折扣,直接进入销售终端。

(5)发明家俱乐部。学生中大有对发明感兴趣者。可以组织起来,建个网站,参加各类社会上的发明成果交易活动,有计划地宣传推介。

(6)速记训练。有许多场合,如研讨会、新闻发布会、各种论坛等,都需要速记。因需要,就可以训练专业人才。

(7)出租旅游用品。学生们喜欢野营、野游。你可以购置一些野外用品出租,还可以自己探索,寻找新的景点,设计新的出行线路,创造新的野营模式。

3. 可以独立运作的专业项目

(1)可以拆分开的业务。通过业务拆分,进行人才管理和工作方式的创新。即不管经营什么产品,能够独立的业务都要独立,让专业人才或以其为主的小团队独立自主地去干。互联网又为这种办公方式提供了条件，这在国外叫虚拟组织。国内许多公司已经接受这种方式，这就为大学生创业起步提供了一个新途径。

(2)图书制作前期工作。比如选题策划、文字录入、版式设计、包装设计，还有校对等，都能独立来做。

(3)各类平面设计工作。比如广告、宣传画、书的封面、商标等。此类事情对于有兴趣者来说特别适合，重要的是拿出有自己创意的成果。

(4)各种专项代理业务。专利申请代理，技术产权代理，各类注册代理。比如，商标注册，域名注册。许多公司、团体都有需要注册的对象，但缺少相关知识，对注册的条件、范围、流程并不清楚。

4. 利于对外合作的项目

(1)婚礼化妆、司仪。婚礼经济是长盛不衰的，又总是与双休日捆绑在一起的，服务内容又是分门别类的。不限于化妆和司仪，任何一个单项，都可以独立打造自己有特色、有创意的服务内容，只要品质优秀，对许多专业公司是求之不得的。

(2)服装鞋帽设计。服装鞋帽的生命力在于推出新款式，设计是这类企业的生命。有一个台湾老板，是做鞋世家。他年轻的时候，带架照相机整天在街上转，还到国外去，寻找新的款式，激发自己的创意。设计出新款后，做成样品，让大鞋商定货，再拿订单委托鞋厂加工。

(3)各类信息服务。不论哪类信息，只要够专业、够翔实、够深度就会有许多人需要，大到行业，小到名录都有商业价值。

(4)主题假日学校。凡是对中小学生的德、智、体、美发展有益的事情，都可以办主题鲜明的假日学校。做好这件事，选题很重要，借助有影响、有公信力、有系统的资源，甚至完全可以与旅游公司联手。

5. 小型多样的经营项目

(1)手工制造。南通的一个女孩，把剪纸做得很专、很透、很有规模，销到了许多国家，还搞起了专业培训。像这类事情，那些有兴趣和专长的学生是可以干的。

(2)网络维护。许多公司、企业、事业单位的业务依赖电脑，依赖网络。有的有专门的网络维护员，有的为了节约成本，使用兼职的维护员，定期或随时随地进行维护。许多学生对网络是“门清”的，不妨成立专家小组，同时为几家做兼职维护。

(3)体育用品。山东的一个学生搞了个“体育文化小组”，直接从厂家进运动服装，在本校和几个周边学校经营。有个学生甚至把军训服低价回收，然后卖到自己的家乡去。

第三节　创业具体实施步骤

一、创业资金筹集

创业者在开展创业活动时，遇到的最大问题通常是创业资金问题。创办企业所需要的资金分为：(1)固定资金，即企业固定资产的总价值，包括购买或租赁生产厂房、机械设备、运输工具等的费用；(2)流动资金，即用于支付劳动者酬劳的费用；(3)注册资金，即国家所承认的私有企业的所有财产的货币表现。创业必须要有足够的资金，没有足够的资金，即使再优秀的创业者也无法开展创业活动。

据有关部门统计分析，65%以上的小企业失败是由于先天营养不良，即缺乏创业后续资金造成的。每年大批中小企业倒闭，大多不是因为经营项目没有潜力，而是因为资金接济不上而导致的。资金是困扰创业成功的关键因素，因此，对创业者来说，能否快速、高效地筹集到资金，是创业成功至关重要的因素。那么，创业者如何筹集创业资金呢？一般来说，筹集创业资金主要有以下几种渠道。

(一)自筹资金

由于创业处在起步阶段，贷款能力有限，相当一部分资金要依赖自有资本。创业者，尤其是创办有限责任公司形式的创业者，为了掌握控制权，必须有相当一部分自有资本，这部分资本主要通过自筹进行。自筹资金的渠道主要来源于创业者自身、家人、朋友、亲戚、同学、同事等比较亲近和依赖的人。

(二)银行贷款

银行贷款是创业者筹集资金最直接的方式和途径，也是最传统的资金筹集方式。银行贷款主要有信用贷款、抵押贷款和担保贷款三种方式。

(1)信用贷款。信用贷款即银行仅凭对借款人资信的信任而发放的贷款，借款人无须向银行提供抵押物。信用贷款的主要对象是具有一定的偿还能力、讲信誉而且与银行关系密切的大中型企业，而刚刚创办的小企业一般情况下很难获得信用贷款。

(2)抵押贷款。抵押贷款即借款人向银行提供一定的财产作为信贷抵押的贷款方式。创业者银行贷款的主要途径就是采取抵押贷款。目前，银行对外办理的许多个人贷款，只要抵押手续符合要求，银行就不会问贷款用途。抵押贷款金额一般不超过抵押物评估价的70%，贷款最高限额为30万元。如果创业需要购置沿街商业房，可以用拟购房子作抵押，向银行申请商用房贷款，贷款金额一般不超过拟购商业用房评估价值的60%，贷款期限最长不超过10年。

(3)担保贷款。担保贷款即以担保人的信用为担保而发放的贷款。律师、医生、公务员、事业单位员工及金融行业人员均被列为信用贷款的优待对象，这些行业的从业人员找一到两个同事担保，可以在工商银行、建设银行等金融机构获得10万元左右的保证贷款。

而且，这种贷款不用办理任何抵押、评估手续。

(三)合伙入股

合伙入股是当前部分创业者比较乐于接受的资金筹集方式。合伙入股是指由几个人组成创业团队，共同出资进行创业活动。合伙入股进行创业不但可以多渠道地筹集资金，而且还可以充分发挥团队的优势作用。但是，创业者在合伙入股时，应该明确投资份额，做到投入与收益成正比。而且每个创业者之间要相互信任，加强沟通，制定明确的企业章程，按章程办事，保持责任、权利和义务的平衡。

(四)信用卡透支

随着我国银行业商业化进程的不断加快，银行信用卡的透支功能不断得以强化，信用卡消费观念也日趋深入人心。目前我国各大银行都已经开通信用卡透支业务，很多区域性银行也推出了此项业务。创业者可以把握这一有利时机，通过申请信用卡透支业务，筹集到资金。当然，信用卡透支具有一定的还款期限，逾期不还者，银行会采取法律手段进行本金和利息收缴。所以，创业者在选择此项业务时，要慎重考虑。

(五)寻找风险投资

寻找风险投资，一般情况下指的是将创业者自己所拥有的创作发明、专利技术或经营模式以合同的方式授予投资者，由投资者出资从事经营活动，并向创业者提供相应的费用。创业者利用自身技术和创新优势寻找风险投资已成为一种潮流，越来越多的创业者通过此种渠道筹集到自己创业所需的资金。而且银行也开始积极参与到此项活动中来，主动为拥有专利或技术的创业者提供贷款。

二、企业注册与税务登记

开办小公司必须按照一定的程序申请、注册、登记。这样才能名正言顺地创业，合法经营，同时受到法律的保护。

(一)工商注册登记

工商注册登记即企业法人登记，指国家授权的登记主管机关(工商行政管理机关)依法对企业法人的筹建、开业、变更、分立、合并、终止进行登记注册，确认企业法人的资格和合法经营权，并对企业法人的生产经营活动进行监督管理等活动的总称。工商登记分为设立登记、变更登记、注销登记。开办公司必须在开业前进行设立登记，这是公司合法化的标志，这样才能符合法治社会的规则，公司也会受到法律的保护。

1. 工商登记的地点

工商注册需要到国家行政管理机关办理。创办个体工商户需要到经营场所所在地的工商所办理登记；合伙企业、个人独资企业、投资在 2000 万元以下的有限责任公司，需要到经营场所的县(区)工商行政管理局登记。资金在 2000 万元以上的有限责任公司，需要到省(市)一级工商行政管理局登记。

2. 注册步骤

个体工商户和私有企业的开业登记注册，一般要经过三个步骤：一是申请和受理；二是审查和核准；三是发照和公告。

(1)申请和受理。申请：开业要向有关部门提交开办企业的申请报告。申请报告应写明开办企业的宗旨、名称、地址、组建负责人的姓名、企业的性质、生产经营范围、生产经营模式、资金总额、职工人数、筹建日期，以及其他需要写入的内容。受理：受理是登记主管机关接受创业者的正式登记申请。受理登记需要申请者缴纳登记费用和管理费用。

(2)审查和核准。审查和核准是注册审批工作的关键环节，主要由工商行政管理机关完成。

(3)发照和公告。在审查核准的基础上，工商行政管理机关填写“企业法人营业执照”或“营业执照”，颁发给申请者。这标志着创业者所创办企业已经取得了合法的经营地位，同时也取得了企业名称专用权和生产经营权。

(二)税务登记

创业者在领取工商营业执照后 30 日内，向当地税务部门办理开业税务登记，申请税务执照。税务登记又分地税税务登记和国税税务登记。办理税务登记应填写统一的税务登记表，提交相关材料。企业领取到税务登记证后，便可以申领发票，开张营业。

三、开张营业

(一)企业选址

企业选择合理的经营地址非常重要，不论创立任何企业，地点的选择都是决定成败的一大要素。尤其是以门市为主的销售、餐饮等服务业，店面的选择，往往是成败的关键。

1. 选择经营场地的窍门

(1)办公楼。不同类型的企业根据具体情况可选择不同大小、不同地段、不同楼层的办公场地。办公场地的大小应根据办公人员多少、客户情况和部分产品的存放、陈列需要而定。办公场地应具备以下基本功能：满足工作人员办公、开会及客户接待等需要；文件及贵重物品存放的需要；部分产品存放、陈列需要等。地段主要应根据业务情况而定，如果业务遍及全市，则选择市中心区域为好，便于客户和业务员联系及送配货。楼层应根据产品而定，如果需经常搬运笨重或易碎物品，则应选择较低层为好。

(2)商场。如果开设专柜或者开专卖店、商店、饭店等，那就需要物色合适的商场柜台或店面。应根据产品的特点选择，如食品、日用消费品等易耗品，消费者购买频繁，宜选择居民区附近，尤其是商业网点不发达的新建居民区，价格低、投资小、效益好；对于耐用消费品、贵重物品等单次消费金额大的产品，应选择地段好及商店、商场集中或声誉良好、知名度较高的商场和商厦为好，虽然物业价格较高但销量有保障。

(3)厂房。工厂位置应根据产品特点、原料及产品运输、水电供应、废物排放、环保、消防、厂房质量、面积大小、地势高低等情况综合分析，全面评估，慎重考虑。

(4)仓库。仓库位置应根据产品特点、交通运输、库房质量、面积大小、地势高低、排水、消防等情况而定。

2. 开店选址的原则

(1)注意形象。在感性消费时代,消费者往往凭直觉来评价店铺的好坏。因此,店铺形象是决定经营成败的一个非常重要的因素。店铺形象的内容包括店面形象,如店名、店徽、招牌、外观装修、橱窗及店面的色彩和照明等;店内形象,如经营商品品牌、卖场布局、陈列方法、店内顾客、售货员、店内设备及设施等。

(2)合理选址。开店重地利、看人潮,这是经营零售业的传统。店铺的地理位置及其商业性质直接影响着经营业绩。开办连锁公司应建立选址标准,明确选址的基本条件。

(3)安全、便利。安全性包括顾客的安全,如店外的道路交通是否安全,店内的通道是否畅通;店铺的安全,如是否有健全的安全设施;商品的安全,如陈列商品是否会倒下来,店铺的布局是否有死角,是否装置闭路电视监视系统等。便利性包括:交通及停车,如店铺离车站远近,是否有停车场,能否满足一次性购物的需求,是否有公共卫生设施,出入口的设置是否便于顾客进出,商品包装、展示及收银作业是否有适当的操作空间,收银机的数量是否与客流量相适应等。

(4)愉快、舒适。其内容包括店铺附近有无路灯及美化设施,店内装修是否美观大方,是否冬暖夏凉,空气是否经常保持新鲜。

(二)开业规划

开业规划主要指安排开业的一些事情,最好能当天引起客户的关注。因此,需要仔细考虑和规划。主要包括媒体邀请,广告策划,邀请潜在客户、贵宾、地方官员、朋友、家属、亲戚、邻居及同业相关人员参加,餐点安排,摄影、促销活动等。俗话说"好的开始是成功的一半",所以,一定不能小看这个部分。

案例参考

"视美乐"面对资本的惆怅

曾被誉为中国第一家高科技学生创业公司的视美乐,如今几乎销声匿迹。视美乐的创始人之一徐中对外公开表示:"我们几个人当初满怀理想创立了视美乐,希望三五年能够上市,20年能发展成为中国的索尼爱普生。现在,公司已不是当初所想像的样子了,我们几个都转变了方向,可以说是壮志未酬。"

1999年3月,王科、邱虹云和徐中组队参加了清华大学第二届学生创业计划竞赛,并作为最优秀的5个团队之一参加了全国大学生创业计划竞赛的决赛,获得了金奖。同年5月,视美乐诞生,注册资金50万元,邱虹云任公司总工程师,王科任总裁,徐中任总经理。其核心技术为多媒体超大屏幕投影电视,被专家称为"具有革命意义的产品"。

创业初期视美乐急需大笔资金的注入，因此他们开始了艰难的融资工作。

2000年4月25日，视美乐公司与青岛澳柯玛集团有限责任公司共同组建北京澳柯玛视美乐信息技术有限公司，注册资金3000万元，双方各占50%的股份。原视美乐公司的主要技术人员全部进入澳视公司。

如今，青岛澳柯玛集团控股澳视70%的股份，三位视美乐创始人只作为小股东存在，相继退出了公司管理层。对于过去的创业经历以及后来的退出，这些曾经的创业大学生都不愿意再谈。而随着澳柯玛侵占上市公司资金案发，视美乐也从此一蹶不振。

视美乐的失败并非一个特例。在上海举行的一个“创业大奖赛”中获奖的20多名大学生，最终都遭遇创业“滑铁卢”。专家指出：好高骛远、资金渠道不畅通、缺乏财务税法和市场经济相关知识及经验，是学生创业的“软肋”。如果创业的是理科生，在财务、企划、管理、文案等方面先天不足，而纯文科生创业则缺乏一定的技术背景，对事物的分析也可能相对表面化。

“视美乐的核心问题是资金短缺。”如今在清华大学任教的徐中掩饰不住脸上的伤感，“经验不足也是其中问题之一。尽管当初大学生创业者已经考虑过会遇到的困难，但并不是有预料就意味着能够克服，公司运作是一件很复杂的事情……”

第四节　学生创业风险与规避

企业从它建立的第一天起，就面临着各种各样的风险，在它的整个生产经营活动中也充满着各种类型的风险。事实上，企业收益的取得、企业的生存和发展，是在克服各种风险的影响、有效管理各种风险的条件下取得的。因而，在创业过程中，尤其是创业初期，对风险的识别、防范和管理是至关重要的。

一、企业常见风险与防范

风险是在一定环境和期限内客观存在的，导致费用、损失和损害产生的，可以认识与控制的不确定性因素。风险与收益是一体的、共生的。风险是一种不确定性因素，会带来费用的增加、各种损失和损害的产生，但如果能够有效地管理风险，则风险将会转换为收益。事实上，任何收益都是在克服风险的基础上取得的。

风险管理对创业成功非常重要，所谓风险管理是通过对企业面临的各种风险的认识、衡量、预测和分析，准确把握企业经营中的各种不确定性，采取恰当的管理方法，以最低的成本获得最多的安全保障，或使损失降低至最低水平。就是说，风险管理一方面要控制、减少风险产生的影响和损失；另一方面也要控制那些被认为是产生风险原因的行为和事件。

市场经济中企业的出生率高，关闭率也高。一般说来，新企业大多是小的，因此，小企业经受的风险最高。小企业风险由外部因素影响造成,也有自身存在的内部风险。据调查发现,中小企业的主要问题是对企业内部风险不能及时发现,待到发现时,往往来不及采取应变措施。伦敦商学院的学者也得出了相似的结论:小企业成长的关键不是经济环境,也不是市场条件,而是企业自身的管理工作。因此,作为创业者要认真识别风险,并采取相应措施进行风险防范。

(一)开业风险

最易出现的开业风险有:经营者对市场上出现的暂时需求匆忙做出反应,或者看到别人赚了大钱,也盲目跟着上;要求小企业的经营者是“多面手”,而事实上多数经营者缺乏全面管理能力;没有建立必要的财务会计管理系统,企业的重大决策缺乏可靠依据;草率估算或低估企业的资金需求;错误选择设备和技术。

防范开业风险的对策有:在最熟悉的行业办企业;制订符合实际的,而不是过分乐观的计划;反复审查项目建议,删除其中过热的设想;在预测资金流动时,对收入要谨慎一点,对支出要留有余地;一般要留出所需资金 10%的准备金,以应付意外;没有足够资金不要勉强上项目,发现问题时要立即调整。

(二)现金风险

产生现金风险的主要原因有:过分注意利润和销售的增长,忽视现金管理;固定资产投资过多,使资金沉淀;不考虑条件和时机,盲目扩张。

防范现金风险的对策有:理解利润与现金以及现金与资产的区别,经常分析它们之间的差额;节约使用现金;向有经验的专家请教;经常评估现金状况,按季编制现金流量表:监控原材料、半成品、成品的库存和应收账款的余额等。

(三)市场风险

市场风险的主要表现是:只偏爱自己的产品和服务而无视市场的需求;对市场变化缺乏敏感性;市场调查不充分,缺乏有效的市场营销策略;没有充分分析同行业竞争对手的状况;创业者的成本较高;销售渠道不明或不完善;对工商、税务、防疫等外界主管机关不甚了解;没有建立起配套的售后服务体系。

防范市场风险的对策为:以市场及消费者的需求为生产的出发点;时刻关注市场变化,善于抓住机会;广泛收集市场情报,并加以分析比较,制定有效的市场营销策略;摸清竞争对手底细,发现其创业思路与弱点,“师夷长技以制夷”;对各种成本精打细算,杜绝不必要费用;健全符合自身产品特点的销售渠道网络;充分了解各主管机关职能及人员构成情况;以良好诚信的售后服务赢得顾客青睐。

(四)技术风险

创业初期企业的技术风险主要是指企业技术开发、取得和使用过程中不能实现预期目标而造成损失的可能性。

技术风险的防范对策主要是:综合考虑企业自身技术能力、资金和所需时间,选择技术获得途径;加强对技术产品市场需求的预测,重视技术方案的咨询论证;若选择引进技术，则要在引进技术前对所引进技术的先进性、经济性和适用性进行评价；联合进行技术开发与研究时，应注意与资信程度好、技术实力强的单位进行合作；建立健全技术开发和管理的内部控制制度，对科技人员实行特殊的优惠政策，防止因技术人员外调引起技术流失，保证技术资料的机密性；加强对职工的技术培训，提高员工对高科技设备的操作熟练度，减少不必要的风险损失。

（五）人员风险

人员风险的主要表现是：匆匆忙忙、不加挑选地招募新员工；不能有效地通过面试挑选出合适人选；论资排辈，唯亲是用；没有建立起新雇员工的记录；忽视了新雇员工的初期安顿工作，导致其不久便流出企业；只以业绩论英雄；尚未建立完善的上下级信息沟通制度；没有进行必要的员工培训；未能在员工中形成优秀的企业文化。

防范人员风险的对策为：建立完善的雇员选择标准，综合考虑技术能力和合作能力两个因素；面试所问的问题既要巧妙又要能表现实质，必要时向专家请教；无论人员来源，寻找最胜任工作的人选；记录并跟踪新雇员工情况，熟悉各个职员素质及发展，做到人尽其才；友好对待并鼓励新雇员工，使其早日适应新环境，进入工作角色；通过广泛的调查研究，运用现代方法进行科学的工作评价；建立合理的信息沟通及汇报制度，使创业者能充分掌握员工及企业动态；制订有效的培训计划，加大教育投资力度，从长计议；加强员工内部凝聚力，发展独特而卓越的企业文化。

（六）授权风险

授权风险的主要表现有：缺乏组织上的准备，不能有计划的在关键岗位上培养拟授权的对象；存在心理障碍，认为“只有我才能干好”，对下级缺乏信任感。有效授权的标志是：授权的责任明确；权、责、利相结合；对被授权者既要放手使用，又要建立监督约束机制。防范授权风险的办法有：物色有才能的助手；从考查入手，逐步由他人分担责任；向能够弥补自己弱点的人授权；准备以较高的工资、相应的地位和权力或分享利润等办法，留住关键人员；与其他小企业合并。

（七）领导风险

领导风险的表现主要有：企业主无法承担较大企业的管理责任；不授权别人分担责任，也不注意建立一个管理班子；不采用有效的领导和管理方式，工作不论轻重，都要亲自动手。防范领导风险的措施有：刻苦学习，接受培训，掌握现代企业管理知识；提倡管理创新，不凭老经验管理企业；集中精力抓好经营战略、长远规划及与政府的关系等主要工作；建立企业的行政管理班子，给予权力，为他们提高领导水平创造条件。

（八）财务风险

小企业筹措资金的渠道很多，问题在于每种融资渠道都会各有利弊，如果经营者不善于趋利避害，便会陷入困境。不自量力，盲目扩张，往往是小企业陷入财务危机的主要原因。为了应付财务风险，必须做好以下准备：领导班子要有适当分工，密切监控和防范财务风险；向专家和银行咨询，选择最佳的资金来源及最合适时机和方式筹措资金。

二、学生创业的常见风险及建议

学生创业是一个机会，但也存在很多风险。大学生是否具备风险意识和规避风险的能力，将直接影响创业的成败。

（一）项目选择太盲目

目前，大学生创业的项目选择多集中在高科技领域和智力服务领域，如软件开发、网络服务、网页制作、家教中介、设计工作室等。此外，快餐、零售等连锁加盟店也是大学生青睐的创业项目。但是，大学生并不了解市场，如果缺乏前期的市场调研和论证，只是凭自己的兴趣和想象来决定投资方向，甚至仅凭一时心血来潮就决定干哪一行，一定会碰得头破血流。建议大学生创业者在创业初期一定要做好市场调研，也可委托专业机构进行可行性研究，在了解市场的基础上创业。一般来说，大学生创业者资金实力较弱，选择启动资金不多、人手配备要求不高的项目，从小本经营做起比较适宜。

（二）缺乏创业技能

很多大学生创业者眼高手低，既不了解创业的相关政策、法规，也没有在相关企业的工作、实践经历，缺乏能力和经验，却对创业的期望值非常高。当创业计划转变为实际操作时，才发现自己根本不具备解决问题的能力，这样的创业无异于纸上谈兵。

市场瞬息万变，时刻都有风险，但不会有人及时提醒你风险在哪里，防范风险只能靠自己增加本领。一方面，可以去企业打工或实习，积累相关的管理和营销经验；另一方面，可以积极参加创业培训，积累创业知识，接受专业指导，提高创业成功率。

案例参考

刘远进：知识经验欠缺导致创业失败

今年3月，刘远进忍痛将运作半年多的“e路校园”关掉了。

1. 涉足电子商务

刘远进说：“创业，在校园一直是最热门的话题之一，从大一开始，我卖过小灵通，也为广告公司拉过订单，积累了一些生意经。”

刘远进是学IT出身，去年暑假前，刘远进对电子商务的几种模式进行反复研究，最终选定B2C（企业对个人）模式，准备建一个面向大学生的团购网站。刘远进带着创业计划书融资。一周后，刘远进便得到回报，一个云南的、有海归背景的投资人为刘远进投资100万元。

2005年8月，随着铺天盖地的广告和新闻报道，刘远进的“e路校园”网站在大学校院迅速传播开来。随后的两个月，网站每天点击率达4万～8万次，会员迅速发展到8000多人，与国内同类网站比，发展速度已算中上水平。

2. 网站经营半年后关闭

“突如其来的幸福”使得刘远进和他的团队多少有点被胜利冲昏了头脑。说来惭愧，身为大学生的他，竟一直未考虑到寒、暑假学生离校后，可能对生意造成的影响。

“到当年12月，随着期末考试的临近，网站人气骤然下降，点击率最低滑落至日均2000多次，新增用户也由以前的每天300多个降至50个，尽管如此，房租、水电、人工等日常开销还得继续。”

本来面对前几个月人气骤增的局面，刘远进打算年底启动网上团购。但随后在市内各高校调查及网上测试发现，本土高校学生对网购的热情远远低于预期。在网站人气爆跌之时，这无疑又给一心想走校园电子商务路线的刘远进当头一棒。

尽管公司问题重重，但刘远进仍尽最大努力维持网站运作，只不过网站宣传势头已大不如前，人气则持续走低。

到次年春节，经过近半年的折腾，好不容易闲下来的刘远进开始冷静思考。当时，网站预期的三大盈利点：网上团购、网络广告、SP分成，第一个仍未启动，后两个收益也不理想。春节刚过，刘远进到云南与投资人反复沟通后，于今年3月，忍痛将运作半年多的“e路校园”关掉了。但他未透露公司最后的资金状况。

3. 知识经验欠缺导致失败

对于创业的失败原因，开始刘远进认为是资金、人才、环境三大要素都不具备。刘远进举例，创业之初公司未制订详尽的财务收支预算，使得开支大大超出预期。从去年10月到今年春节，宣传费就用了近10万元。

都说网络烧钱厉害，刘远进算是领教了，“当时我们的想法是在校园四处散发海报和小礼品，同时通过媒体宣传，用大投入将网站迅速炒到一个高度，顺势便把重庆市场吃下来。事实上，因缺乏网站运营经验，所有的愿望都成为泡影。”

社会经验的欠缺也给刘远进上了一课。“不得不承认，在与社会打交道方面吃了一些亏”。经验不足给刘远进公司带来的致命伤害还体现在：面对人气骤降束手无策；网站运行前，对本地校园电子商务的市场需求也无科研报告等。

（三）融资渠道单一

资金难筹几乎是每一个大学生创业者都会遇到的难题。银行贷款申请难、手续复杂，如果没有更广阔的融资渠道，创业计划只能是一纸空谈。

建议：广开渠道，除了银行贷款、自筹资金、民间借贷等传统方式外，还可以充分利用风险投资、创业基金等融资渠道。

（四）社会资源贫乏

由于长期身处校园，大学生掌握的社会资源非常有限，而企业创建、市场开拓、产品推介等工作都需要调动社会资源，大学生在这方面会感到非常吃力。

建议：平时多参加各种社会实践活动，扩大自己人际交往的范围。创业前，可以先到相关行业领域工作一段时间，通过这个平台，为自己日后的创业积累人脉。

（五）管理过于随意

由于长期接受应试教育，不熟悉经营"游戏规则"，一些大学生创业者虽然在技术上出类拔萃，但理财、营销、沟通、管理方面的能力普遍不足。此外，一些人存在一定的性格缺陷，如自以为是、刚愎自用等，这些都会影响创业成功率。

建议：要想创业成功，大学生创业者必须技术、经营两手抓，制定科学规范的管理制度。可从合伙创业、家庭创业或低成本的虚拟店铺开始，锻炼创业能力，也可以聘用职业经理人负责企业的日常运作。

案例参考

选择加盟模式的大学生们，应注意如下几点来规避风险：

（1）要认真审查特许者（盟主）的主体资格。一个好的、成熟的特许经营体系，必然是一个特定环境下的盈利模式。因此，一个特许经营体系的形成和完善，不是一两年能够完成的。因此，应按照商务部有关规章的要求，审查一下特许者的成立时间是否在1年以上、是否有两家以上的直营店。

（2）加盟产品特许经营应当慎重。特许经营在某种意义上可以划分为产品特许经营和经营模式的特许经营。目前，我国大量的特许加盟欺诈案件大都发生在产品特许经营领域。加盟者高价购进特许者的设备、产品，最后特许者人去楼空，加盟者投诉无门，欲哭无泪。

（3）即使加盟成熟的特许经营体系，也应当考虑自己的创业环境和能力，再成熟的特许经营体系也仅仅是某种环境中的盈利模式。因此，在为自己加盟店选址的时候应考虑该特许经营体系的生存环境。

三、学生创业需过好"四关"

创业过程中涉及经济、管理、技术、营销、法律等多方面的知识，而从大学生创业的情况看，这方面明显"火候"不够，有许多学生把战略目标当作产品、公司发展成什么规模。这些"先天不足"令大学生的创业之路荆棘遍布。尽管在大学生创业过程中存在着种种问题，但对大学生来说，自主创业仍是一条不错的发展途径，关键是要正视问题，并找出症结所在，然后对症下药。对此，建议大学生创业要过好以下四关：

第一，选项关。要选择适合自己又符合市场需求的创业项目，这是大学生创业者必须过好的第一关。一般来说，大学生创业应立足于技术项目，尽量选择技术含量高、自主知识产权明确的项目，并在技术创新的基础上做好产品市场化工作。此外，在创业过程中要注意保护自己的知识产权，这是大学生创业的核心竞争力所在。

第二，经验关。经验不足，缺乏从职业角度整合资源、实施管理的能力，这将大大降低大学生创业的成功率。因此，大学生创业不能“纸上谈兵”，而应具备一定的企业管理及市场营运知识和经验。即使是两三个人的“办公室式”小企业，也必须有明确的财务、人事制度。有条件的话，可聘请有管理经验的专家把关。

第三，团队关。在风险投资商看来，再出色的创业计划也具有可复制性，而团队的整体实力是难以复制的，因此他们在投资时，往往更看重有合作能力的创业团队，而非那些徒有想法的单干者。对打算创业的大学生来说，强强合作、取长补短，要比单枪匹马更容易聚集创业优势。

第四，心态关。大学生创业除了要有好的技术，更要有好的心态，不能视野狭窄，过于自负，而应虚心接受别人的意见，并敢于直视挫折和失败。此外，时刻保持创业激情，也是突破创业瓶颈不可忽视的精神力量。

第十章

大学生就业案例及分析

第一节　大学生创业的成功案例

学生创业仅有激情是不够的，还要有强烈的责任感、超人的意志力、远大的目标，而且要具备很多专业知识以外的知识。无论做任何事情都要坚持，即使遇到困难也不要放弃，只要坚持下去，就一定会成功。

案例参考

在郑州高新西区的一幢办公室里，有一间不足100平方米的办公室，这里是一家年轻的科技公司所在地。担任董事长兼总经理的，是一位年仅23岁、刚刚跨出大学校门的应届大学毕业生——小夏。

在众多大学生为找工作犯难的时候，小夏为何能拥有自己的公司，并在全国数十个中心城市有了固定客户，成为大学生创业的成功典范？

1. 从“W-FIY”开始

来自农村的小夏，家境贫困，靠着国家助学贷款，2003年考入某大学计算机科学技术学院。小夏说：“从进入大学的第一天开始，我就暗暗下定决心，不仅要靠自己的努力奋斗完成学业，还清贷款，还要帮助父母摆脱艰苦的生活环境，让他们过上好日子。”

为实现这一愿望，小夏利用课余时间勤工俭学，“从散发宣传单、卖报纸到推销药品、做家教，可以说一般大学生们干过的工作我几乎都干过。”打工的经历让他积累了不少经验。然而，两次打工受骗的经历，使他萌发了自己创业的念头。于是，他找来几个志同道合的同学，于2005年9月组建了自己的团队，取名“W-FIY”即“we fly”的意思，开始了自己的创业之旅。

2. 自主创业

从喜欢打游戏到探索游戏的奥秘，他将公司定位在IT业，主营业务包括软件外包、电子商务、网站平台运营等。公司成立之初，需要资金运转。钱从哪里来？小夏决定主动出击，寻求支持。凭着一腔热血，小夏拿着网站平台运营策划书来到一家房地产公司，趁保安不注意偷偷地溜了进去，直接敲开了公司老总的门："这是我的商业策划书，请您看一下！""也许是我冒失的行为让老总感到有些好奇，他居然认真把策划书看了一遍"，小夏回忆当时的情景。"有创新的亮点，但还不成熟，没有商业气息。"老总对策划书的评价，给了他鼓励，也给了他更多思考。

随即，这位老总仍表示愿意出资20万元支持他的这份方案，但条件是毕业后小夏要到该公司工作三年。无论是20万资金支持还是工作三年，这对于有的大学生来说或许是很好的机遇，但是，小夏却拒绝了，他决定在自主创业的路上继续走下去。

3. 成功秘诀

经过一年时间的摸索，小夏在创业团队的基础上，组建了一家科技公司。从团队到公司，成员都是初出茅庐的大学生，没有社会经验，在摸索中前进，也就免不了被绊倒。

在2006年10月，沿海一家公司想运营一个网站平台。面对这单业务，小夏放下其他一切事情，垫资研发。"当我们把近一个月熬夜做出来的数据和方案交给对方试运营一段时间后，他们竟说方案不成熟，暂时不做了。这对刚起步的公司来说是致命的一击"，小夏苦笑着说，"其实这家公司网站平台的运营已经见效了，我们被利用了。以后，在谈判中我也学会了策略，以应对不同的情况"。如今，公司经过一年多时间的磨砺，已经走过了最初艰难的摸索阶段，步入了良性发展的轨道。

小夏告诉记者，在刚结束的网站平台运营项目中，他带领公司骨干员工在一个月的时间里，足不出户每天工作十几个小时，饿了，方便面、馒头随便吃上几口；困了，靠在椅子上打个盹。他的朋友这样评价他："非常有毅力，能吃苦，工作起来很拼命。"当问到成功的秘诀时，他说了四个字："坚定不移。"

无论做任何事情都要坚持，即使遇到困难也不要放弃，只要你坚持下去，就一定会成功。

案例参考

小董，一个普通的大学生创业者，在毕业两年后，先后建立4个健身俱乐部，完成了从零到资产上百万的原始积累。他说，自己还有更大的愿望，预计在3年内将自己的健身俱乐部扩展到8～10家。

1. 初衷：减轻父母负担

小董说，自己决定创业的那年，正在成都体育学院上大二。那一年小董获得了全国锦标赛健美操比赛第四名，有幸去了全国几个出名的健身俱乐部。他坦言，这一趟也决定了自己的未来。回校后，他毅然放弃继续冲金的生涯，利用课余时间到各种培训机构学习经营管理知识，到俱乐部当健身教练。整整一个月来，到手的工资，小董至今记得清清楚楚是130元，"不过，这段经历却为我后来的创业积累了不少经验"。

"其实，最初就是因为家庭困难，想为父母减轻点负担。"小董的家在山东偏僻的农村。而健美这一行，吃的方面相当讲究，一个月下来至少要花费 3000 元，这对他并不富裕的家庭状况而言，无疑是个沉重的负担。

2. 起步：4 个月就赚了 6 倍

小董拿出比赛获得的奖金和家人凑的 1.8 万元，开始创建他的第一家健身会所。经过一段时间的筹备后，小董的第一家健身会所开张了，面积仅 97 平方米。靠着当教练时结下的人脉，会所里几乎所有的健身器材都是赊欠而来的，这在一定程度上，为小董节约了一笔不小的开支。开张后会所的生意，小董用“说得过去”加以概括。4 个月后，有人高价收购，出价超过投入 6 倍以上，小董觉得这笔账还划算，而且从长远考虑，规模上也适应不了未来的发展，就忍痛割爱把店卖了。这一来，不仅还清了所有的器材赊欠款，还小赚了一笔。初次创业，让小董尝到了甜头。带着这份喜悦，他在心里有了一个更远的打算，依靠自己首次创业积累的实战经验，重新选择一个位置，扩大规模。

3. 发展：俱乐部越开越大

第二家店选好了位置，面积 347 平方米，仅租金就花了 3 万多元。小董说，这一次因为门面比较大，他选择了和学校其他三个老乡一起做。为节省成本，俱乐部所有的洗浴设施都是二手的，4 个大男人走东串西，哪样便宜就先买哪样回来。小董形容，这是他创业最为艰难的一次。

那时候，由于都还是在校学生，学校、店铺两边都不能耽误。往往是上午在学校上课，中午顾不上吃饭就去店铺打扫，深夜两三点再返回，光打扫就花了整整 3 天 3 夜。那时正是成都的梅雨季节，4 个人骑着单车风里来、雨里去，经常是深夜回到学校，还没有吃中饭和晚饭。

这家店存在了 1 年零 7 天后又遇到高价收购。结束了这家店后，小董继续前进，几个月后，他的第三家店开张了，面积 1500 平方米，启动资金 11 万元。有了前两次创业的经验，小董的经营开始腾飞。这家店一直经营到现在。

4. 规划：3 年扩展到 8～10 家

对未来，小董有自己的规划。现在，在健身俱乐部的经营上，他不仅有了实战经验，还专门创新了模式，将类似房地产的“预售”模式引入俱乐部营销概念。“是不断地打拼，让我坚定了对健身俱乐部的信心。”就在小董第三家店开张不久，中国名牌“舒华”一眼相中这个善于经营的大学生创业者，主动注资 300 万元与之合作。这家健身俱乐部在成都市堪称一流。看着前来健身的人络绎不绝，他的自豪之情溢于言表。他说，目前自己的 2 号店和 3 号店已经进入了装修阶段，预计在 3 年内将扩展到 8～10 家。

小董拿出那张破旧的地图，全是红、蓝、黑不同颜色的勾画，依稀可见的是地名，哪里没有健身场所，哪里最适合开店，都在这张图上一目了然。小董说，这是他自己的心血，是对成都的健身市场所做的最基础的调研，以后的开店计划都在这张图上，是自己将来远大的创业蓝图。他说，他每年都要到各大专业机构进行学习，给自己不断充电，让自己的俱乐部在成都遍地开花。他们是一群充分利用大学时光、提早为今后的事业发展做规划和准备的大学生。成功只属于那些有准备的勇士，未来就掌握在自己的手中。现在的积极主动才能换来今后的“一片晴空”。

案例参考

1. 大学时多主动尝试一些

小李和小张等几位大学同学合作，在重庆北环开起了蔬菜超市。2007 年 8 月 22 日开业到现在，超市的生意越来越好，营业额已经从开始时的每天七八百元增加到现在的每天 1400 元左右，扣除房租和进货成本等也能稍有盈利，几个刚毕业的大学生已经在这里小有收获。年底之前，他们将开第二家店。他们有信心越做越好。小李说，其实他们的创业之路走得很扎实，是从上了大学就开始准备的。最开始当然没有这种想法，想不到要自己创业，但大学时培养的主动性对以后的推动和影响是巨大的。小李之前是个很普通的学生。进入河南教育学院之后，他突然意识到不能浑浑噩噩地虚度宝贵的大学时光，而应该发挥自己的主动性，在大学期间多尝试一些东西，多锻炼一些能力，多积累一些资本。于是，小李“动”起来了。参与班委竞选，当选为宣传委员；当选为学生会干部；参加各种文体活动，曾获得学校校园歌手大赛的特等奖。而让小李学到更多东西的是一手组建并做大的学校的话剧团。

2. 做社团工作学到经营管理

小李和几个同学在河南教育学院学习时组建了“文星话剧团”，到现在还是学校里最有影响的社团。喜爱文艺的小李在一次班级的晚会上和同学表演了一个小品，受到老师和同学的好评。于是，他又不“安分”了，萌生了组建话剧团的想法。自己就是学校里最好的校园歌手，还有一帮有各种文艺特长的响应者。“精英们凑到一起，一定能做好”。带着这种想法，话剧团成立了。要统筹各项工作，找剧本、做服装、找学校协调场地、向企业拉赞助等都要考虑到。这对一个大一新生来说无疑是很大的锻炼。话剧团不仅排演话剧，还有小品、相声、歌曲等节目，做得有声有色。他们还通过各种途径到社会上进行营利性的演出。“大一的时候就进行了第一次商业演出，是在太极公馆社区表演。当时赚了几百块钱”。拿着赚到的第一笔钱，小李领着兄弟姐妹们去饭店大撮了一顿。

其实，商业演出的机会毕竟是少的，由此带来的收入也并不多，仅能够维持话剧团日常的各项开支。不过，话剧团带给小李的财富是让他培养出了经营意识和管理意识。这是他的底气，他由此想到：其实可以尝试毕业后自己创业。

3. 创业前细致调查市场

逐渐确定了毕业后自主创业的想法之后，小李在大三就行动起来。第一个创业实践地点选择在一个学校外面的马路上。到了晚上，那条路上就热闹非凡，路两边满是卖小吃、卖衣服、卖小东西的地摊。小李和同学小张就在那里摆地摊卖起了服装。小张是老板和销售，而小李的任务是进货。这种“练摊”只是小打小闹，小李想的创业是真正找到一个有发展的事业。于是，他经常上网搜集合适的创业项目，也经常去市场上进行考察。最后他决定做小型的蔬菜超市。

通过细致的市场调查，小李确定了蔬菜超市的模式。“以蔬菜为主，还经营冷鲜肉、五谷杂粮，附带一些副食。和双汇超市是不同的，双汇的店是以冷鲜肉经营为主。我们不能和双汇做一样的模式，那样肯定做不过人家。我们就做蔬菜超市，我看好这条道路”。8 月 22 日，几个大学生的第一家蔬菜超市开张了。

4. 做好规划稳步发展

“我们还是有优势的，跟小商贩比，我们的优势是菜价便宜、种类多、干净、不缺斤短两；与大超市比，我们的优势是价位低、离家近”。蔬菜超市在几个大学生的操持下逐渐走上正轨。

“经营销售的东西很好学，只要用心钻进去。去做得好的地方看门道，然后学习精髓”。几个大学生就在边干边学中不断进步。

对于第一家蔬菜超市，几个大学生其实并没有指望赚多少钱，主要是在实践中完善经营模式，积累经验。小李已经规划好了未来的发展道路：成立公司，进行连锁化发展，真正把小超市作成大事业。

目前，他们已经制定了一系列的管理模式和管理制度，包括收银制度、招聘培训制度、采购制度、仓管制度，这些正好也用到他们大学所学到的人力资源管理的专业知识。这些核心的东西都是超市连锁化发展的基础。

小李也透露，已经有一些客户找过他们，表示愿意做他们的加盟店。但小李认为，还是等到做好准备再发展连锁加盟。稳扎稳打才能步步为营。

面临越来越严峻的就业形势，消极的人潜意识里逃避，积极的人则依靠自己的努力，通过创业掘到了自己的“第一桶金”。

第二节 大学生就业失败案例分析

一、择业期望值过高

案例分析

某学院 2009 届路桥专业毕业生小刘来自贵州省遵义市某县，到 6 月份临近毕业时他还未落实工作单位。系（部）就业指导老师在遵义做毕业生回访工作时，顺便带了他的应聘材料，刚好有一路桥施工单位要聘用他，专业对口又在本市。当与他本人联系时，他的择业意向却是：单位地点必须在省会贵阳市，至于到什么单位、具体做什么工作都无关紧要，除此以外，其他单位都不考虑。在这种心态下，结果自然难以如愿。

【分析】

小刘的择业思想在当前毕业生中具有一定的代表性。不少毕业生过于向往经济发达地区、中心城市，最低的期望也是回自己家乡所在地的中心城市。他们只注重经济文化发达、工作环境优越的一面，而忽视了这些地方人才济济、相对过剩的一面。毕业生择业期望值居高不下，甚至还有逐年上升的趋势，从而导致主观愿望与现实需求之间的巨大落差，导致就业难。

二、自主择业能力差

案例分析

某学院2009年6月举办2010届“双选会”。建工系工程造价毕业生小李的父母在“双选会”尚未开始时，就来到学校打听招聘单位的情况。然而小李在招聘会开始很长时间以后，才由家长陪同前往用人单位招聘点前面谈。面谈过程中，小李不够积极主动，与招聘单位交谈的内容还没有其父母多，结果谈了好几家单位，最终也一无所获。此后，从系（部）辅导员处了解到，小李家住贵阳，是独生子女，在家中一直过着“衣来伸手，饭来张口”的安逸生活；在校独立生活期间，自理能力较差，寝室中的个人卫生更是一塌糊涂，在社交及人际关系处理方面的能力也较欠缺。

【分析】

小李的问题出在择业过程中过分依赖他人。依赖他人是难以选择到一份满意的工作的。现在的毕业生中，独生子女所占的比例越来越大，他们的生活条件大多较为优越，没有经历过什么波折，再加上父母的过分呵护，客观上也培养了他们的依赖心理。这些毕业生大多缺乏主见，自我意识模糊，在择业中常常会茫然不知所措，自主独立择业决策的能力差，以至在人才市场上，父母、亲友代替本人与用人单位洽谈的场面屡见不鲜。难怪有用人单位对依赖性过强的毕业生说：“你本人都要靠别人来推销，企业还能靠你来推销吗？”

三、信心不足，缺乏主动

案例分析

某学院管理系旅游工艺品制作专业毕业生小王的学习成绩和其他方面条件都不错，在就业初期也满怀信心，但由于专业冷门等原因，找过几家单位都碰了壁，产生了自卑心理。在后来的择业过程中表现越来越差，陷入恶性循环而不能自拔，以至于到招聘单位面谈时，只能被动地问要不要他这个专业的毕业生，其他的什么话都不敢说，最终导致临近毕业仍然未能落实就业单位。

【分析】

小刘的失败是由于自卑心理在作怪。在择业遭受挫折后，一蹶不振，对自己评价过低，丧失了应有的自信心。择业时缺乏主动争取和利用机遇的心理准备，不敢主动、大胆地与用人单位交谈，也就不能很好地表达自己。越是躲躲闪闪、胆小、畏缩，越不容易获得用人单位的好感。这种心理严重妨碍了部分毕业生正常的就业竞争，使得那些原本在某些方面比较出色的毕业生也陷入“不战自败”的境地。

四、自负而失败

案例分析

某学院路桥系2009届计算机与公路工程专业毕业生小罗，口才不错，在学院担任学生干部，表现突出。在与用人单位代表面谈时自我感觉良好，一番海阔天空的高谈阔论以后，当对方问他的个人爱好是什么时，他竟得意洋洋地宣称是“游山玩水”，结果被用人单位毫不犹豫地拒之门外。

【分析】

小罗的失败是典型的自负心理造成的。自负在心理学上指过高地估计个人的能力，从而失去自知之明。在这种心理的支配下，不少毕业生在求职择业过程中，总是自以为是，自负自傲，自以为什么都懂，什么都会，夸夸其谈，结果留给用人单位的是浮躁、不踏实的印象。试问有哪家单位肯接收一个不知天高地厚、自命不凡、眼高手低的毕业生呢？

五、要求苛刻，令单位无法接受

案例分析

某学院管理系电算化专业2009届毕业生小孟，与贵州开磷集团公司经过双选、面试考核，终于进入签约阶段。协议书首先要由毕业生本人签署应聘意见，该生在“应聘意见”一栏中写下了以下6条要求：(1)从事财会工作；(2)每周工作5日，每日8小时工作制；(3)解决户口，提供单身住房；(4)住房公积金、劳动保险、养老保险等相关支出均由公司负担；(5)每半年调薪一次；(6)公司不限制个人发展(例如考研等)。单位鉴于以上条件不能完全答应，将协议书退回，并建议修改后再签。最终，小孟因坚持自己的意见而未能被录用。

【分析】

小孟未被上述单位录用,根本原因在于所提要求过于苛刻。笔者曾与该集团人事部负责人取得联系,了解以上条件不能完全答应的原因。该负责人说:“这位同学提出的6条要求,有些是我们可以满足,也应该做到的,比如,安排专业对口的工作、8小时工作制、解决户口、提供各种福利等。但有的款项就无法答应,比如,每半年调一次薪,这种要求恐怕任何单位都无法答应。又比如“公司不限制个人发展”一条,从毕业生角度来看,提出这样的要求可以理解,而从用人单位来讲,在不影响正常工作的前提下,我们鼓励个人提高自身素质,但如果服务期内想考研就考研,不受单位任何约束,单位肯定是不能答应的。尽管这位同学各方面条件都不错,但对这种苛刻的条件用人单位自然是无法接受的。

六、被动等待,坐失良机

案例分析

贵州交通建设咨询监理有限公司向某学校发布了要来校招聘大量人才的信息,院招生就业指导中心迅速公布并电话通知相关系(部)各班级。各班级学生对此反应不一,有的学生亲自打电话与对方联系、推荐自己,有的主动约见对方,有的专门到公司递上自己的自荐材料。小邓同学却一直在等待面试通知,认为反正该单位要来校招聘,等对方来了再投材料也不迟,而且自己成绩优异,在校表现突出,成功应聘肯定没有问题。当这家单位按公布时间来校时,他信心百倍地去投简历,可招聘负责人却非常抱歉地说:“真对不起,因为我们要人要得比较急,而且很多同学已经自己到公司与我们联系了,所以我们几天前就到贵校招聘,我们的招聘计划提前录满了。”小邓后悔不已,机会就这样在等待中错过了。

【分析】

在求职择业过程中,机会应该说对每个人都是均等的,就看你如何把握它。各种招聘人才的信息,每时每刻经过各种渠道在发布、在传递,好比一条河流,信息是一朵朵浪花,你抓住了,就归你所有,你错过了,就无法回头。因此,只要你认准这条信息对你有用,你感兴趣,就必须主动以最快捷的方式向发出信息方做出反馈,让对方知道你、了解你,才有可能看中你。机会往往就是这样被主动者拥有的。

七、巧妙回答,打开求职之门

案例分析

在中铁十八局集团组织的一次面试中,主考官先后向某学院路桥系路桥专业两位考生提出了同样的问题："我们单位是全国性的集团公司，属于施工单位，凡被录用的人员都不能在总部天津，需要安排到全国各工地上去搞施工。下边条件比较艰苦，请问你们是否有思想准备?"毕业生A说："吃苦对我来说不成问题，因为我从小在农村长大，父亲早逝，母亲年迈，我很乐意到基层去，只有在基层摸爬滚打才能积累丰富的工作经验，为今后发展打下基础。"毕业生B则回答："到基层去锻炼我认为很有必要，我会尽一切努力克服困难，好好工作，但作为年轻人总希望有发展的机会，不知贵公司安排我们下去的时间多长？还有可能上来吗?"结果前一学生被录用，后一学生被淘汰。

【分析】

在面试过程中，回答问题的技巧非常重要。对有些问题的回答，表面上看来合情合理、无可厚非，但却令考官反感。这是因为，考官并不在乎你回答内容的多少，而在于考察你对问题本身的态度，进而了解你对职业的态度等。显然，这一案例中，考生A对下基层工作态度端正、诚恳，令主考官欣赏；而考生B思想上明显有顾虑，尽管属人之常情，但这种场合下他的回答显然不合时宜。

八、不要放弃任何一次机会

案例分析

某学院举办2010届毕业生"双选会"，汽车系数控专业毕业生小江在赶到现场时已是下午2点多了。此时，许多单位已录满人员并撤场离开，剩下的单位也在整理材料，准备收场。他抱着试试看的心态向自己感兴趣的某单位递交了一份材料，并诚恳地说明了自己晚来的原因。谁知刚过两天他就收到了该单位的面试通知，一周之后便签订了正式协议。

【分析】

外出参加人才招聘时，一般来说宜早不宜迟，但有些客观因素是无法预测的。在这种情况下要随机应变，要沉着、有耐心。有时，耐心等到最后，好戏就在后头。总之，要么赶早，给对方留下深刻的第一印象；要么耐心等到最后，同样也会给用人单位以深刻的印象。

参考文献

[1] 蒋梅.大学生就业权益及其法律保护[J].高等教育研究,2006(10):78-79

[2] 常宇通.高校毕业生就业权益保护问题研究[D].石家庄:河北师范大学,2008

[3] 郭捷.劳动法与社会保障法[M].北京:法律出版社,2008

[4] 罗胜利.大学生就业协议存在问题及对策[D].北京:中国政法大学,2009

[5] 潘恒曦,杨一波.决胜职场[M].北京:清华大学出版社,2010

[6] 李晓波,李洪波.大学生就业与创业指导教程[M].北京:化学工业出版社,2010

[7] 张晓丹,何代忠.大学生就业指导案例汇编[M].北京:清华大学出版社,2010

[8] 刘文娟,石朝晖.大学生职业生涯规划与就业指导[M].北京:经济科学出版社,2010

[9] 史梅,孙洪涛,伊芃芃.赢在起点——大学生职业生涯规划与职业素质拓展[M].北京:高等教育出版社,2010

[10] 孙凌.职业规划与就业实务[M].北京:北京师范大学出版社,2011

[11] 辽宁省教育厅.大学生职业发展与就业指导[M].沈阳:辽宁大学出版社,2011

[12] 全国高等学校学生信息资讯与就业指导中心,北京大学教育学院.全国高校毕业生就业状况(2009—2010)[M].北京:北京大学出版社,2011

[13] 储克森.职业就业指导及创业教育[M].2版.北京:机械工业出版社,2011

[14] 管白楠,梁蓉.大学生就业指导[M].长春:吉林大学出版社,2011

[15] 马惠慧,安钢.大学毕业生就业维权与法律保护研究[J].吉林省教育学院学报,2012(8):28-29

[16] 刘猛.大学生就业与创业指导[M].北京:中央民族大学出版社,2013

[17] 刘万芳,李海琼.大学生就业创业指导[M].沈阳:辽宁大学出版社,2013

[18] 吴新业.大学生职业生涯规划与就业指导[M].天津:南开大学出版社,2014